Wendy T. Behary

Mit Narzissten leben

Wie Sie selbstbezogene Menschen entlarven und dabei wachsen kö

Ausführliche Informationen zu jedem unserer lieferbaren und geplanten Bücher finden Sie im Internet unter ↗ http://www.junfermann.de. Dort können Sie unseren Newsletter abonnieren und sicherstellen, dass Sie alles Wissenswerte über das Junfermann-Programm regelmäßig und aktuell erfahren. – Und wenn Sie an Geschichten aus dem Verlagsalltag und rund um unser Buch-Programm interessiert sind, besuchen Sie auch unseren Blog: ↗ http://blogweise.junfermann.de.

WENDY T. BEHARY

MIT NARZISSTEN LEBEN

WIE SIE SELBSTBEZOGENE MENSCHEN ENTLARVEN UND DABEI WACHSEN KÖNNEN

2. überarbeitete und neu übersetzte Auflage von „Der Feind an Ihrer Seite"

Aus dem Englischen von
Karsten Petersen

Junfermann Verlag
Paderborn
2014

Copyright	© der deutschen Ausgabe: Junfermann Verlag, Paderborn 2014
	2. überarbeitete und neu übersetzte Auflage von *Der „Feind" an Ihrer Seite*
Copyright	© der Originalausgabe: 2013 by Wendy Behary
	Die Originalausgabe ist 2013 unter dem Titel *Disarming the narcissist: surviving and thriving with the self-absorbed* bei New Harbinger Publications, Inc. erschienen.
Übersetzung	Karsten Petersen, Hamburg (www.translibri.com)
Coverfoto	© TarpMagnus – iStockphoto.com
Covergestaltung / Reihenentwurf	Christian Tschepp
Satz	JUNFERMANN Druck & Service, Paderborn

Bibliografische Information der Deutschen Nationalbibliothek	Die Deutsche Nationalbibliothek verzeichnet diese Publikation in der Deutschen Nationalbibliografie; detaillierte bibliografische Daten sind im Internet über http://dnb.d-nb.de abrufbar.

ISBN 978-3-95571-040-8
Dieses Buch erscheint parallel als E-Book (ISBN 978-3-95571-041-5).

Dieses Buch ist dem Gedenken an meinen „Papi“ Norbert V. Terrie gewidmet –
er war ein echter Ritter, großzügiger Mann und liebevoller Vater.

Inhalt

Vorwort von Jeffrey Young

Eines der Probleme, das meine Klienten[1] im Laufe der Jahre am häufigsten mit in die Therapie gebracht haben, ist die Frage, wie man am besten mit dem selbstsüchtigen und egoistischen Verhalten eines narzisstischen Partners fertigwerden kann. Solche Klienten fühlen sich fast immer frustriert, wütend, gedemütigt und hilflos, weil ihr Partner es fast völlig an Empfindsamkeit und Empathie gegenüber ihren Bedürfnissen und Gefühlen fehlen lässt. Ich selbst sitze häufig ungläubig in Therapiesitzungen und höre eine Geschichte nach der anderen über das Ausmaß an Selbstsucht, dem solche Klienten ausgesetzt sind. Nur allzu häufig scheinen sie nicht die Kraft finden zu können, den Narzissten, in den sie sich vor Jahren verliebt hatten, zu verlassen oder sich gegen ihn zu behaupten.

Daher freue ich mich sehr, dass meine gute Freundin und Kollegin Wendy Behary dieses maßgebliche Buch über den Umgang mit Narzissten geschrieben hat, um den unzähligen Menschen zu helfen, die – wie meine Klienten – tagein, tagaus versuchen, mit einem Narzissten zu leben oder zu arbeiten. Zwar gibt es bereits einige Selbsthilfebücher zu diesem Thema, aber *Mit Narzissten leben* geht auf diese Problematik sehr differenziert, fundiert und mitfühlend ein, und es zeigt sehr effektive Strategien auf, um Veränderungen herbeizuführen. Wendy hat viele Jahre ihrer klinischen Praxis der maßgeschneiderten Behandlung von Narzissten und ihren Partnern gewidmet, wodurch sie bestens qualifiziert ist, zu diesem sehr schwierigen und hartnäckigen Problem ein Buch zu schreiben.

Wendy zieht zwei Disziplinen aus Wissenschaft und Therapeutik heran, um es dem Leser zu erleichtern, das Phänomen Narzissmus besser verstehen und effektiver damit umgehen zu können: Interpersonale Neurobiologie und Schematherapie. Bei der Schematherapie handelt es sich um einen Ansatz, den meine Kollegen und ich im Laufe der vergangenen 20 Jahre entwickelt haben, und zwar mit dem Ziel, Therapeuten, Klienten und anderen zu helfen, die tief sitzenden emotionalen Themen – oder „Schemata" – besser zu verstehen, die sich schon in der Kindheit bilden und letztlich dazu führen, dass die meisten von uns sich in wiederkehrenden und selbstzerstörerischen Lebensmustern verstricken. Diese Ideen habe ich erstmals in meinem Buch *Sein Leben neu erfinden* (deutsche Ausgabe 2006) einer allgemeinen Leserschaft vorgestellt.

---

1 Anmerkung des Übersetzers: Um den Lesefluss nicht zu stören, wird in diesem Buch der Einfachheit halber bei der Bezeichnung von Personen oder Personengruppen in den meisten Fällen nur die männliche oder weibliche Form verwendet. Selbstverständlich ist dabei stets die jeweils andere Form gleichrangig mit einbezogen.

Mit Narzissten leben erweitert die Konzepte der Schematherapie auf die Arbeit mit Narzissmus und bietet neue Erkenntnisse und Perspektiven, die ich vor der Lektüre dieses Buches noch nicht gesehen habe. Wendy erklärt sehr anschaulich, wie dramatisch sich Schemata wie „Unzulänglichkeit" und „emotionale Entbehrung" auf unser Leben auswirken können. Ihre originären Beiträge zur Schematherapie versetzen uns in die Lage, die Narzissten in unserem Leben besser zu verstehen und unsere eigenen „Dämonen" zu überwinden, die uns daran hindern, effektiv mit narzisstischen Partnern, Eltern, Freunden und Kollegen umzugehen.

Ich bin froh, dass Wendy die wohlfeilen Klischees und grob vereinfachenden Ratschläge, die viele andere Selbsthilfebücher und Therapeuten anbieten, weit hinter sich gelassen hat. Es gibt keine einfachen Antworten oder Patentrezepte, wenn es darum geht, narzisstisches Verhalten zu verändern. Sie werden sich in dieses Buch vertiefen und hart arbeiten müssen, wenn Sie das reichhaltige, hier präsentierte Material wirklich verstehen wollen – aber es wird sich auch ein Ihren Anstrengungen entsprechender Erfolg einstellen. Sie werden erfahren, welche Arten von Narzissmus es gibt, welch vielfältige Strategien Narzissten virtuos einsetzen, um Sie wehrlos zu machen und Sie sogar davon zu überzeugen, dass Sie für Ihre Ärgernisse verantwortlich sind. Darüber hinaus werden Sie „empathische Konfrontation" als eine wichtige Methode kennenlernen, um mit Narzissten zu kommunizieren und sich gegen Sie zu behaupten. Wendy liefert sehr nützliche Empfehlungen, wie Sie Mitgefühl für einen Narzissten entwickeln und aufrechterhalten können, und zwar selbst dann, wenn Sie misshandelt werden. Und Sie erklärt, wie Sie genug Einfluss (engl. *leverage*) erzeugen können, um einen Narzissten dazu zu bewegen, sich zu ändern. Darüber hinaus enthält *Mit Narzissten leben* eine Reihe von anschaulichen Fallbeispielen, die diesen Ansatz mit Leben erfüllen.

Wenn Sie die Zeit investieren, die Sie brauchen werden, um die von Wendy beschriebenen Erkenntnisse zu verstehen und die von ihr empfohlenen Selbsthilfetechniken zu üben, werden Sie – wahrscheinlich zum ersten Mal in Ihrem Leben – die Werkzeuge zur Verfügung haben, die Ihre Beziehung zu Ihren Gunsten verändert. Sie werden das neu gewonnene Vertrauen haben, zu wissen, was Sie Ihrem Partner entgegensetzen können, wenn er Sie vor Freunden und Familienangehörigen demütigt oder wenn er zum Beispiel sagt: „Wie kannst du nur so blöd sein, dass du nicht einsiehst, dass ich Recht habe."

Zum Schluss möchte ich einen Aspekt betonen, auf den Wendy in ihrem Buch mehrfach hinweist, einen zentralen Aspekt der Schematherapie. Wie bei jedem anderen Persönlichkeitsproblem auch muss man Narzissten und denjenigen, die mit ihnen zusammenleben, Mitgefühl entgegenbringen. Die meisten Narzissten sind keineswegs in einem tieferen Sinne „böse" oder „schlechte" Menschen – ganz gleich, wie schäbig sie uns behandeln. Wenn Sie lernen können, für Ihre Rechte einzustehen, während Sie zugleich ernsthaft daran arbeiten, den verletzlichen, einsamen Kern des Narzissten in Ihrem Leben zu erreichen, haben Sie eine wesentlich bessere Chance, jene Seite seiner Persönlichkeit zum Vorschein zu bringen, die Ihnen Liebe und Fürsorglichkeit entgegenbringen kann.

Ich kenne keine bessere Art, sich auf diesen Weg des Mitgefühls zu machen, als *Mit Narzissten leben* zu lesen. Wie Wendy es am Ende ihres Buches sagt: „Der Weg zur erfolgreichen Selbsthilfe kann einsam und beschwerlich sein." Aber die dramatischen Veränderungen in Ihrer Beziehung werden in aller Regel Ihre Mühen mehr als wettmachen.

Ich empfehle dieses hervorragende Buch jedem Menschen, der mit einem Narzissten zusammenlebt, mit ihm arbeitet oder ihn behandelt – einschließlich der betroffenen Partner, Kollegen, Familienmitglieder und Therapeuten.

Jeffrey Young, PhD

Direktor des *Cognitive Therapy Center & Schema Therapy Institute of New York*
Dozent am *Department of Psychiatry,* Columbia University
Gründer der *International Society for Schema Therapy*

Vorwort von Daniel J. Siegel

Falls Sie in einer Beziehung mit einem Menschen leben, der die Eigenschaften eines Narzissten zeigt, sollten Sie nicht zögern, dieses Buch zu lesen. Mit diesem Buch bietet Wendy Behary einen praktischen Werkzeugkasten an, der zeigt, wie man die emotionalen Herausforderungen im Umgang mit einem Menschen bewältigt, der sich nur für sich selbst interessiert: dem Narzissten.

Dieses Juwel unter den Selbsthilfe-Ratgeberbüchern bietet eine Fülle nützlicher Tipps, die auf zwei wissenschaftlichen Disziplinen beruhen: der Rolle von Schemata in der Struktur der Psyche aus Sicht der Kognitionswissenschaften sowie auf meinem eigenen Spezialgebiet, der interpersonalen Neurobiologie. Schemata sind generalisierte Filter, die unsere Wahrnehmung verzerren und unser Denken verändern. Die Autorin hat sich über zwei Jahrzehnte im Rahmen ihrer psychotherapeutischen Arbeit auf Schematherapie und die Behandlung von Menschen spezialisiert, deren dominante Störung Narzissmus ist. Auf der Basis dieses wissenschaftlichen Hintergrunds und ihrer Erfahrung als praktizierende Therapeutin erklärt Wendy Behary in leicht verständlicher Weise, wie die Psyche eines Narzissten funktioniert. Sie zeigt uns die Schemata, die bestimmen, wie ein Narzisst die Welt sieht, und dass in einer solchen Perspektive nur allzu häufig jegliches Interesse am Innenleben anderer Menschen fehlt.

Die interpersonale Neurobiologie untersucht die Zusammenhänge zwischen Beziehungen, Psyche und Gehirn. Wendy Behary, unsere Expertin für den Umgang mit Narzissten, hat viele Jahre mit mir zusammen dieses Fachgebiet studiert und die daraus gewonnenen Erkenntnisse souverän auf ihr eigenes Fachgebiet übertragen, nämlich auf den Umgang mit Menschen, denen die Gabe der Empathie fehlt. Die Schaltkreise im Gehirn, die uns in die Lage versetzen, das subjektive innere Erleben – den Geist – eines anderen Menschen nachzufühlen, sind bei Narzissten unterentwickelt oder nur schwer zugänglich. *Mindsight*[2] (deutsche Ausgabe 2012) ist die Fähigkeit, die inneren Abläufe des Geistes selbst zu sehen, bei uns und bei anderen; und bei vielen Narzissten ist diese Fähigkeit nur schwach entwickelt. Daher scheint eine Beziehung zu einem solchen Menschen sehr einseitig zu sein: Jedes Gespräch, jede Interaktion dreht sich immer nur um ihn, nicht um Sie selbst oder Sie beide zusammen im Sinne eines „Wir".

---

2 Anmerkung des Übersetzers: Das Kunstwort „Mindsight" (etwa: „mit der Seele sehen") bezieht sich auf das gleichnamige Buch von Daniel Siegel, siehe Abschnitt „Weiterführende Literatur".

Dieser Mangel an Empathie in der Beziehung wirkt sich auf die sozialen Schaltkreise im Gehirn aus, die dazu beitragen, ein integriertes Gefühl von Gleichgewicht und Wohlbefinden zu schaffen. Ein solches Ungleichgewicht kann dazu führen, dass Sie sich isoliert und einsam fühlen, verwirrt und Ihrer normalen Lebensfreude beraubt. Ihre Reaktion auf solche Gefühle kann von Ihrer eigenen Disposition abhängen: Entweder Sie werden wütend und sind frustriert, oder Sie fühlen sich gekränkt und ziehen sich zurück. Oder Sie fühlen sich beschämt, als hätten Sie sich falsch verhalten und verdient, ignoriert zu werden. Bei solchen und anderen häufig zu beobachtenden Reaktionen erzeugt die Beziehung zu einem Narzissten eine Kaskade neuraler Reaktionen, die kaum noch etwas zu tun haben mit der psychischen Ausgeglichenheit, der Empathie und dem Mitgefühl, die für normale Beziehungen typisch sind. Sie haben es verdient, diese Art von Stress in Ihrem Leben zu reduzieren – und zwar auch dann, wenn Sie den anderen nicht ändern können. Das in den Seiten dieses Buches enthaltene Wissen kann Ihnen als wirkungsvolles Werkzeug dienen, um diese Belastungen mithilfe von Know-how und Einsichten zu bewältigen. Falls Sie in einer wie auch immer gearteten, engen Beziehung zu einem Narzissten leben, brauchen Sie vielleicht dringend neue Ansätze, um Ihre Lage besser verstehen und damit umgehen zu können – zugunsten Ihres Seelenfriedens, Ihres Gehirns und Ihrer Beziehungen.

Erfreulicherweise werden Ihnen die in diesem Buch enthaltenen Ratschläge helfen, die Herausforderungen zu überstehen, die sich in einer Beziehung mit einem Menschen stellen, der vielleicht zunächst wenig zu geben hat, aber häufig zu viel nimmt. Zumindest wird dieses Buch Ihnen helfen, die Mechanismen, die im Rahmen Ihrer Beziehung im Bewusstsein und Gehirn am Werk sind, besser zu verstehen. Das allein wird Sie schon sehr unterstützen. Aber darüber hinaus lassen die hier präsentierten Empfehlungen auf Veränderungen hoffen. Vielleicht wird es Ihnen gelingen, sich aufgrund dieser auf wissenschaftlichen Erkenntnissen beruhenden Ideen eine neue Art des Seins zu erschließen – sowohl für Sie selbst als auch für den Narzissten in Ihrem Leben. Es wird sich allemal lohnen, dass Sie sich die Zeit nehmen, dieses Buch zu lesen und über die Ideen nachzudenken, die es präsentiert. Falls Sie in einer problematischen Beziehung mit einem Narzissten leben – worauf warten Sie dann noch? Blättern Sie um und erfahren Sie, wie Sie Ihr Leben verbessern können.

Daniel J. Siegel, MD

Autor von *Mindsight (Mindsight – Die neue Wissenschaft der persönlichen Transformation), The Mindful Brain (Das achtsame Gehirn), The Developing Mind (Wie wir werden, die wir sind)* und Mitautor von *The Whole-Brain Child und Parenting from the Inside Out (Gemeinsam leben, gemeinsam wachsen).*

Professor für klinische Psychiatrie, *School of Medicine, University of California*, Los Angeles (UCLA)

Danksagung

Es ist mir ein Bedürfnis, den folgenden Menschen zu danken, deren Liebe, Geduld, Rat und Unterstützung mich begleitet haben, während ich an diesem Buch arbeitete – ohne euch hätte ich es nicht geschafft.

Mama, du hast mir so viel Kraft gegeben – und den Mut, an mich zu glauben. Meine schöne Samya „Sweet Pea", du bist mein Augenlicht; du bist so wunderbar und machst mir und anderen so viel Freude. Mein Mann, mein liebster David, ich darf mich so glücklich schätzen, von dir geliebt zu werden; ich danke dir für deine ermutigenden und fürsorglichen Worte und dafür, dass du es ertragen hast, mich immer nur von hinten zu sehen, während ich an diesem Buch gearbeitet habe. Meine beiden Lieblinge Rachel und Ben, ihr seid etwas ganz Besonderes für mich. Meine Schwester Lisa, mein Schwager Arthur und meine bezaubernde Nichte Cailin („Miss Munchkin"), ihr wart immer so lieb zu mir und habt euch immer für meine Arbeit interessiert. Meine andere Familie in Kalifornien – Dotty, Eliot, Teri, Katie, Jessica und Isaac –, ich danke euch für eure Liebe. Meine Cousine MaryLynn (auch bekannt als „Madame Kukla") hat mir stets zur Seite gestanden, in kreativen wie verzweifelten Momenten. Ich danke dir, Abdo, meinem früheren Mann, für deine Freundschaft.

Jack Lagos, ich danke dir dafür, dass du mir geholfen hast, mein Leben zu verstehen.

Dr. Aaron T. Beck, wie wichtig Ihr Beitrag zu diesem Gebiet auch sein mag – die Wirkung Ihrer Arbeit ist gar nicht hoch genug einzuschätzen. Sie haben mir für diesen häufig so komplizierten Beruf eine großartige Grundlage vermittelt, eine geerdete Philosophie, auf der ich meine Praxis aufbauen konnte.

Mein bester Freund und Mentor Jeff Young, du warst mir stets die größte Inspiration. Deine Großherzigkeit ist so spürbar in allem, was ich tue. Nur durch dich und deine unvergleichlichen Gaben konnte ich so viel lernen. Du hast mir nicht nur ein glänzendes Beispiel für die Arbeit mit Klienten gegeben, sondern auch einen riesigen Schatz unvergesslicher Erinnerungen. Mein lieber William Zangwill, du warst immer für mich da, mit Empathie, Aufmerksamkeit, hervorragenden Erkenntnissen und der jeweils perfekten Metapher. Meine liebe Freundin Cathy Flanagan, deine beruhigende Stimme und deine Warmherzigkeit schienen immer gerade dann aufzutauchen, wenn ich sie am nötigsten brauchte. Michael First, ich danke dir für deine Unterstützung und Begeisterung und auch für deine tadellosen diagnostischen Fertigkeiten. Mein Dank geht auch an meine gute und langjährige Freundin Maureen Khadder, mit der zusammen ich ursprünglich die Idee entwickelt habe, die diesem Buch zugrunde liegt.

Dan Siegel, mein Mentor und charismatischer Lehrer, du hast mich an deiner Empfindsamkeit, deiner puren Magie und deinem wundervollen Humor teilhaben lassen und an deiner einzigartigen Gabe, kompaktes und schwieriges Material in meinem Bewusstsein zum Leben zu erwecken – dadurch hast du meiner Karriere eine spannende neue Dimension hinzugefügt.

Meine liebe Familie von Kollegen und Mitarbeitern im *Cognitive Therapy Center of New Jersey,* ich danke euch, dass ihr meine Höhen und Tiefen, mein Wehklagen und meine Jubelschreie ertragen habt – wie glücklich darf ich mich doch schätzen, von so unglaublich klugen und hilfsbereiten Menschen wie euch umgeben zu sein: Kathleen Newdeck, Mary Burke, Patrice Fiore, Barbara Levy, Robin Spiro, Kathy Kobberger, Rosemary Erickson, Lissa Parsonnet, Harriet Achtentuch, Margaret Miele, Ava Schlesinger, Paul Schottland, Irv Finklestein und Bob Jaskiewicz. Meine andere Familie im *Cognitive Therapy Center of New York,* ich danke euch, dass ihr in vielerlei Hinsicht ein integraler Bestandteil meines Lebens geworden seid; ihr seid eine tolle Gruppe von begabten und wunderbaren Menschen: Will Swift, Marty Sloane, Vivian Francesco, Jeff Conway, Travis Atkinson, Merrie Pearl, Pat McDonald, Fred Eberstadt, Lillian and Bob Steinmuller, Mike Minervini, Nancy Ribeiro, Sylvia Tamm und all die anderen, die im Laufe der Jahre in so vielfältiger Weise mein Leben berührt haben.

Rich Simon, du hast mich eingeladen, einen Artikel über dieses Thema für den *Psychotherapy Networker* zu schreiben – nun sieh dir an, was daraus geworden ist! Du bist ein unglaublicher Redakteur, der mein Selbstvertrauen als Autorin immer wieder gestärkt hat.

Tesilya Hanauer, du hast mich nicht nur gebeten, ein Buch für dich zu schreiben, sondern du warst dabei auch immer an meiner Seite, mit Begeisterung, Unterstützung und brillanten Ideen, ohne aber jemals die Integrität meiner Arbeit zu gefährden. Dieses Buch hätte ohne deine Initiative und deine nachdenklichen Anregungen nicht entstehen können. Außer Tesilya danke ich Jess Beebe und Nicola Skidmore für ihr hervorragendes Lektorat, ihre Anregungen und ihre umfassende Unterstützung – ich weiß eure Hilfe wirklich zu schätzen. Jasmine Star, ich bin ja so froh, in dir eine so warmherzige, talentierte und energische Korrektorin gefunden zu haben. Du hast mich bei dieser Aufgabe, die ja in vielen Fällen so mühsam ist, immer wieder aufgebaut – du bist wirklich Spitze! Und auch all den anderen Mitarbeitern bei New Harbinger und anderswo, die so hart daran gearbeitet haben, dieses Buch zu einem Erfolg zu machen, bin ich zutiefst dankbar.

Meinen anderen Familienmitgliedern und Freunden möchte ich sagen, dass ich mich gesegnet fühle, das reiche Geschenk eurer Liebe bekommen zu haben. Und schließlich möchte ich auch meinen Klientinnen und Klienten danken: So viele von

Ihnen waren eine wichtige Quelle der Inspiration für mich und meine berufliche Entwicklung. Ich bin Ihnen sehr dankbar für das Vertrauen, das Sie in mich gesetzt haben, und für das ganz besondere Privileg, Ihre Geschichten erfahren und Ihren Mut erlebt zu haben. Ich habe den größten Respekt für Sie und Ihre Leistungen. Ihre Offenheit und Ihr Engagement auf der mühsamen, aber auch spannenden Reise zur Selbsterneuerung erinnert mich immer wieder daran, warum ich mich entschieden habe, in diesem Beruf zu arbeiten.

Die Änderungen und das neue Material in dieser zweiten Ausgabe des Buches wurden mit großer Dankbarkeit gegenüber meiner Familie an der *International Society of Schema Therapy* verfasst. Eure Inspiration und unermüdliche Unterstützung halten den Ideenfluss in Gang und lassen das Licht der Kreativität strahlen. Außerdem möchte ich auch den zahlreichen Lesern, die sich die Zeit genommen haben, mir zu schreiben, meine enorme Dankbarkeit ausdrücken – Ihre positiven Kommentare und scharfsinnigen Fragen, Ihr Feedback, aber auch Ihre kritischen konträren Standpunkte waren eine große Hilfe. All Ihre klugen Erkenntnisse und tief empfundenen Geschichten sind in diese zweite Ausgabe von *Mit Narzissten leben* (Titel der ersten Ausgabe: *Der „Feind" an Ihrer Seite*) eingeflossen. Ich danke Ihnen, dass Sie mich inspiriert haben, relevante neue Informationen und Ausarbeitungen über hilfreiche Strategien in das Buch mit aufzunehmen. Ich hoffe, dass Sie diese Ausgabe des Buches informativ und hilfreich finden werden, und ich freue mich darauf, auch in Zukunft Ihr Feedback zu erhalten.

Einführung

Nur allzu oft genießen wir die Bequemlichkeit einer eigenen Meinung ohne die Unbequemlichkeit des eigenen Nachdenkens.

(John F. Kennedy)

Da Sie dieses Buch lesen, ist es wahrscheinlich, dass Sie eine Beziehung zu einem Narzissten haben, dass Sie durch die extreme Egozentrik und die Anspruchshaltung dieses Menschen immer wieder verletzt wurden und dass die Beziehung dadurch Schaden genommen hat. Dieses Buch kann Ihnen helfen: Es ist randvoll mit nützlichen Informationen, aufschlussreichen Übungen und wirkungsvollen Strategien. Bevor ich jedoch in die Details gehe, die Sie darin unterstützen, den Narzissten in Ihrem Leben zu verstehen und auf positive Veränderungen in Ihrer Beziehung hinzuwirken, lassen Sie uns einen kurzen Blick auf die wachsende Beachtung werfen, die Narzissmus in der Öffentlichkeit findet, und die wichtige Rolle, die Empathie zu spielen hat, wenn es darum geht, Beziehungen zu heilen, die durch narzisstisches Verhalten belastet sind.

Ein Zeitalter des Narzissmus

In den vergangenen Jahren hat die Berichterstattung der Massenmedien über das Verhalten von Prominenten aus Kino, Sport und Politik ein Schlaglicht auf deren selbstsüchtigen Lebensstil und ihre Einbildung, über dem Gesetz zu stehen, geworfen. Dabei sind immer wieder in auffallender Weise Begriffe und Phrasen wie „Narzissmus", „Sexsucht" und „fehlende Empathie" in den Überschriften zahlreicher Artikel und Sendungen aufgetaucht (und haben den Verkauf meiner Bücher angekurbelt, besten Dank).

Solche Begriffe, die noch vor Kurzem der Fachsprache von Psychologie-Lehrbüchern, Therapie-Handbüchern und dem fachlichen Dialog zwischen Psychologen und Psychotherapeuten vorbehalten waren, halten rapide Einzug in den Wortschatz unserer Alltagssprache – auf sozialen Websites, in Blogs und in Haushalten in allen Teilen der Welt. Indem der Begriff „Narzissmus" immer bekannter und besser verstanden wird, sind immer mehr Menschen erfreut und erleichtert, endlich eine Beschreibung zu haben, die auf einen unausstehlichen Partner, Liebhaber, Freund, Chef oder Verwandten passt.

Als *Mit Narzissten leben* im Jahr 2008 zum ersten Mal erschien, gab es nur wenig Literatur zu diesem Thema, die sich an eine allgemeine Leserschaft wendete. Das Buch bot ein begrifflich gefasstes Profil von Narzissmus und zeigte Strategien auf, die Lebenspartner, Freunde und Bekannte im Umgang mit Narzissten einsetzen können. Ich schrieb das Buch hauptsächlich als Reaktion auf Menschen, die mir gegenüber ihre ehrlich empfundene Fürsorge für den Narzissten in ihrem Leben zum Ausdruck brachten, ungeachtet aller damit einhergehenden Schwierigkeiten – Leidtragende, die ihren geliebten Menschen besser verstehen und ihn dazu bewegen wollten, sich zu verändern, und die auch ihre eigenen Bedürfnisse erfüllt sehen wollten, falls es im Bereich des Möglichen lag.

Angesichts des großen öffentlichen Interesses, das das Phänomen Narzissmus ausgelöst hat, ist es kein Wunder, dass in den vergangenen Jahren zahlreiche Bücher zu dieser Thematik erschienen sind. Dennoch bietet *Mit Narzissten leben* einen nach wie vor einzigartigen Ansatz, um dieses schwierige Problem in Angriff zu nehmen; darüber hinaus liefert es eine umfassende Erklärung für Narzissmus und gibt den Partnern von Narzissten und anderen ihnen nahestehenden Menschen eine Reihe pragmatischer Wegweiser an die Hand, ohne jedoch dabei die Realität aus den Augen zu verlieren, dass eventuelle Veränderungen bei diesem komplizierten Persönlichkeitstyp sehr wahrscheinlich auch im besten Falle moderat bleiben werden.

Die Weisheit der Empathie

Der in diesem Buch vertretene Ansatz erregt manchmal den Unmut meiner Kollegen, Klienten und Leser, wenn sie darum ringen, ihr Herz in diese Sache einzubringen. Es wurde gesagt, mein Buch befürworte einen zu nachgiebigen Umgang mit Narzissten, und es gebe bei diesen selbstherrlichen Irren keine Hoffnung auf Veränderungen. Natürlich verstehe ich solche Gefühle, denn immerhin sind viele Betroffene total frustriert, weil sie nur allzu oft das Gefühl haben, in ihren Interaktionen mit Narzissten zu kurz zu kommen – sogar dann, wenn sie eine sorgfältig überlegte Botschaft der Selbstoffenbarung übermittelt haben, unter Verwendung all der Hilfsmittel der empathischen Konfrontation und des Setzens von Grenzen, die in diesem Buch beschrieben werden.

Dennoch gibt es in dieser schwierigen Lage potenzielle Lösungen. Um unter Verwendung des in diesem Buch verwendeten Ansatzes im Umgang mit einem Narzissten Boden zu gewinnen und zu halten, müssen Sie spürbare Konsequenzen vorgeben; darauf werde ich in Kapitel 7 näher eingehen, in dem es um empathische Konfrontation geht. Das bringt uns zu einem anderen weiten Feld von Missverständnissen und falschen Vorstellungen: Was genau ist eigentlich Empathie, und warum um alles in der Welt sollte man sie ausgerechnet Narzissten entgegenbringen? Auf diese Frage werde ich weiter unten in dieser Einführung kurz zurückkommen und sie dann ausführlich in Kapitel 7 erörtern.

Manchmal lassen ein zerrissenes Herz und enttäuschte Hoffnungen es nicht zu, allzu viel Geduld oder das Engagement aufzubringen, das erforderlich ist, um mit verschiedenen Strategien zu experimentieren. Machen wir uns nichts vor: Es braucht mehr als meisterhafte Redekunst und sorgfältig formulierte Botschaften, um Erfolge herbeizuführen – es erfordert Veränderungseinfluss (engl. *leverage*[3]) und Beharrlichkeit. Außerdem erfordert es detailliertes Wissen über das, womit man es zu tun hat, das Akzeptieren der Grenzen persönlicher Einflussnahme und entsprechend angepasste Erwartungen sowie die Bereitschaft, Konsequenzen durchzusetzen. Der Therapeut braucht die unbeirrbare Konzentrationsfähigkeit eines Olympia-Athleten, in Verbindung mit emotionaler Strapazierfähigkeit, Ausdauer und der Fähigkeit, verletzlich zu sein – also nicht nur nett und klug, sondern auch echt zu sein.

Die meisten Bücher über Narzissmus drängen den Leser, *so schnell wie möglich das Weite zu suchen,* um aus dem Einflussbereich des ichbezogenen Irren oder des dünkelhaften Vamps zu entkommen. Aber bei meiner Arbeit mit Selbsthilfegruppen habe ich von Frauen, die diese Möglichkeit ernsthaft in Erwägung gezogen hatten, gelernt, dass das leichter gesagt als getan ist, wenn Sie mit dem Narzissten verheiratet sind und ihm Jahrzehnte Ihres Lebens gewidmet haben – zumal, wenn er der Vater Ihrer kleinen Kinder ist. Wahrscheinlich ist er kein Mensch, dem Sie bedenkenlos am Wochenende Ihre Kleinen überlassen würden. Und es ist auch nicht so einfach, wenn die Narzisstin Ihre Chefin oder Ihre älteste Tochter ist und Sie nicht bereit sind, Ihren Job aufzugeben oder den Kontakt zu Ihren Enkelkindern zu verlieren.

Außerdem kann es gut sein, dass der Narzisst jemand ist, den Sie lieben und verstehen, ein Mensch, der in kurzen Augenblicken Ihr Herz gefangen nimmt, wenn seine Verletzlichkeit und Menschlichkeit es hin und wieder schaffen, sich aus dem von seinem Ego errichteten Gefängnis davonzustehlen und als Wärme und Fürsorge aufzuscheinen – wenn auch nur für kurze Zeit. Leider ist es immer nur eine Frage der Zeit, bis er sich wieder gelangweilt und desinteressiert zeigt. Ebenso unverhofft, wie er aufgetaucht ist, so unvermittelt verschwindet er auch wieder. Und wenn er verschwindet, mögen Sie sich fragen: Nimmt er Sie in seinem Bewusstsein mit? Ist seine mentale Repräsentation von Ihnen zutreffend? Versteht er Ihre Persönlichkeit, Ihre

---

3 Anmerkung des Übersetzers: Das Konzept der *Leverage* („Hebelwirkung") ist ein zentraler Bestandteil des hier vertretenen Ansatzes. Damit sind Umstände gemeint, die die Bereitschaft des Narzissten zu positiven Verhaltensänderungen fördern können, zum Beispiel äußere Druckmittel oder innere Einsichten.

Bedürfnisse und wie es sich anfühlt, in Ihrer Haut zu stecken? Diese Fragen bringen mich zurück zur Empathie, einem häufig missverstandenen und falsch verwendeten Begriff – der zudem im Kontext von Narzissmus besonders rätselhaft ist. Mir werden häufig Fragen zu Empathie gestellt, und zwar vor allem die folgenden:

- Ist „Empathie" nicht lediglich ein anderes Wort für „Mitgefühl"?
- Wie kann ich für einen Narzissten Empathie empfinden?
- Kann sich ein Narzisst jemals wirklich vorstellen, wie es sich anfühlt, in der Haut eines anderen zu stecken?

Einige der klügsten Denker und Kommunikatoren, darunter Journalisten, Psychologen, Forscher, politische Analysten, Anthropologen und sogar Schriftsteller, beschäftigen sich mit dem Themenkomplex Empathie aus unterschiedlichen Blickwinkeln, angefangen bei der Erforschung von Spiegelneuronen bis hin zu philosophischen Erwägungen über das Moralbewusstsein. Wie können zum Beispiel Menschen ohne Empathie und Verständnis für andere die Zukunft vorhersehen, sich mit anderen vergleichen oder sich eine Vorstellung von der Welt bilden?

Um auf die zahlreichen Fragen von Lesern und Klienten zur Empathie einzugehen und neue Erkenntnisse zu dieser Thematik zu berücksichtigen, enthält diese neue Ausgabe von *Mit Narzissten leben* wesentlich mehr Material zu diesem Thema, so zum Beispiel auch zu der Frage, wie Empathie emotionale Stabilität fördert. Darüber hinaus enthält diese Ausgabe als Antwort auf zahlreiche Leserzuschriften über Probleme mit narzisstischen Müttern, Schwiegermüttern, Schwestern, Töchtern und Ehefrauen neues Material über weibliche Narzissten.

Und schließlich habe ich, um der Erkenntnis Rechnung zu tragen, dass es in manchen Fällen wirklich die beste Lösung ist, die Beziehung zu beenden, ein neues Kapitel mit aufgenommen: „Den Rückzug antreten: Wie man gefährlichem Narzissmus entkommt" (Kapitel 6). Dieses neue Kapitel geht speziell auf die Risiken und Gefahren ein, die es mit sich bringen kann, wenn man mit einem Narzissten zusammenlebt, der gefährliches Verhalten zeigt – zum Beispiel Aggression, ständiges Suchtverhalten (einschließlich Pornografie, Untreue, Glücksspiel und stoffgebundene Süchte) sowie einen fehlenden moralischen Kompass in Verbindung mit Reuelosigkeit und einem überdurchschnittlich stark ausgeprägten Empfinden, er könne machen, was er wolle.

Unauslöschliche Prägungen

Mein Interesse an Narzissmus wurde durch einige unvergessliche Erfahrungen geweckt, die ich in den frühen Jahren meiner psychologischen Praxis mit etlichen sehr schwierigen Klienten machte. Lediglich gewappnet mit einer blassen Resterinnerung an ein Lehrbuchkapitel, das in der *Graduate School* durchgenommen worden war, einer Einführung in das Thema in meiner Doktorandenzeit und der Begeisterung einer Novizin auf dem Gebiet der Psychologie von Beziehungen war ich nicht adäquat vorbereitet, um dieses schwierige Problem anzugehen. Ich merkte bald, dass ich bei der Arbeit mit solchen Patienten sehr schnell nervös wurde, mich ungeschickt verhielt und in die Defensive geriet. Sie verstanden es, meine Knöpfe zu drücken wie niemand sonst.

Eine meiner ersten Begegnungen mit einem narzisstischen Klienten fand statt, als ich in einer Schlichtungsstelle für Familiensachen ein Praktikum absolvierte. Dort bestand meine Aufgabe darin, Ehepaare, die sich scheiden lassen wollten, zu befragen und ihnen dabei zu helfen, Streitigkeiten in Sachen Sorge- und Besuchsrecht für die Kinder beizulegen. Sagen wir einfach, dass ein Kopfsprung von einer Klippe in schwindelerregender Höhe in eisiges Wasser im Vergleich dazu eine angenehme Erfahrung gewesen wäre.

Meine Feuertaufe begann, als ein attraktiver, 45-jähriger Mann etwas früher als seine bald zu scheidende Ehefrau zu unserem Schlichtungstermin erschien. Er sah (oder starrte) mich an, eine 25-jährige Frau in einem marineblauen Hosenanzug, ausgestattet mit Klemmbrett und einem entgegenkommenden Händedruck – und einer bis dato sehr spärlichen klinischen Erfahrung. Ohne meinen Gruß zu erwidern, setzte er sich, stieß einen ungeduldigen Seufzer aus, sah auf seine Armbanduhr und fragte: „Wie lang soll dieses blödsinnige Meeting eigentlich dauern?“ Bevor ich stotternd eine Antwort hervorbringen konnte, fragte er: „Wann kommt die Psychologin?“ Ich war eigentlich schon immer ganz gut darin, ein Erröten zu unterdrücken, und so antwortete ich mit einem gezwungenen Lächeln: „*Ich* bin die Psychologin.“ Er verdrehte die Augen, warf den Kopf missbilligend nach hinten und wendete sich ab, um aus dem Fenster zu sehen, während er ungeduldig mit den Fingern auf die Armlehne seines Stuhls trommelte.

Ich weiß nicht mehr genau, ob es in diesem Moment war oder am Abend desselben Tages, dass ich begann, über eine Laufbahn als Floristin nachzudenken. Immerhin war ich imstande, mir Folgendes zu sagen: *Wendy, das ist ein enttäuschter Mann, der gerade eine Scheidung durchmacht. Er muss sich mit so vielen Dingen auseinandersetzen. Er ist einfach verärgert. Du kommst damit klar. Du hast deinen Fragebogen, du hast das Interview geübt, und du hast eine gerichtliche Verfügung. Zwar fühlst du dich nicht gerade wohl in der Gegenwart von Tyrannen, aber du wirst es überstehen. Du weißt, wie und worauf du dich konzentrieren musst, und du gehst sensibel mit deinen Klienten um.*

Seine Frau erschien etwa fünf Minuten später, die mir wie eine Ewigkeit vorkamen. Sie war eine wunderschöne Frau, die sofort anfing, sich zu entschuldigen, weil sie sich verspätet hatte. Sie stellte sich vor und begrüßte ihren Mann, der darauf nicht reagierte, und setzte sich auf den Stuhl neben ihm. Ich eröffnete die Sitzung, indem ich ihnen die Informationen vorlas, die ich vom Gericht erhalten hatte, um sie von ihnen bestätigen zu lassen. Er stieß immer wieder laute Seufzer aus und starrte an die Zimmerdecke. Sie nickte und bestätigte, dass alle Daten richtig seien.

Dann kam ich zu der Passage in der Gerichtsakte, in der die Gründe für die gerichtlich verfügte Schlichtung aufgeführt waren. Ich sagte, die Eheleute könnten sich nicht einigen, wer das alleinige Sorgerecht für ihre drei Kinder erhalten sollte. Er schlug das gemeinsame Sorgerecht vor, während sie das alleinige forderte, ihm dabei aber ein uneingeschränktes Besuchsrecht zugestehen wollte. Bevor ich den Vorschlag zu Ende vorlesen konnte, unterbrach er mich, sprang auf und sah seine Frau bitterböse an. Sie senkte sofort den Kopf und starrte auf ihre Schnürsenkel, während er bellte: „Das hier ist totale Zeitverschwendung. Es wird keine Schlichtung geben. Wir sehen uns vor Gericht wieder, und dann wirst du schon sehen, was du bekommst." Dann sah er mich an und fuhr fort: „Schreiben Sie das in Ihre Akte, Fräulein Psychologin, und außerdem können Sie dem Gericht bestellen, dass ich durch bin mit diesem Schlichtungsblödsinn. Sie glaubt, weil sie nun endlich ihre schöne kleine Scheidung kriegt, kann sie auch meine Kinder bekommen, aber das wird sich erst noch zeigen. Die einzige Chance, die meine Kinder haben, um funktionierende Gehirne zu entwickeln und sich eine erfolgreiche Zukunft aufzubauen, besteht darin, bei mir zu leben. Wissen Sie, wer ich bin, Fräulein Psychologin? Wissen Sie das? Ich bin einer der angesehensten Rechtsanwälte in diesem Bundesstaat. Also … euch beiden viel Glück." Damit schleuderte er seine Unterlagen auf den Boden und stolzierte hinaus.

Ich glaube, dies war tatsächlich der Moment, in dem mir die Idee kam, eine andere Laufbahn einzuschlagen. Die Frau hatte ihre Hände vors Gesicht geschlagen und weinte. Obwohl ich eigentlich gern mit ihr zusammen geheult hätte, schluckte ich den Klumpen im Hals hinunter und befragte sie zu dem, was gerade passiert war. Sie erzählte mir, dass ihr Mann tatsächlich ein sehr bekannter und erfolgreicher Anwalt sei und dass sie in einem Gerichtsverfahren aufgrund seines Renommees und seiner guten Verbindungen von vornherein auf verlorenem Posten stand. Sie schilderte, wie er mit seiner einschüchternden Art schon vielen Eheberatern den Mut genommen – und ihr Ego niedergewalzt – hatte. Niemand schaffte es, ihn zur Räson zu bringen.

Sie klang sehr traurig, und als ich ihr das sagte, erwiderte sie, dass sie schon seit sehr langer Zeit traurig gewesen sei, da ihr Mann ein schwieriger Mensch sei, das Produkt einer sehr schmerzlichen Kindheit. Sie erzählte mir, dass sie ihn zwar nach wie vor liebe, sein verletzendes Verhalten aber einfach nicht mehr ertragen könne, und dass ihnen anscheinend niemand helfen konnte. Es war ihr ein Rätsel, wie der einstmals so süße und sensible kleine Junge zu einem so herrschsüchtigen Egomanen hatte werden können. Wir seufzten zusammen. Ich gab ihr ein paar Ratschläge, wo sie Unterstützung finden konnte, und dann war die Sitzung zu Ende. Ich schickte meinen Bericht über die Nichteinhaltung der gerichtlichen Schlichtungsverfügung ein und sah die beiden nie wieder.

Auch heute noch denke ich hin und wieder an dieses Paar und frage mich, ob es wohl irgendjemandem jemals gelungen ist, ihn zu erreichen, und wie es den Kindern und der Frau ergangen ist. Ich kann mich noch lebhaft an mein Unbehagen erinnern – steigende Hauttemperatur, beschleunigter Puls, ein Knoten in der Magengrube. Meine Vorliebe für Sprache, ganz ordentliche Kommunikationsfertigkeiten und meine chronische Faszination mit der *conditio humana* – all das wurde abgewürgt durch das ungewohnte und beklemmende Gefühl, mein Selbstvertrauen verloren zu haben. Es war, als habe dieser Klient mir meinen Elan genommen und meine Courage untergraben. Dies war das erste von mehreren ernüchternden Erlebnissen zu Beginn meiner beruflichen Laufbahn; mein Mann drückt es gerne so aus: „Du weißt nicht, was du nicht weißt." Ich hatte noch viel zu lernen, vor allem über die Komplexitäten von Narzissmus und seine Auswirkungen auf zwischenmenschliche Beziehungen.

Wegweisende Einflüsse

Jeder, der mich kennt, weiß, wie wissbegierig ich bin im Hinblick darauf, was die Menschen antreibt, und dass ich ständig versuche, ihr Verhalten zu verstehen. Dabei habe ich auch das notwendige Decodieren meiner eigenen emotionalen Konstruktion nicht ausgenommen. Nachdem ich viel Zeit darauf investiert hatte, meinen eigenen Triebfedern und Verhaltensweisen auf den Grund zu gehen, ist mir klargeworden, wie wichtig dieses Engagement ist – und wie wertvoll die ständig daraus entstehenden persönlichen Entdeckungen sind.

Vor über 20 Jahren hatte ich das große Glück, den unvergleichlichen Jeffrey Young kennenzulernen, der zu einem meiner Mentoren wurde – und auch zu einem meiner engsten Freunde. Er hat mich gelehrt, meinen psychotherapeutischen Ansatz (der damals ausschließlich den Grundsätzen der kognitiven Therapie folgte) in sein vielschichtig strukturiertes Schematherapie-Modell zu integrieren – ein hervorragender Ansatz zur Behandlung von Problemen, die auf Narzissmus beruhen. Für den fundamental wichtigen Einfluss, den er auf mein Leben hatte und nach wie vor hat, werde ich immer in seiner Schuld stehen.

Im Jahr 2003 hatte ich abermals Glück, als ich Daniel Siegel kennenlernte, den begnadeten Meister der interpersonalen Neurobiologie. Unter seiner Obhut gelang es mir, meine Arbeit um ein anschauliches und anwenderfreundliches Modell des Gehirns zu ergänzen. Die Studien, die ich gemeinsam mit Dan durchgeführt habe, waren enorm aufschlussreich und haben bei einigen meiner schwierigsten Klienten den Weg für einen beschleunigten Therapieverlauf geebnet. Glaubwürdigkeit und Validität des schwierigen und komplexen Prozesses, im Rahmen der psychotherapeutischen Praxis mit zwischenmenschlichen Beziehungen umzugehen, konnten durch die Erweiterung mit neurowissenschaftlichen Erkenntnissen untermauert werden. Darüber hinaus hilft diese neue Perspektive, die Scham und das Stigma zu reduzieren, die es mit sich bringt, wenn man bei emotionalen Problemen Hilfe sucht. Sobald ein Klient erkannt hat, dass das Gehirn der Sitz seiner Erlebenswelt ist und dass uns das Gedächtnis einen Zugang zu schmerzlichen früheren Ereignissen eröffnet, überwindet er seine Angst, als „verrückt" oder „schwach" abgestempelt zu werden. Darüber hinaus kann die Wissenschaft vielen Menschen, die sich in Therapie begeben, einen Großteil ihrer Skepsis nehmen. Und sie hilft uns allen, die wichtigen biologischen Funktionen des Körpers und deren Auswirkungen auf unser Erleben besser zu würdigen.

Wissen als Schlüssel zum Erfolg

Seit jener unerfreulichen Sitzung in der Schlichtungsstelle für Familiensachen sind viele Jahre ins Land gegangen. In dieser Zeit habe ich viel Zeit darauf verwandt, Schwierigkeiten zu überwinden, Experimente durchzuführen, meine Kenntnisse zu erweitern und meine Nische zu schaffen. Inzwischen gelte ich ironischerweise als Expertin für Narzissmus, da ich jahrelang mit Mitgliedern dieser Population und ihren Opfern gearbeitet habe. Meine Klienten sind meistenteils männliche Narzissten, eine geringere Anzahl narzisstischer Frauen sowie Menschen, die versuchen, mit Narzissten in ihrem Leben zurechtzukommen. Ich weiß nicht genau, wie ich diese meine Leidenschaft erklären kann; die meisten Kollegen kratzen sich nur den Kopf. Sie finden diese Vorliebe ein bisschen ungewöhnlich, vielleicht sogar masochistisch, da die meisten praktizierenden Therapeuten bei dem Gedanken, mit einem Narzissten arbeiten zu sollen, erschaudern. Viele von ihnen lehnen Überweisungen solcher Klienten grundsätzlich ab. Aus meiner Sicht kann ich nur sagen, dass diese meine Neigung zu sehr befriedigenden Ergebnissen geführt hat, sowohl im Hinblick auf meine persönliche Entwicklung als auch im Rahmen meiner Arbeit als Therapeutin und Dozentin.

Zwar ist nicht jeder Narzisst bereit, sich zu ändern, aber bei manchen von ihnen können gewisse Verbesserungen erreicht werden – mit genügend Veränderungseinfluss, Anreizen und Unterstützung. Das ist allerdings nicht das Ziel dieses Buches. Vielmehr soll es solchen Menschen helfen, die versuchen, mit einem narzisstischen Menschen zurechtzukommen. In diesem Buch werde ich verschiedene Ausprägungen von Narzissmus definieren und beschreiben; ich werde erklären, wie und warum Narzissmus als Bestandteil der Persönlichkeit eines Menschen entsteht, und ich werde Hilfestellung und Techniken anbieten, die Ihnen helfen können, sich in der Beziehung zu einem solchen schwierigen Menschen zu behaupten und sogar weiterzuentwickeln. Außerdem kann dieses Buch Ihnen helfen, Ihre eigenen Lebensmuster und persönlichen Lebensthemen zu erkennen; daraus können Sie lernen, warum Sie möglicherweise von narzisstischen Menschen angezogen werden und sich im Umgang mit ihnen unwohl und festgefahren fühlen. Es wird Ihnen helfen, einen reflektierenden und bestimmten Tonfall zu entwickeln, den Sie einsetzen können, wenn Sie mit dem Narzissten in Ihrem Leben über realistische Absichten, Bedürfnisse und Erwartungen sprechen wollen. Dieses Buch zielt darauf ab, Ihnen nicht nur bei der Bewältigung schwieriger Herausforderungen zu helfen, sondern auch einen besseren und befriedigenderen Umgang bei Interaktionen mit einem Narzissten zu erreichen.

Man sollte von vornherein im Auge behalten, dass unter den praktizierenden Experten weitgehend Einigkeit darüber besteht, dass über 75 Prozent aller Narzissten männlich sind (was auch der Grund dafür ist, dass ich in diesem Buch überwiegend die männlichen Formen von Pronomen verwende). Dieser Umstand wird zum Teil auf geschlechtsbezogene Eigenschaften zurückgeführt – zum Beispiel auf Aggression, Ehrgeiz, schwache Bindungen zu anderen, Dominanz – sowie auf gesellschaftliche Normen, vor allem im Hinblick auf Fragen der kindlichen Entwicklung, die in Verbindung mit dem Gegensatz „Anlage versus Umwelt“ auftauchen. Auch Frauen können narzisstisch sein, aber sie neigen dazu, solche Eigenschaften eher über ihre persönliche Erscheinung (Eitelkeit), den sozialen Status ihrer Kinder oder des von ihnen geführten Haushalts oder ihren Erfolg in der Rolle als Mutter oder Betreuerin zum Ausdruck zu bringen. Davon abgesehen tendieren narzisstische Frauen eher zu verdeckten Manifestationen des Syndroms; häufig treten sie als „gekränkte Unschuld“ oder „Heulsuse“ in Erscheinung. Aber natürlich begegnet man auch der Grand Dame und der Diva, die in ihrem aggressiven Streben nach Aufmerksamkeit und Bewunderung eher ihrem männlichen Pendant ähnelt.

Die Ähnlichkeit zwischen männlichen und weiblichen Narzissten zeigt sich darin, dass beide unaufhörlich mit ihrem unstillbaren Verlangen beschäftigt sind, im

Zentrum der Aufmerksamkeit zu stehen – ganz gleich, ob das nun offen oder verdeckt geäußert wird. Dadurch wird ihre Fähigkeit, Empathie oder Reue zu empfinden, erheblich eingeschränkt oder gar völlig eliminiert. Vielleicht haben Sie schon einmal den Begriff „narzisstische Kränkung“ gehört; damit ist gemeint, dass sich für einen Narzissten die Aussage „es tut mir leid“ so anfühlt, als würde er sagen: „Ich bin der furchtbarste Mensch der Welt.“ Ungeachtet ihres zur Schau gestellten Draufgängertums reagieren Narzissten überempfindlich auf Kritik, enttäuschte Reaktionen anderer, andere Meinungen, ausbleibende Aufmerksamkeit oder Komplimente, Ignoriertwerden und sogar auf selbstverschuldete Fehler. Aber es ist nicht immer offensichtlich, dass ein Narzisst sich gekränkt fühlt, weil er es glänzend versteht, seine Gefühle zu verschleiern. Anstatt sich gekränkt zu zeigen, wird er aggressiv reagieren, sich abwenden oder Bewunderung für irgendeinen anderen Aspekt seiner Großartigkeit einfordern. Woraufhin Sie vielleicht die Segel streichen und selbst eine Entschuldigung anbieten werden, um seine unnachgiebigen Reaktionen zu besänftigen und sein beschädigtes Ego wieder aufzubauen.

Aber so muss es nicht laufen. Es ist durchaus möglich, im Umgang mit Narzissten seine Fassung und seine Selbstachtung zu bewahren. Der erste Schritt auf diesem Weg besteht darin, das Phänomen Narzissmus und seine Entstehung zu erfassen – das Thema des ersten Kapitels. Dieses Wissen kann Ihnen dann zu der Erkenntnis verhelfen, dass die zwischenmenschlichen Probleme zwischen Ihnen und dem Narzissten in Ihrem Leben nicht unbedingt mit Ihnen zu tun haben. Und es kann Ihnen helfen, diesem Menschen mit Empathie und vielleicht sogar Mitgefühl zu begegnen, wodurch Sie Ihren Seelenfrieden wiederfinden und eventuell Ihre Beziehung verbessern können.

1. Erfassen der Situation: der Versuch, Narzissmus zu verstehen

Die Masse der Menschen führt ein Leben in stummer Verzweiflung.
(Henry David Thoreau)

Der Narzisst zieht gleichzeitig an und stößt ab. Er mag wie ein moderner Ritter daherkommen, ein Sir Lancelot unserer Tage, der uns mit seinem großspurigen Charme umgarnt, angetan mit der glänzenden Rüstung unserer Zeit: einem ansehnlichen Investment-Portfolio und prachtvollen Besitztümern. Aber Vorsicht: Dieser Ritter ist ein meisterhafter Gaukler, der zur echten Bedrohung werden kann. Sie könnten zum Opfer seiner verführerischen Großtaten werden, seiner Intelligenz und seiner scheinbar unerschütterlichen Selbstgewissheit. Wenn da nicht seine Arroganz wäre, seine herablassende Art, seine Anspruchshaltung und sein Mangel an Empathie – eindrucksvolle Makel, die unweigerlich zu frustrierenden zwischenmenschlichen Begegnungen und notorisch schwierigen langfristigen Beziehungen führen müssen.

Der narzisstischen Diva begegnet man vielleicht im gediegenen Ambiente einer Konzernzentrale, gekleidet nach der neuesten Mode und mit elegantem Aktenköfferchen bestückt, oder vielleicht auf dem montäglichen Elternabend im Gymnasium, wo sie das große Wort führt, oder beim Delegieren lästiger Pflichten auf der Sitzung eines gemeinnützigen Vereins. Vielleicht ist sie auch der Dame auf dem jüngsten Titel einer Hausfrauenzeitschrift verblüffend ähnlich, die, mit einem voluminösen Push-up-BH ausstaffiert, den wundertätigen „Wisch-und-weg"-Bodenmopp anpreist. Ja, für diese Lady gibt es keine Probleme, immer nur Lösungen, und damit hält sie auch nicht hinterm Berg: „Ich will ja nicht unbescheiden sein, aber …", oder: „Ich will mich ja nicht beklagen, aber …", oder: „Mir fällt keine andere Frau ein, die sich so etwas gefallen lassen würde …"

Vielleicht ist sie sogar mit dem soeben beschriebenen, verführerischen Ritter verheiratet. An ihren Bedürfnissen, die sie kokett seiner überragenden Männlichkeit unterordnet, lässt sie ansonsten nur Personen teilhaben, die ihre Selbstlosigkeit preisen und ihr mit dem ehrfürchtigen Seufzer „Ich weiß nicht, wie du das alles schaffst …" huldigen. In der Tat, diese liebenswürdig-unverfrorene, als Märtyrerin sich aufspielende Matrone lechzt nach Applaus, selbst wenn wir anderen uns angesichts ihrer aufdringlichen Weisheiten und ihres nassforschen Auftretens peinlich berührt zusammenkrümmen, als müssten wir das Kratzen von Fingernägeln auf einer Schultafel ertragen.

Der Narzisst auf einen Blick

Seit über 20 Jahren habe ich mit solchen Menschen gearbeitet und dabei die Erfahrung gemacht, dass es kaum eine größere Herausforderung für einen Psychotherapeuten gibt, als einen Narzissten zu behandeln. Ein solcher Klient begibt sich in Therapie, weil seine Partnerin endlich den Mut gefunden hat, ihm zu sagen: „Lass dir helfen oder verschwinde aus meinem Leben." Oder vielleicht, weil sein Chef ihn wegen zahlloser Beschwerden über sein problematisches Verhalten abgemahnt hat. Es kann auch sein, dass er bei seinem ehrgeizigen Wettlauf an die Spitze ins Hintertreffen gerät und nach Wegen sucht, um sich einen Vorteil zu verschaffen. Oder er wird strafrechtlich belangt und hofft, dass Therapiesitzungen sich in seiner Akte gut machen würden. Aber hin und wieder kommt es auch vor, dass ein Narzisst sich – widerstrebend – in Therapie begibt, weil er schlichtweg einsam und deprimiert ist oder von Angststörungen geplagt wird.

Wie nennen wir also diesen Persönlichkeitstyp, der die Menschen in seinem Umfeld mit allerlei seltsamen charakterlichen Widersprüchen aus dem Gleichgewicht bringt? Obwohl solche Leute aufgeräumt und selbstsicher wirken und manchmal einen liebenswürdigen Humor an den Tag legen, können sie einem blitzschnell den Boden unter den Füßen wegziehen und Furcht, Tränen, Langeweile oder Abscheu hervorrufen. Solche Menschen nennen wir Narzissten. (Wie bereits in der Einführung erwähnt, sind die meisten Narzissten männlich, und daher verwende ich in diesem Buch hauptsächlich Pronomen der männlichen Form und Beispiele mit männlichen Protagonisten; allerdings werden Sie am Ende dieses Kapitels auch Material über gewisse Besonderheiten weiblicher Narzissten finden.)

ÜBUNG

Ist der schwierige Mensch in Ihrem Leben ein Narzisst?

Lesen Sie die einzelnen Punkte in der folgenden Checkliste und kreuzen Sie jede Eigenschaft an, die auf den schwierigen Menschen in Ihrem Leben zutrifft. Markieren Sie nur die Eigenschaften, die sich sehr deutlich zeigen, also in entsprechenden Situationen eher häufig als selten auftreten.

✓ ____ egozentrisch (verhält sich, als würde sich alles nur um ihn drehen)

✓ ____ anmaßend (stellt willkürlich Regeln auf, die aber nicht für ihn selbst gelten)

✓ ____ herabwürdigend (demütigt und tyrannisiert Sie)

✓ ____ fordernd (verlangt, was immer er haben will)

✓ ____ misstrauisch (zweifelt Ihre Motive an, wenn Sie nett zu ihm sind)

✓ ____ perfektionistisch (stellt strikte, hohe Anforderungen; alles hat so gemacht zu werden, wie er es will, oder gar nicht)

✓ ____ überheblich (ist davon überzeugt, Ihnen und anderen überlegen zu sein; zeigt sich schnell gelangweilt)

✓ ____ zustimmungsbedürftig (lechzt ständig nach Lob und Anerkennung)

✓ ____ nicht empathisch (unfähig oder desinteressiert, Ihr inneres Erleben zu verstehen)

✓ ____ reuelos (kann sich nicht aufrichtig entschuldigen)

✓ ____ zwanghaft (verzettelt sich in Details und Kleinigkeiten)

✓ ____ suchtanfällig (kann nicht von schlechten Gewohnheiten lassen, die er einsetzt, um sich zu beruhigen)

✓ ____ emotional distanziert (geht Gefühlen aus dem Weg)

Wenn Sie mindestens zehn dieser 13 Eigenschaften angekreuzt haben, erfüllt der schwierige Mensch in Ihrem Leben sehr wahrscheinlich die Kriterien für offenen maladaptiven Narzissmus *(overt maladaptive narcissism),* dessen häufigste und schwierigste Form. Narzissten dieses Typs sind aufdringlich und renitent. Ich nenne diese Ausprägung „offenen maladaptiven Narzissmus", um sie von anderen Formen der Störung zu unterscheiden – zum Beispiel von dem verdeckt maladaptiven Narzissmus *(covert maladaptive narcissism)* und dem gesunden Narzissmus *(healthy narcissism),* auf die ich noch zu sprechen kommen werde. Die Begriffe „offen" und „maladaptiv" („fehlangepasst") werden hier gemeinsam verwendet, um zum Ausdruck zu bringen, dass eine beobachtbare Unfähigkeit vorliegt, sich äußeren Umständen oder grundlegenden Erwartungen innerhalb einer Beziehung zu fügen oder anzupassen. Aber Sie brauchen nicht zu verzweifeln, falls der Narzisst in Ihrem Leben tatsächlich ein offen maladaptiver Narzisst ist. Dass Sie ein Problem haben, wussten Sie bereits; was Sie vielleicht noch nicht wussten, ist, wie man einen solchen Menschen nennt und was Sie in Ihrer Situation tun können. Aber Sie kommen der Lösung immer näher – Sie brauchen nur weiterzulesen.

Falls Sie weniger als zehn Eigenschaften angekreuzt haben, handelt es sich vielleicht um einen schwierigen, aber weniger renitenten Narzissten. Narzissmus verläuft entlang eines Spektrums, von gesundem Narzissmus am einen Ende über offenen und verdeckten Narzissmus am anderen. Ich werde diese verschiedenen Formen von Narzissmus in diesem Kapitel genauer definieren.

Was ist ein Narzisst?

Das Wort „Narzissmus“ geht auf die Sage von dem Jüngling Narziss aus der griechischen Mythologie zurück, der an einer Quelle in den Bergen dazu verdammt wurde, ewig in sein eigenes Spiegelbild verliebt zu sein, als Strafe dafür, dass er das Werben der jungen Bergnymphe Echo nicht erhört hatte. Da Narziss sein Abbild auf der Oberfläche des Teiches nur begehren, aber niemals wirklich besitzen konnte, schmachtete er dahin und wurde schließlich in eine wunderschöne Blume – eine Narzisse – verwandelt. Die sinnträchtige Tragödie dieses Mythos lehrt uns, dass wahre Schönheit und Liebe erst dann erblühen können, wenn zwanghafte und maßlose Selbstliebe vergeht.

Narzissten sind in der Regel völlig egozentrisch und ständig damit beschäftigt, ein perfektes Bild von sich zu zeichnen – sie lechzen nach Anerkennung und Status, sie wollen beneidet werden. Es fehlen ihnen die Fähigkeiten, zuzuhören, Fürsorge zu empfinden und die Bedürfnisse anderer Menschen zu verstehen. Diese Selbstsucht kann dazu führen, dass sie keine echte und innige Bindung zu anderen entwickeln können – eine Bindung, die das Gefühl erzeugt, von einem anderen Menschen sowohl mit dem Kopf als auch mit dem Herzen verstanden und geliebt zu werden und sich bei ihm geborgen zu fühlen. Eine solche Bindung versetzt uns in die Lage, den Unterschied zwischen Selbstliebe und der Liebe für einen anderen Menschen zu erfahren. Es ist ein wichtiger Teil der kindlichen Entwicklung, zu lernen, wie man die Waage hält zwischen der Aufmerksamkeit, die man sich selbst schenkt, einerseits und der auf andere gerichteten Aufmerksamkeit andererseits. Dies ist eine grundlegende Lehre fürs ganze Leben, durch die das Entstehen von Gegenseitigkeit, Verantwortungsgefühl und Empathie mit anderen gefördert wird – die aber leider in der frühen Entwicklung eines Narzissten bitterlich fehlt.

Ein Narzisst mag mit einem draufgängerischen und lautstark prahlenden Ego durchs Leben gehen, sich aber – wie wir alle – unwissentlich nach der einzigartig beruhigenden und sicheren Zuflucht sehnen, die in der innig empfundenen Umarmung eines anderen Menschen zu finden ist. Obwohl Sie vielleicht den Narzissten als jemanden erleben, der Ihren Bedürfnissen und Gefühlen wenig oder gar keine Beachtung schenkt, sehnt er sich tatsächlich nach einer tieferen und sehr viel innigeren Verbindung – ein Bedürfnis, das er partout nicht erfüllen, verstehen oder akzeptieren kann. Wahrscheinlich würde er die Vorstellung einer emotional innigen Bindung als schwach und erbärmlich empfinden. Infolge seiner unerfüllten Sehnsüchte, die er als inakzeptabel empfindet, werden seine Bedürfnisse fehlgeleitet, und deswegen kann er nur durch charmante, aber entnervende Verhaltensweisen um Ihre Aufmerksamkeit buhlen.

Die Ursprünge von Narzissmus

Vor vielen Jahren war dieser ehrgeizige Aufschneider und Besserwisser einfach nur ein kleines Kind, das Wünsche, Bedürfnisse und Gefühle hatte – wie jedes andere Kind auch, das auf die Welt kommt. Was könnte dieses Kind auf den Weg zu einem vermeintlich berechtigten Platz im Mittelpunkt der Aufmerksamkeit geführt haben, ins Scheinwerferlicht der Außergewöhnlichkeit, wo die Regeln zwar für andere gelten, aber nicht für es selbst? Lassen Sie uns einen Blick auf einige mögliche Erklärungen werfen.

Das verwöhnte Kind

Einer Theorie gemäß könnte ein Narzisst in einem Elternhaus aufgewachsen sein, in dem ihm die Vorstellung eingeimpft und vorgelebt wurde, besser als andere zu sein und besondere Vorrechte und Privilegien zu genießen. Dabei habe es sich typischerweise um ein familiäres Umfeld gehandelt, in dem kaum Einschränkungen für das Kind galten und es keine nennenswerten Konsequenzen nach sich zog, wenn es Grenzen überschritt und Regeln missachtete. Die Eltern hätten das Kind nicht adäquat gelehrt, Widrigkeiten zu bewältigen oder zu ertragen – es sei rundum verwöhnt worden. Solche Umstände hätten es konditioniert, sein kindliches Verhalten als Erwachsener erneut auszuleben und die Voraussetzungen für das Heranwachsen des völlig verwöhnten Narzissten geschaffen.

Das dependente Kind

Eine andere Theorie besagt, dass mindestens ein Elternteil zu sehr darum bemüht gewesen sein mag, dem Kind sein Leben so angenehm wie möglich zu gestalten. Anstatt das Kind zu erziehen und es anzuhalten, die seinem Alter angemessenen Fertigkeiten zur Bewältigung von Aufgaben und sozialen Interaktionen auszubilden, mögen seine Eltern sich bemüht haben, alles nur Denkbare für das Kind zu tun, was dazu führte, dass es kein Gefühl persönlicher Kompetenz entwickeln konnte und stattdessen gelernt hat, hilflos und dependent (abhängig) zu sein. Unter solchen Umständen mag das Kind in dem Gefühl aufgewachsen sein, ein Anrecht darauf zu haben, dass andere sämtliche Schwierigkeiten aus dem Weg räumen, sodass es sich nicht mit Frustrationen oder der potenziellen Kränkung, eine falsche Entscheidung getroffen zu haben oder sich wie ein Versager zu fühlen, würde auseinandersetzen müssen.

Das einsame, emotional vernachlässigte Kind

Die beliebteste Theorie über die typischen Ursachen von Narzissmus vertritt die Auffassung, das Kind sei in dem Gefühl aufgewachsen, nur bedingt geliebt zu werden, was bedeutet, dass Zuwendung an Leistung geknüpft war. Vielleicht erwarteten seine Eltern von ihm, besser als alle anderen zu sein, und haben ihm die Botschaft eingeimpft, dass jede Leistung, die nicht vollkommen perfekt war, bedeutete, dass es unzulänglich, inadäquat und ihrer Liebe nicht wert sei. Vielleicht wurde ihm beigebracht, dass Liebe nur unter Vorbehalt und zeitweilig gewährt wird. Vielleicht wurde das Kind manipuliert zu glauben, dass es seine emotionalen Bedürfnisse erfüllt bekommen könne, wenn es nach Großartigkeit strebt. Vielleicht versuchten seine Eltern, ihr eigenes Streben nach Stolz und Aufmerksamkeit über die Leistungen des Kindes zu verwirklichen, wodurch es ihm implizit verwehrt wurde, sie durch weniger als perfekte Leistungen bloßzustellen.

Ein solches Szenario kann durch unterschiedliche Behandlung von jedem Elternteil noch zusätzlich verkompliziert werden. Häufig werden solche Kinder von einem Elternteil kritisiert und bekommen das Gefühl vermittelt, dass alles, was sie tun, nie wirklich gut genug ist, während sie vom anderen Elternteil verhätschelt, übermäßig behütet oder als Ersatzpartner benutzt werden. In vielen Fällen versuchen sie, den Forderungen und Erwartungen ihrer Eltern gerecht zu werden, um in den Genuss von deren spärlicher Aufmerksamkeit zu kommen und zu vermeiden, kritisiert und beschämt zu werden. Das Kind reagiert auf so profunde emotionale Entbehrung, Manipulation und Kontrolle und auf die Knebelung seiner kostbaren und verletzlichen Persönlichkeit, indem es eine Lebenseinstellung entwickelt, die durch Maximen wie *Ich brauche niemanden, Ich kann keinem vertrauen, Ich werde auf mich selbst aufpassen und Euch werd' ich's schon zeigen!* gekennzeichnet ist.

Dieser kleine Junge wurde nicht um seiner selbst willen geliebt, und er wurde weder angehalten noch ermutigt, seine echten Neigungen zu entdecken. Er wurde nicht von einer Bezugsperson in den Armen gehalten, die ihm das Gefühl hätte vermitteln können, geborgen zu sein und bedingungslos geliebt zu werden. Niemand lebte ihm vor, wie man sich in einen anderen Menschen hineinversetzt oder sein emotionales Innenleben nachempfindet. Er hatte dafür kein Vorbild in seinem Leben – den persönlichen Interaktionen, die er erlebte, fehlte es an Empathie. Stattdessen hatte er mit Beschämung und einem Gefühl der Unzulänglichkeit zu kämpfen, sowohl durch direkte Kritik als auch den Entzug emotionaler – und oft körperlicher – Zuwendung. Ihm wurde das Gefühl vermittelt, dass etwas mit ihm nicht stimme – so, als ob er Schwäche zeige, wenn er sich nach Trost und Aufmerksamkeit sehnte. Zur Verteidigung hat er dann jeden nur erdenklichen Schutzmechanismus entwickelt, um den Schmerz auszulöschen, der durch solche Erfahrungen entstanden war.

Mischformen

Vielleicht werden Sie auch feststellen, dass „Seine Majestät" oder „Ihre Hoheit" sich am besten durch eine Kombination der oben genannten Ursachen beschreiben lassen. In Anbetracht der Komplexität menschlicher Interaktionen (und Reaktionen) ist es kein Wunder, dass der Charakter eines Menschen nicht auf eine einzige Ursache zurückzuführen ist, sondern sich aus einer Kombination von mehreren Faktoren entwickelt.

Verwöhnt-abhängig. Vielleicht lässt sich der Narzisst in Ihrem Leben am besten charakterisieren, indem man ihn als nicht nur verwöhntes, sondern auch abhängiges Kind beschreibt. In diesem Falle wird er nicht nur eine Anspruchshaltung an den Tag legen und sich überlegen fühlen (was auch angesichts der „Wir-sind-besser-als-alle-anderen"-Haltung, die ihm in seiner Familie vorgelebt wurde, kein Wunder ist), sondern sich auch abhängig und inkompetent fühlen, da seine Eltern ihn stets verhätschelt und sämtliche Schwierigkeiten aus dem Weg geräumt haben – statt ihm zu helfen, selbst das notwendige Selbstvertrauen und eine funktional angemessene Form von Abhängigkeit zu entwickeln. Als Erwachsener mag er sich dann privilegiert fühlen und erwarten, stets abgöttisch geliebt und verwöhnt zu werden. Oder er mag sich davor scheuen, die Initiative zu ergreifen und Entscheidungen zu treffen, weil er unterschwellig befürchtet, sich zu blamieren, wenn er beim Bewältigen von im Alltagsleben notwendigen Entscheidungen Schwächen und Misserfolge zeigt.

Vernachlässigt-abhängig. Eine andere Kombination, die vielleicht den Narzissten in Ihrem Leben am besten charakterisieren kann, könnte sein, dass er ein sowohl emotional vernachlässigter als auch abhängiger Persönlichkeitstyp ist. In diesem Falle wird er sowohl leicht zu kränken als auch abhängig sein und das Bedürfnis haben, dass andere ihm ständig bestätigen, wie großartig er ist, und sein Leben für ihn regeln. Ganz unauffällig sucht er sich Menschen aus, die ihn vor einem tief empfundenen Gefühl der Scham über sein unzulängliches und einsames Selbst schützen. Vielleicht wirkt er eher bedürftig und überempfindlich als fordernd und angeberisch. Womöglich erweckt er den Eindruck, süchtig zu sein nach Aktivitäten, die beruhigend auf ihn wirken, zum Beispiel Arbeiten, übermäßiger Alkoholkonsum, Geld ausgeben, Glücksspiel, Pornografie, übermäßiges Essen und Ähnliches mehr. Man könnte ihn als „wartungsintensiven Typus" bezeichnen. Und obwohl er eigentlich ganz friedlich wirken mag, so ist doch Vorsicht geboten: Wenn er gezwungen wird, sich der Frustration einer schwierigen Aufgabe zu stellen, oder wenn er sich als Verlierer eines seiner allzu häufigen Wortgefechte sieht, kann ihn seine Neigung, sich blamiert und unzulänglich zu fühlen, in den tyrannischen Gemütszustand von Gemeinheit treiben, der für Narzissten typisch ist, oder ihn veranlassen, sich gekränkt hinter eine Mauer des Schweigens zurückziehen.

Zwar vermuten manche Experten, dass die verschiedenen Manifestationen des Narzissmus aus biologisch vorbestimmten Persönlichkeitseigenschaften erwachsen, aber die meisten Wissenschaftler sind sich einig, dass sie sich aus dem Zusammenwirken frühkindlicher Erfahrungen und der biologischen Ausstattung des Betreffenden – seinem Temperament – ergeben. Dabei sollte man im Auge behalten, dass viele Kinder in einem Umfeld heranwachsen, das dem oben beschriebenen ähnelt, ohne aber deswegen narzisstisch zu werden. Ein solches Kind mag sich anders entwickeln, weil liebevolle Großeltern die emotionale Leere im Elternhaus zu füllen wussten oder weil vielleicht ein Lehrer, Betreuer oder ein anderes Vorbild dazu beitrug, ihm eine gesunde und adaptive persönliche Disziplin nahezubringen. In der Regel wirken biologische und umweltbedingte Einflüsse zusammen, um die Persönlichkeit und den Charakter eines Menschen zu formen.

ÜBUNG

Mit welchem Typ von Narzisst haben Sie es tun?

Denken Sie einmal über den Narzissten nach, mit dem Sie es zu tun haben. Versuchen Sie, mithilfe der folgenden Liste typischer Verhaltensweisen zu bestimmen, welcher Kategorie er angehört. (Falls Sie die Kindheitsgeschichte dieser Person kennen, haben Sie natürlich schon einige hilfreiche Hinweise.) Diese Übung kann Ihnen helfen, die am häufigsten auftretenden Formen von Narzissmus zu erkennen, vor allem den emotional vernachlässigten Typus. Allerdings sind hinsichtlich der jeweiligen Eigenschaften und Zustände erhebliche individuelle Unterschiede zu beobachten. Falls der Narzisst in Ihrem Leben nicht säuberlich in eine der unten aufgeführten Kategorien passt, kann es sich bei ihm um eine reinere Variante des verwöhnten oder des abhängigen Typs handeln.

Verwöhnt-abhängig

✓ ___ Tritt auf, als sei er anderen Menschen überlegen, sei es im Hinblick auf Aussehen, Intelligenz, Verdienste oder andere Eigenschaften. (Beispiel: „Immerhin habe *ich* einen Abschluss von einer Ivy-League-Universität.")[4]

✓ ___ Erwartet besondere Aufmerksamkeit von fast allen Menschen in seinem Umfeld und verhält sich, als würden die allgemeinen Regeln für ihn nicht gelten. (Beispiel: „Was soll das heißen – ich soll *warten*, bis ich einen Platz zugewiesen bekomme?")

4 Anmerkung des Übersetzers: Als *Ivy League* bezeichnet man acht Universitäten im Nordosten der Vereinigten Staaten von Amerika (Harvard, Yale, Pennsylvania, Princeton, Columbia, Brown, Dartmouth und Cornell), die neben einem hervorragenden akademischen Ruf auch ein klangvolles gesellschaftliches Renommee haben, das mit jenem von Oxford und Cambridge in England vergleichbar ist. *Ivy League* heißen sie deshalb, weil viele der Institutsgemäuer mit Efeu bewachsen sind. Der Ausdruck kam erstmals auf, als sich diese Universitäten 1956 zu einer gemeinsamen American-Football-Liga zusammenschlossen, um den sportlichen Wettkampf unter den Universitäten zu fördern.

✓ ___ Fällt anderen ins Wort, weil er davon ausgeht, dass es viel wichtiger ist, was er selbst zu sagen hat. (Beispiel: „Nein, nein, das eigentliche Problem ist doch …")

✓ ___ Neigt zu Wutanfällen oder vermeidendem Verhalten, wenn er etwas nicht versteht oder sich die Dinge nicht nach seinen Vorstellungen entwickeln. (Beispiel: „Was soll das heißen, du hast keinen Tisch reserviert? Habe ich nicht klipp und klar gesagt, dass ich ins Café Grande gehen will?!")

✓ ___ Hält langatmige Monologe und sieht sich – ganz gleich, worum es geht – als Experten, der nicht unterbrochen werden darf. (Beispiele: „Also, *ich* sehe das so …" „*Meiner* Meinung nach …" „Also, ich habe dir ja schon gesagt, dass … bla, bla, bla.")

Vernachlässigt-abhängig

✓ ___ Erwartet ständig Komplimente, Anerkennung und Gefälligkeiten; fühlt sich hinter seiner vorgeblich robusten Fassade unsicher und unzulänglich. (Beispiele: „Soso, das hat dich wohl beeindruckt, wie ich das hingekriegt habe, was?" „Das steht mir doch hervorragend, findest du nicht auch?")

✓ ___ Verlangt im Gespräch ständig Erklärungen und Klarstellungen; hat häufig das Gefühl, dass sein Gesprächspartner ihn verletzen, demütigen oder ausnutzen will. (Beispiele: „*Was* hast du da über mich gesagt?" „Willst du damit sagen, ich würde *lügen?*" „Aha – du denkst also jetzt, dass nichts, was ich mache, gut genug ist?")

✓ ___ Attackiert den anderen oder zieht sich schmollend zurück, wenn er sich frustriert oder gekränkt fühlt; meint, es stünde ihm zu, sein Ego durch Angriffe, Ablenkungsmanöver oder Konsum zu schützen. (Beispiele: „Wie kannst du es wagen …" „Was kann man von dir schon erwarten – so beschränkt, wie du nun mal bist." „Ich werd's dir schon noch zeigen!" Arbeitet exzessiv, isst übermäßig, tut furchtbar beschäftigt mit Projekten, die er nie zum Abschluss bringt, surft zwanghaft im Internet, trinkt zu viel, hat Affären, verschleudert erhebliche Geldbeträge.)

Gehen Sie die Punkte, die Sie angekreuzt haben, noch einmal durch und achten Sie dabei darauf, in welche Kategorie der Narzisst in Ihrem Umfeld besser passt: „verwöhnt-abhängig" oder „vernachlässigt-abhängig". Es kann auch sein, dass Sie feststellen, dass diese Person alle oder fast alle Eigenschaften aus beiden Kategorien zeigt. Das deutet dann wahrscheinlich auf die klassischen Ursachen von Narzissmus hin: das einsame, emotional vernachlässigte Kind. Solche Menschen neigen dazu, die oben aufgeführten Neigungen in sich zu tragen und sie unter bestimmten Bedingungen, die sie an ihre Kindheit erinnern, auszuleben.

ls der Narzisst in Ihrem Leben zum verwöhnt-abhängigen Typus gehört, wird es notwendig sein, ihm mit mehr Nachdruck Grenzen zu setzen, um Verhaltensänderungen herbeizuführen. Außerdem sollte er einen Kurs besuchen, der zum Ziel hat, seine Frustrationstoleranz anzuheben. Beim vernachlässigt-abhängigen Typus sollten Sie sich dagegen eher darauf konzentrieren, prahlerische Äußerungen zu ignorieren und stattdessen aufmerksamer auf seine „normalen" Nettigkeiten und zuvorkommenden Gesten zu reagieren. Außerdem sollten solche Menschen für ihre Wutausbrüche kritisiert und dazu ermutigt werden, selbstregulierende Techniken zu entwickeln, um überzogene Wutreaktionen in den Griff zu bekommen. Darüber hinaus kann es hilfreich sein, kooperative Mäßigungsstrategien – zum Beispiel Auszeiten – zu vereinbaren.

Da jedoch die ursächlichen Faktoren und problematischen Verhaltensweisen natürlich bei jedem Betroffenen anders gelagert sind, ist eine individuell zugeschnittene Strategie erforderlich. Ich werde auf solche Probleme, auf Strategien zum Herbeiführen von Verhaltensänderungen und auf andere Interventionen, die solche Veränderungen zum Ziel haben, in späteren Kapiteln ausführlicher eingehen.

Der Zauberer: Er verschwindet, wenn es an der Zeit ist, auf Sie einzugehen

Der Narzisst strebt unaufhörlich nach totaler emotionaler Autonomie – er will auf niemanden anders angewiesen sein und sich nur auf sich selbst verlassen müssen. Seine persönlichen Sehnsüchte und Kümmernisse sind typischerweise gut verborgen unter einem Deckmantel von Erfolg, Macht, Ehrgeiz, Rechtschaffenheit oder einer Kombination dieser Attribute. Er mag ein Abenteurer sein, der nach Ruhm und Ehre strebt, oder ein Erfolgsmensch, der seine Konkurrenten aus dem Feld schlagen will, oder der ewige Zeremonienmeister. Vielleicht steht er allzeit bereit, um eine hilflose junge Dame aus einer Kalamität zu erretten oder um beharrlich seinen Standpunkt zu predigen, bis Sie nichts mehr davon hören können, oder um Sie durch Namedropping, weitschweifiges Geschichtenerzählen oder endlose Litaneien aus geistreichen und beeindruckenden Metaphern zu unterhalten. Allerdings schränkt dabei seine aus Distanziertheit und Hyper-Autonomie erwachsende emotionale Inkompetenz seine Fähigkeit ein, Empathie zu empfinden – oder erstickt sie sogar gänzlich.

Wenn Sie sich mit einem empathischen Menschen unterhalten, merken Sie das, weil er Ihnen das Gefühl vermittelt, Sie wirklich zu verstehen. Ein empathischer Mensch scheint Ihre Gefühle und Erlebnisse zu verstehen, und zwar auch dann, wenn er anderer Meinung sein sollte. Empathie, dieses tief empfundene Gefühl für den anderen, ist die Fähigkeit und die Bereitschaft, sich in den anderen hineinzuversetzen. Sie unterscheidet sich von Mitleid, weil sie nicht darauf beschränkt ist, das Leid eines anderen Menschen von außen zu bedauern, sondern vielmehr die Kunst ist, sich auf dieses Leid einzustimmen und zu erlauben, es mit dem eigenen Körper und Verstand nachzuempfinden. Sie ist eine der stärksten verbindenden Qualitäten einer gesunden Beziehung, und ihr Fehlen kann verheerende Folgen haben. Daniel Goleman vertritt in seinem 2006 erschienenen Buch *Soziale Intelligenz* die Auffassung, dass jemand, der keine Empathie für andere empfindet, sie nicht als Menschen, sondern als Objekte behandelt.

„Ich bin dann mal weg"

Das Fehlen von Empathie beim Narzissten kann sich auf unterschiedliche Weise manifestieren. Wenn es Ihnen zum Beispiel endlich gelingt, im Gespräch mit einem Narzissten auch einmal zu Wort zu kommen, und Sie ihn dadurch auffordern, sich auf Ihre Welt einzustimmen, wird er sich wahrscheinlich plötzlich in den Fantastischen Houdini verwandeln, der direkt vor Ihren Augen spurlos verschwindet. Es kann passieren, dass er Sie buchstäblich mitten im Satz stehen lässt oder verkündet, dass er sich sofort um irgendetwas anderes, ungeheuer „Wichtiges" kümmern muss. Solcherlei Verhalten ist zwar auch bei weiblichen Narzissten zu beobachten, kommt aber bei ihren männlichen Pendants häufiger vor.

Und wenn das Leben Sie mit einer etwas schwierigeren Situation konfrontiert, zum Beispiel einer Krankheit oder einer anderen persönlichen Krise, glänzt der Narzisst umso zuverlässiger durch Abwesenheit. Plötzlich stellen Sie fest, dass Sie sich jetzt erst mal auf sich selbst konzentrieren müssen, weil Sie womöglich um Ihr Leben oder das Leben eines geliebten Menschen ringen müssen – und dennoch verhält sich der Narzisst, weil ihm das alles „lästig" ist, noch unausstehlicher, selbstsüchtiger und weniger hilfsbereit, oder er glänzt noch häufiger durch Abwesenheit. Als mein Vater schwer erkrankte und schließlich starb, fühlten sich meine selbstlosen Klientinnen sogar schuldig, wenn sie zu ihren Therapiesitzungen erschienen, obwohl ich ihnen wiederholt versichert hatte, dass ich unbedingt für sie da sein wollte. Dagegen zeigten sich in vielen Fällen meine narzisstischen Klienten sichtlich verärgert, wenn ich aus dem Krankenhaus kam und etwas verspätet zur Therapiesitzung erschien.

Bewältigungsmodi als Schutzschild, hinter dem sich der Narzisst versteckt

Die Reaktionen eines Narzissten kommen abrupt und sind vielfältig. Vielleicht wird er versuchen, Ihnen das Gefühl einzuimpfen, Sie seien dumm und würden zu viel verlangen, wenn Sie um etwas bitten oder sich beklagen, weil er Sie wegen Ihrer „albernen“ emotionalen Bedürfnisse verhöhnt hat. Oder er lässt Sie nicht zu Wort kommen, indem er Ihnen mit einem endlosen (und vermeidenden) Vortrag über die Unterschiede zwischen Äpfeln und Apfelsinen, Wünschen und Bedürfnissen, Plato und Aristoteles, Demokraten und Republikanern oder beliebige andere Spiegelfechtereien in den Ohren liegt. Ein Narzisst in einem Bewältigungsmodus *(coping mode)* tut letztlich nichts anderes, als sich zu verstecken.

Vielleicht gibt er Ihnen Antworten wie „Ich weiß überhaupt nicht, was du von mir willst“, gefolgt von einer langen Aufzählung der Gründe, warum er der Größte sei und über jeden Tadel erhaben. Ein Narzisst ist stets darum bemüht, seine Unsicherheiten zu überspielen, damit niemand ihn verletzen, demütigen, enttäuschen oder seine Schwächen gegen ihn verwenden kann. Aber wenn er sich so hinter dieser zur Schau gestellten Selbstsicherheit versteckt, beraubt er sich der Möglichkeit, Freude und Sorgen – und somit auch manchen Herzenswunsch – in vertrauter Gemeinsamkeit mit anderen zu teilen.

Wenn Sie eine Beziehung zu einem Narzissten aufgebaut haben, mag er befürchten, dass jenes einsame kleine Kind zum Vorschein kommt, sobald Sie ihn um Einblicke in sein inneres Gefühlsleben bitten – oder gar, wenn Sie ihm die eigenen Gefühle offenbaren. Wahrscheinlich hat er Angst davor, mit dem Kind in Kontakt zu kommen, das er als unzulänglichen, einsamen und peinlichen kleinen Quälgeist empfindet und deswegen immer weiter auf jede nur denkbare Weise aus seinem Bewusstsein zu drängen versucht – und dabei stößt er auch Sie von sich fort. Durch dieses Fehlen emotionaler Intimität können Sie sich einsam fühlen, selbst wenn der Narzisst direkt neben Ihnen sitzt.

Eine Klientin, die mit einem Narzissten verheiratet war, hat mir erzählt, sie fühle sich weniger einsam, wenn er auf Reisen sei; wenn er dagegen zu Hause sei, fühle sie sich durch seine Unfähigkeit, auch emotional für sie da zu sein, in weit höherem Maße einsam und vernachlässigt. Er hatte sich bedauerlicherweise hinter einer Ausweichstrategie emotionalen Schweigens verschanzt. Für ihn würde sich ein Sichtbarwerden seiner Verletzlichkeit anfühlen, als würden sich die beiden auf irgendwie bedürftige und voneinander abhängige Weise vereinen. Das ist für den Narzissten – der seine Bestimmung darin sieht, souverän und selbstsicher zu erscheinen – undenkbar.

Marion Solomon, Direktorin der klinischen Ausbildung am *Lifespan Learning Institute*, schreibt in ihrem Buch *Narcissism and Intimacy* („Narzissmus und Intimität", 1992), dass Narzissten Angst davor haben, ihr Selbstgefühl zu verlieren, wenn sie sich auf eine emotionale Verbindung einlassen. Einem Narzissten erscheint Intimität als etwas Erdrückendes und Gefährliches.

Die Mantras männlicher und weiblicher Narzissten

Ich brauche niemanden ist das übermächtige und sich selbst bestätigende Mantra des Narzissten – vor allem des männlichen Narzissten. Das regelmäßig wiederholte Postulat *Das bist du mir schuldig* ist dagegen häufiger von weiblichen Narzissten zu hören. Diese Kennmelodien spielen sich natürlich völlig unbewusst ab – ein automatischer Jingle, der dank der gut eingespielten Erinnerungen, die ihm zugrunde liegen, immer wieder im Hintergrund läuft. Dieses komplizierte System von Erinnerungen ist auch der Sitz von abgenutzten Masken, die dem Selbstschutz des Narzissten dienen und ihm bei seinem Bewältigungsverhalten helfen.

Die Masken

Die Masken des Narzissten versetzen ihn in die Lage, potenziell schmerzhafte Zustände in erträgliche, vielleicht sogar angenehme Erfahrungen umzuwandeln. Indem er eine Maske anlegt, schlüpft er in die Haut eines anderen Wesens, wenn die Gefahr besteht, dass unangenehme und verstörende Gefühle aufkommen könnten. Diese Masken kann man als Metaphern für Schutz betrachten; sie werden auch als Bewältigungsmodi oder -stile bezeichnet.

Ein Modus ist ganz einfach ein Gemütszustand. Wir alle wechseln von Modus zu Modus. So könnten Sie sich zum Beispiel zu einem bestimmten Zeitpunkt in einem gebenden und aufopfernden Modus befinden, aber schon im nächsten Moment feststellen, dass Sie in einen einsamen und verletzlichen Modus übergehen. Es folgen einige der bei Narzissten am häufigsten zu beobachtenden Modi beziehungsweise Masken:

- die Angeberin
- der Tyrann
- die Anmaßende
- der suchtanfällige Selbstberuhiger

In Kapitel 5 gehe ich ausführlicher auf jede dieser Masken ein und erkläre, wie man effektiv mit ihnen umgehen kann. Andere Masken, die ein Narzisst anlegen könnte, sind der „Workaholic", der „Retter" und der „moralisch rechtschaffene Märtyrer". Die Strategien, die entwickelt wurden, um mit diesen am häufigsten auftretenden Masken umzugehen, können angepasst werden, um auch mit den anderen Masken fertigzuwerden.

Die Strategie des Narzissten, mit unerfüllten Bedürfnissen umzugehen

Viele Narzissten entwickeln aufgrund ihrer impliziten und expliziten Erinnerungen an unerfüllte Bedürfnisse in der Kindheit die Vorstellung, dass solche Bedürfnisse auch später im Leben nie erfüllt werden. Diese Angst ist der Ursprung der losen und gefühlskalten Bindungen des Narzissten zu anderen. Er kompensiert seine Angst, seine Bedürfnisse nicht erfüllt zu bekommen, durch einen überzeugend dargebotenen, übermäßig autonomen Verhaltensstil. Darüber hinaus führt diese Verbindung aus Angst und Überkompensation zu einem Mangel an Intimität mit sich selbst, zu fehlender Selbsterkenntnis.

Wenn ein Narzisst versucht, solchen schwierigen Gefühlen auszuweichen, kann es sein, dass er automatisch in einen der oben aufgeführten Bewältigungsmodi wechselt und die Maske anlegt, die in der gegebenen Situation am besten zu seinen Bedürfnissen passt. Diese maladaptiven Bewältigungsmodi erzeugen manche der typischen negativen Verhaltensweisen, die Sie wahrscheinlich immer wieder mit dem Narzissten in Ihrem Umfeld erleben. Leider erhalten diese Masken die Gefühle, die der Narzisst eigentlich vermeiden will, am Leben und rufen die aus seiner Kindheit nur allzu vertrauten Regungen von Scham, Einsamkeit, Misstrauen und emotionaler Entbehrung hervor. So mag er zum Beispiel in dem Bemühen, seine Verlegenheit in geselliger Runde nicht zu zeigen, über Langeweile klagen oder einen seiner großspurigen Monologe über irgendeine esoterische Weisheit vom Stapel lassen. Und dann wird er nicht nur verlegen wirken, sondern auch noch rüde und unangenehm.

Jeffrey Young, der Begründer der Schematherapie (auf die ich in Kapitel 2 ausführlich eingehen werde) und Experte für Narzissmus, weist darauf hin, welch hohen Preis der Narzisst dafür bezahlt, sein wahres Selbst zu verbergen: Ihm entgehen Lebensfreude, Spontaneität, Vertrauen und Intimität (Young & Klosko, 1994). Young beschreibt, dass der Narzisst zwar an der Oberfläche seines falschen Selbst gut aussehen mag, sich darunter jedoch nach wie vor unzulänglich und ungeliebt fühlt.

Verdeckter Narzissmus

Hin und wieder zeigt sich ein Narzisst als Wolf im Schafspelz und versucht, Sie durch theatralischen, wenn auch subtil vorgetragenen Edelmut zu beeindrucken. Ein solcher moralisch selbstgerechter Märtyrer wird nicht müde, mit mahnenden Worten auf die „richtige" oder „falsche" Art hinzuweisen, sein Leben zu führen. Ständig distanziert er sich von „Leuten mit Vorurteilen" und Menschen, die „egoistisch und faul" seien. Der verdeckte Narzisst steht allzeit bereit und brennt darauf, eine Lösung für jedes einzelne Ihrer Probleme zu finden. Er hält salbungsvolle und langatmige Predigten über die Errettung Ihrer Seele – gespickt mit Worten wie „sollte" und „muss", „immer" und „nie", „alles oder nichts". Um dann zu verkünden, um wie viel besser die Welt doch sein könnte, wenn doch nur die Menschen rechtschaffener leben und sich an die Regeln halten würden – natürlich an *seine* Regeln!

Der verdeckte Narzisst verkündet stolz, er fühle sich der Wahrheit verpflichtet. Demonstrativ trägt er seine vorgebliche Demut und menschliche Unzulänglichkeit wie auf einem Tablett vor sich her, um Sie zu beeindrucken. Unter diesem dünnen Deckmäntelchen bekennt er sich demütig zum rigorosen Streben nach einem rechtschaffenen Lebenswandel; so mag er zum Beispiel sagen: „Natürlich könnte ich von den 10.000 Dollar sprechen, die ich der wohltätigen Stiftung gespendet habe, aber ein solcher Mensch bin ich nicht. Ich brauche kein Lob für mein philanthropisches Wirken."

Der verdeckte Narzisst kann sich eine Weile hinter einer Fassade moralisch aufrechter Dienstfertigkeit verstecken, aber man muss nicht lange warten, bis er sein wahres Gesicht zeigt. Wie alle Narzissten lechzt er nach glorifizierender Anerkennung, und so ist es nur eine Frage der Zeit, bis er wieder von dem pochenden Schmerz des in ihm wohnenden vernachlässigten und einsamen Kindes gefangen genommen wird, das sich danach sehnt, auf besondere Weise wahrgenommen zu werden. Dann verbannt er dieses quengelnde Kind wieder in sein Inneres und zeigt seinen Heißhunger auf Anerkennung als außergewöhnlicher Mensch – nicht als normaler Erdenbürger, sondern als ein Geschöpf, das eher einem Erzengel gleicht. Angesichts seiner mangelnden Toleranz gegenüber seiner einfachen Sehnsucht, Liebe und Verbundenheit zu finden, strebt der Narzisst auf seiner Mission, seine augenfällig verkündete emotionale Unabhängigkeit ein ums andere Mal bestätigt zu sehen, nach grandioser Anerkennung und Bestätigung.

Es ist besonders schwierig für ihn, dem Schmerz zu entgehen, den er empfindet, wenn die Ehren, die ihm für seinen Großmut erwiesen werden, nicht spektakulär genug sind oder der Glanz der Scheinwerfer zu schnell wieder verblasst. Üb oder lang rütteln die Gefühle von Groll und Frustration, die er wegen man igung seines wohltätigen Tuns immer stärker empfindet, am Hochseil seiner vorgeblich geordneten und gleichmütigen Disposition – und dann stürzt er hinab und begräbt jeden Menschen unter sich, der ihm zufälligerweise gerade in die Quere kommt. Dann könnten Sie feststellen, dass er ihnen mit kaltem Blick, hochnäsiger Attitüde und missbilligendem Stirnrunzeln begegnet. Vielleicht kommen Sie in den zweifelhaften Genuss einer listigen und gehässigen Hetzrede über das undankbare und einfältige Wesen der Menschen und bürokratischer Strukturen. Er schäumt, weil er enttäuscht ist, für seine offenkundigen Leistungen nicht mindestens mit einer fünfminütigen stehenden Ovation gefeiert zu werden. Er reitet einen Gegenangriff auf die vermeintlichen Feinde seines Ego, mit selbstgefälligen Gesten oder herabwürdigenden Kommentaren – und über solche jähzornigen Schmähungen hievt er sich wieder auf den Thron seiner Selbstgerechtigkeit zurück.

Der Unterschied zwischen männlichen und weiblichen Narzissten

Viele Eigenschaften sind sowohl bei männlichen als auch bei weiblichen Narzissten zu beobachten. Beide sind an ihrer Verliebtheit in den Klang der eigenen Stimme und ihr unablässiges Streben nach unsterblicher Bewunderung zu erkennen. Beide attackieren Sie mit ihren Meinungen, Klagen und Nörgeleien, bis sie Ihnen den letzten Nerv geraubt oder Sie zu Tode gelangweilt haben. Sollten Sie den Versuch wagen, inmitten eines solchen Monologs selbst zu Wort kommen zu wollen, werden Sie feststellen, dass Sie plötzlich unsichtbar werden. Der Narzisst hat nur Ohren für das anschwellende Crescendo seiner eigenen hochmütigen Äußerungen oder für Bekundungen Ihrer Bewunderung – er ist taub für alles andere, was Sie womöglich zu dem „Gespräch" beitragen könnten. Alles, was er in ihrem glänzenden, hingebungsvollen Gesichtsausdruck entdecken kann, ist sein eigenes Spiegelbild. Und da er die Fähigkeit, Empathie zu empfinden, erst noch entwickeln muss, kann er nicht verstehen, dass seine Bemühungen, Sie zu beeindrucken und Ihren Beifall zu erheischen, lediglich dazu führen, dass Sie von einem Feueralarm oder irgendeiner anderen plötzlichen Störung fantasieren, die es Ihnen ermöglichen würde, seiner erdrückenden Gefangenschaft so schnell wie möglich zu entkommen.

Da die Mehrzahl aller Narzissten männlich ist, geht es in den meisten Fallbeispielen in diesem Kapitel – und im gesamten Buch – darum, wie sich Narzissmus bei Männern manifestiert. In Kapitel 6, das auf einige der schädlichsten Formen narzisstischen Verhaltens eingeht, geht es fast ausschließlich um männliche Narzissten. Dessen ungeachtet sind 20 bis 25 Prozent der in diesem Buch beschriebenen Narzissten weiblichen Geschlechts, die in vielen Fällen andere Eigenschaften haben. Lassen Sie uns daher einen genaueren Blick darauf werfen, wie sich weibliche Narzissten – die als Diva, Drama-Queen, Grande Dame, Primadonna, Femme fatale oder gekränkte Unschuld in Erscheinung treten können – von ihren männlichen Pendants unterscheiden.

Die Narzisstin: Was Sie über sie wissen sollten

Die Narzisstin kann als Verführerin auftreten, die mit ihrem aufreizenden Gehabe um Zuneigung bettelt. Oder sie schüchtert Sie ein mit ihrer zurückhaltenden Scheinheiligkeit und ihren neidischen, missbilligenden Blicken. Eine besonders häufig vorkommende Variante des weiblichen Narzissmus ist die „gekränkte Unschuld" oder Märtyrerin: Sie könnte Sie mit ihrem erbosten „Immer muss ich mich um alles kümmern" einwickeln, und ständig beklagt sie sich darüber, was sie alles tut, tun muss und getan hat, ohne dass es ihr je gedankt würde. Sie gefällt sich in ihrer grandiosen Opferrolle und ist kaum mehr als einen Atemzug von ihrem nächsten emotionsgeladenen Ausbruch entfernt. Falls Sie allerdings erwähnen sollten, dass es Ihnen nicht gut geht oder dass Sie in Eile sind, bringt sie das keineswegs aus dem Takt – Ihre lächerlichen Bedürfnisse lässt sie im schwarzen Loch ihres unermesslichen Eigendünkels verschwinden.

Verfangen in ihrer Opferrolle hat sie ein feines Gespür dafür, ob Sie es wagen, anderer Meinung zu sein oder sie zu ignorieren – dann folgt die Strafe auf dem Fuß, in Form von Schmollen, Schluchzen oder sogar Drohungen, Sie zu verlassen oder sich etwas anzutun. Es scheint manchmal so, als würden Sie in einer billigen Filmproduktion eine Statistenrolle spielen: Vielleicht lässt sie sich theatralisch aufs Sofa fallen, krampft die Hände über der Brust zusammen und klagt über stechende Schmerzen unter dem Herzen. Völlig verängstigt könnten Sie dann unterwürfig eine Entschuldigung murmeln und versprechen, in Zukunft aufmerksamer auf sie einzugehen. Womöglich werden Sie Ihre Meinung widerrufen und zu allem Ja und Amen sagen. Vielleicht werden Sie sich rechtfertigen und sagen, Sie seien übermüdet oder abgelenkt oder nicht recht bei Sinnen gewesen. Unter Umständen werden Sie sie sogar für ihre Gutherzigkeit loben und sich bei ihr bedanken, dass sie Ihnen noch eine Chance gibt.

Falls Sie es noch nicht mit einer solchen Narzisstin zu tun gehabt haben, mag Ihnen diese Schilderung wie eine übertrieben melodramatische Momentaufnahme vorkommen – aber genau dies ist die Szene, die mir Bob beschrieben hat, ein Klient, der wegen seiner narzisstischen Verlobten in meine Praxis kam. Er war wegen ihrer

Brustschmerzen so außer sich vor Sorge, dass er einen Krankenwagen rief, weil er befürchtete, sie hätte einen Herzanfall – worüber seine Verlobte sehr erstaunt war und sich blamiert fühlte.

Die Narzisstin wird Ihnen jedes Wort im Munde herumdrehen, bis Sie nicht mehr klar denken können. Falls Sie versuchen sollten, ihr den Mund zu stopfen, um ihrem fahrigen Theater ein Ende zu setzen und bei klarem Verstand zu bleiben, wird sie zu einem Varietéprogramm von beleidigtem Schmollen, untröstlichem Schniefen und frecher Selbstgefälligkeit übergehen. Ja, sie weiß ganz genau, auf welche Knöpfe sie bei Ihnen drücken muss: Selbstzweifel, Schuldbewusstsein und Ablehnung. Und die Narzisstin kann sicher sein, dass Sie jedes Mal darauf anspringen.

Die narzisstische Mutter

Wenn die Hoheit, um die es geht, zufälligerweise Ihre Mutter sein sollte, wird die Lage noch schwieriger. Eine Klientin hat mir folgende Geschichte erzählt: Sie und ihre Mutter saßen bei einem Freiluftkonzert auf Klappstühlen im Publikum, als ihre Mutter sich die Hand vors Gesicht hielt und sagte: „Deborah, lass uns die Plätze tauschen, die Sonne blendet mich." Als Deborah nicht sofort darauf eingehen mochte, wie sie es normalerweise zu tun pflegte, wendete ihre Mutter sich ab und strafte sie für den Rest der Veranstaltung mit eisigem Schweigen. Das mag sich anhören wie eine lächerliche Kleinigkeit, aber es war nur einer von unzähligen ähnlichen Vorfällen im Laufe ihres Lebens, bei denen diese Eiskönigin ihre eigenen Bedürfnisse über die ihres Kindes gestellt hatte.

Da es ein starker Prädiktor für das Entstehen narzisstischer Charakterzüge sein kann, als Kind eines narzisstischen Elternteils aufzuwachsen, mögen Sie sich jetzt fragen, warum es Debbie erspart blieb, selbst eine narzisstische Persönlichkeit zu entwickeln. Nun, wie bereits erwähnt spielen Temperament, emotionale und Verhaltensneigungen sowie umweltbedingte Einflüsse allesamt eine Rolle bei der Entwicklung der kindlichen Persönlichkeit. Als kleines Mädchen war Debbie schüchtern, ängstlich und schreckhaft, und häufig fühlte sie sich schuldig, wenn ihre Mutter sich aufregte. Es ist nicht ungewöhnlich, dass ein Kind narzisstischer Eltern – vor allem, wenn es ein Mädchen ist – nachhaltig mit der Überzeugung indoktriniert wird, dass es seine Aufgabe sei, die Eltern glücklich zu machen, und dass es die Schuld habe, wenn Mutter oder Vater verärgert ist.

In Debbies Fall war das eine natürliche Reaktion auf die ständig wiederholten Unmutsbekundungen der Mutter: „Du solltest dich was schämen, junge Dame. Wage es ja nicht, mich zu blamieren! Du undankbares Stück! Nach allem, was ich für dich getan habe … Du bist so eine Enttäuschung. Was muss ich nur für eine schlechte Mutter sein (wimmer, schmoll, schnief).“ Darüber hinaus war Debbies Vater ein extrem aufopfernder Mensch, der sich von seiner Frau einschüchtern ließ. Um des lieben Friedens willen wagte er es nicht, seiner Frau zu widersprechen, und gab immer nach. Und so ist es kein Wunder, dass Debbie gewisse Verhaltensweisen nachahmte, die ihr von diesem „Vorbild“ vorgelebt wurden – vor allem auch in Anbetracht der Machtlosigkeit von Kindern und ihrem Wunsch nach stabilen Verhältnissen, Sicherheit, Liebe und Akzeptiertwerden.

Eitelkeit, dein Name ist …

Narzisstische Frauen legen häufig mehr Wert auf ihre äußere Erscheinung als narzisstische Männer; gern rücken sie ihre körperlichen Vorzüge (und manchmal Vergrößerungen) ins rechte Licht. „Spieglein, Spieglein an der Wand …“ ist das Mantra der Femme fatale. Außerdem ist es vielen weiblichen Narzissten wichtiger als ihren männlichen Kollegen, als Modeikone zu gelten, schick eingerichtet zu sein und Kinder zu haben, die stets mit den neuesten Accessoires für gesellschaftlichen und schulischen Erfolg ausgestattet sind. In unserem von der Devise *„your business is everyone's business“* (etwa: „deine Angelegenheiten gehen alle an“) geprägten technologischen Zeitalter könnte eine Erklärung für solch übertriebenes Statusbewusstsein ganz einfach darin zu finden sein, dass die normale stereotypische Geschlechtersozialisation unter dem hohen Konkurrenzdruck, der durch die heutigen sozialen Medien entsteht, völlig außer Kontrolle geraten ist.

Die Bloggerin Susan Walsh (2010) hat einige interessante Beobachtungen zu diesem Phänomen angestellt:

> „In den 1970er- und 80er-Jahren, in denen die US-Amerikaner sich immer mehr auf den Lebensstil prominenter Zeitgenossen fixierten, stieg die Häufigkeit von Essstörungen sprunghaft an. Heute erzeugen die sozialen Medien Narzissmus, weil ihre weiblichen Mitglieder sich ständig animiert fühlen, schmeichelhafte Photos von sich ins Internet zu stellen und Online-Profile anzulegen, die ihre Einzigartigkeit betonen. [Soziale Websites] erfordern Eigenwerbung und bringen so den Narzissten in uns zum Vorschein. Realityshows im Fernsehen stellen die gewöhnlichsten und wenig beeindruckenden Menschen als ganz besondere Zeitgenossen dar, deren gestörte Existenzen wir fasziniert beobachten … Weiblichen Narzissten erscheint ihr Leben als ein ständig laufender Spielfilm, in dem sie die Hauptrolle spielen und unaufhörlich Beifall bekommen.“

In einer Zeit, in der kleine Mädchen rosa T-Shirts mit der Aufschrift „Prinzessin“ tragen, zeichnet sich eine beunruhigende Botschaft ab. Dass wir Grund zur Sorge haben, wird durch Daten über Narzissmus belegt, die bei Umfragen unter Studenten und jungen Erwachsenen erhoben wurden und das Bild einer Kultur von Extravaganz und Anspruchsdenken zeichnen. Es scheint, dass immer mehr junge Frauen (und Männer) sich eine beunruhigende Ideologie der Selbstregierung zu eigen machen, die ich als „Narzisstokratie“ bezeichne. Unter diesem selbstsüchtigen Regime kommen sie zu der Überzeugung, dass es im Leben ausschließlich darauf ankommt, gut auszusehen, hervorragende Leistungen und Erfolge zu erbringen, die Aufmerksamkeit wichtiger Menschen auf sich zu lenken und sich gut zu positionieren, und dass, wenn sie das alles tun, die Welt ihnen zu Füßen liegen wird. Sie kümmern sich nicht um die Bedürfnisse anderer oder die Folgen ihres Verhaltens, solange es nicht ihren „Alles-oder-nichts“-Ambitionen im Wege steht oder verhindert, dass sie bekommen, was sie wollen. Am auffälligsten – und völlig anders als der kompensatorische Typus, der in vielen Fällen die Selbstzweifel und die Verletzlichkeit des Narzissten verbirgt – an dieser sich ausbreitenden Gattung ist, dass sie eine kecke Melange süßlicher Ungewöhnlichkeit und selbstverständlicher Anspruchshaltung ausstrahlen.

Gesunder Narzissmus

Diese Beschreibung von Narzissmus hört sich ziemlich katastrophal an, nicht wahr? Aber ist Narzissmus wirklich immer schlecht? Nein, das ist er nicht. Gesunder Narzissmus birgt die Keimzellen von Durchsetzungswillen und Selbstachtung in sich. Zwar klingt der Begriff „gesunder Narzissmus“ wie ein Widerspruch in sich, aber dabei ist zu bedenken, dass Narzissmus auf einem breiten Spektrum menschlicher Verhaltensweisen angesiedelt ist. Das menschliche Wesen birgt die Tendenz in sich, narzisstisches Verhalten auszuleben. Und das ist keineswegs nur schlecht.

Gesunder Narzissmus in der Kindheit

Wenn Sie sich einmal in die Literatur über kindliche Entwicklung vertiefen, werden Sie sehen, dass jedes Kind mit den Fähigkeiten zur Welt kommt, impulsiv, wütend und fordernd zu sein (und auch fröhlich, verspielt und neugierig). Diese Qualitäten sind ganz einfach Elemente des breiten Spektrums von Emotionen, das mit der natürlichen Verletzlichkeit und dem angeborenen Temperament eines Kindes verbunden ist. Es hilft dem Kind, sein körperliches oder emotionales Unwohlsein zu äußern, vor allem in den präverbalen Jahren. Das Kind wird wütend, weint und fordert Aufmerksamkeit, um Geborgenheit, Zustimmung, Trost und spielerische Beschäftigung zu bekommen. Dies ist gesundes und der kindlichen Entwicklung förderliches Verhalten.

Im Rahmen einer klugen und liebevollen Erziehung sollten Eltern versuchen, die emotionale und körperliche Unterstützung zu bieten, die es dem Kind erlaubt, selbstsicher und kompetent zu werden. Eine solche Erziehung wirkt darauf hin, dem Kind vernünftige Grenzen zu setzen, um Sicherheit und Toleranz zu fördern. Sie versucht, ein gesundes Gleichgewicht zwischen Empfänglichkeit für die Bedürfnisse anderer und auf das Selbst gerichteter Aufmerksamkeit zu fördern. Die meisten Eltern hoffen, dass ihre Kinder mit klugen und liebevollen „inneren Anwälten" und einer gesunden Anspruchshaltung aufwachsen, dass sie also ihr Selbstwertgefühl bewahren und zu der Erkenntnis gelangen, dass sie ein Recht darauf haben, von anderen respektiert und einbezogen zu werden. Eltern wünschen sich außerdem, dass ihre Kinder lernen, die Rechte anderer zu sehen und zu respektieren. Und sie müssen versuchen, all dies vor dem Hintergrund zahlreicher ungelöster Rätsel der Kindererziehung, ihrer eigenen ungelösten Probleme und des individuellen Temperaments des Kindes umzusetzen – wahrlich eine schwierige und möglicherweise entmutigende Aufgabe für alle Eltern.

In dem Buch *Parenting from the Inside Out* (Siegel & Hartzell, 2004; deutsche Ausgabe: *Gemeinsam leben, gemeinsam wachsen*) schreibt Daniel Siegel über die Bedürfnisse von Eltern, ihre eigenen frühen Erfahrungen zu verstehen und ein gesundes und in sich schlüssiges Selbstverständnis (Narrativ) zu entwickeln, um als wirkungsvolle Vorbilder und durch sensible Kommunikation Kinder großzuziehen, die gut gedeihen. Eltern, die lernen, ihren eigenen Lebensweg zu verstehen, haben bessere Voraussetzungen, um ihren Kindern eine liebevolle und kompetente Erziehung angedeihen zu lassen.

In einer liebevollen und geerdeten Eltern-Kind-Beziehung kann das Schamgefühl des Kindes eine geeignete Rolle in der Erziehung spielen, und zwar als Mittel, um das Barometer von Geben und Nehmen zu kalibrieren und dem Kind die in der Familie geltenden Wertvorstellungen und ein Gefühl persönlicher Verantwortung zu vermitteln, ohne dabei den Eindruck zu erwecken, das Kind sei böse und nicht liebenswert. So lernt das Kind, sich verantwortlich zu verhalten, ohne sich unzulänglich und inadäquat zu fühlen. Das Ziel eines solchen Vorgehens ist, ein Zuhause zu schaffen, in dem das Kind lernt, seine Kreativität und sich selbst zu schätzen, während es zugleich ein Gefühl der Verantwortung gegenüber der Gemeinschaft entwickelt. Der begabte Dichter und Philosoph John O'Donohue hat es einmal so ausgedrückt: „Ein Heim ist ein Ort, wo verschiedene Ziele die Möglichkeit bekommen, sich zu definieren und zu artikulieren. Es ist die Wiege der Zukunft eines Menschen." (2000, S. 31).

Zusammenfassend lässt sich sagen, dass gesunder Narzissmus in der Kindheit sich zu persönlicher Integrität entwickelt – zu der Kunst, ein Versprechen zu geben und es auch zu halten. Er ermöglicht ein authentisches Bild des Kindes, kein verschleiertes. Er versetzt das Kind in die Lage, seine Absichten, Bedürfnisse und Ziele anderen gegenüber klar und sensibel zu äußern. Gesunder Narzissmus ermöglicht robustere und sicherere Bindungen zu anderen, wodurch Verantwortungsgefühl und ein Gefühl von Gegenseitigkeit gefördert werden.

Gesunder Narzissmus im Erwachsenenalter

Bei dem Begriff „gesunder Narzissmus im Erwachsenenalter" werden Sie vielleicht an eine bestimmte Person denken, die einen gewissen Grad an Bekanntheit oder Anerkennung erreicht hat und sich momentan in Ihrem Umfeld oder einer übergeordneten Gemeinschaft engagiert. Vielleicht hat diese Person auch einen sehr persönlichen Einfluss auf Ihr Leben. Ein Mensch, der gesunden Narzissmus im Erwachsenenalter zeigt, hatte vielleicht das Glück, die Gaben einer klugen und liebevollen Erziehung und eines stabilen Elternhauses empfangen zu haben, in dem er wachsen und gedeihen konnte; das muss aber nicht so sein. Seine Anfänge können auch stürmisch und turbulent gewesen sein, und sein Lebensweg könnte ihn über raues Gelände oder durch trügerische Sümpfe geführt haben. Vielleicht hat er sich das Attribut „gesund" durch Therapie, spirituelle Führung oder eine Reihe von Selbsthilfetechniken erarbeitet. Womöglich wurde er durch den freundlichen Sanftmut eines Lehrers, Freundes, Mentors oder Lebenspartners geheilt.

Zwar werden erfolgreiche und prominente Positionen auffallend häufig von widerwärtigen und schwierigen Menschen besetzt, die von offenem maladaptiven Narzissmus angetrieben werden, aber andererseits sind auch viele erfolgreiche Menschen in der Domäne des gut angepassten – oder gesunden – Narzissmus anzutreffen. Warum verwenden wir auch für diese Gruppe die Bezeichnung „Narzissmus"? Nun, das liegt zum Teil daran, dass solche Menschen, die in vielen Fällen überdurchschnittlich fähig und tüchtig sind, sich von dem gewöhnlichen „netten Kerl" aus der Nachbarschaft unterscheiden, wenn es um Selbstachtung und Durchsetzungswillen geht.

So lässt uns zum Beispiel Oprah Winfrey – neben anderen Medienikonen – dankbar sein für gesunden Narzissmus im Erwachsenenalter. Ohne ihn würden womöglich die Aha-Erlebnisse und lehrreichen Geschichten von grundlegenden Veränderungen, die sich aus ihren provokativen Interviews ergeben, nicht in unser Bewusstsein dringen und unsere Sinne aufrütteln. Durch scharfe, offene und manchmal heikle Konfrontationen werden Oprahs Zuschauer zu Zeugen von hoffnungsvollen, demütigen und vielversprechenden Missionen und entwickeln ein grundlegendes Verständnis für persönliche Verantwortung.

Wie könnte man also einen gesunden erwachsenen Narzissten charakterisier Typischerweise hat ein solcher Mensch eine ganze Reihe der folgenden Attribute, die er oft, gerne und eindringlich zeigt:

- **empathisch:** eingestimmt auf die innere Welt anderer Menschen.
- **einnehmend:** charismatisch, sozial bewandert und gesellig.
- **Führungsqualitäten:** Hat die Fähigkeit, ein Ziel oder eine Vision zu entwickeln und bei der Zusammenarbeit mit anderen die Richtung vorzugeben.
- **selbstbeherrscht:** selbstsicher und stets sehr bemüht, großzügig und authentisch zu sein.
- **strebt nach Anerkennung:** wird angetrieben durch positive Zustimmung und ist motiviert, etwas zu bewegen.
- **entschlossen:** kann sich gegen entschiedenen Widerstand durchsetzen.
- **konfrontativ:** zieht andere zur Verantwortung, ohne jedoch ihre Seelen zu ermorden.
- **wohlweislich vorsichtig:** kann zwischen gerade noch akzeptablem Werben und destruktiver Verführung unterscheiden.

Schlussbemerkungen

In diesem Kapitel haben Sie einiges über verschiedene Arten von Narzissmus erfahren, von denen die typischste und tyrannischste der offene maladaptive Narzissmus ist. Sie haben etwas über die Ursprünge von Narzissmus erfahren und über die Auswirkungen, zu denen es im Umgang mit Narzissten kommt. Sie haben anhand von Beispielen gesehen, wie Narzissmus sich manifestiert und wie er sich zwischen den Geschlechtern unterscheiden kann. Außerdem wurde angedeutet, welche Implikationen sich daraus im Hinblick auf mögliche und wünschenswerte Veränderungen ergeben. Wie Sie in den folgenden Kapiteln sehen werden, sind Veränderungen möglich, erfordern jedoch ein innovatives und couragiertes Vorgehen. Zwischen dem Narzissten und seinem authentischen Selbst, zwischen Ihnen und Ihren authentischsten Gefühlen in Gegenwart des Narzissten sowie bei Interaktionen zwischen Ihnen beiden scheint eine Konspiration des Schweigens zu bestehen – was auch angesichts der häufig sehr unangenehmen und vorhersehbaren Ergebnisse von authentischen Interaktionen zwischen Ihnen beiden kein Wunder ist.

In Kapitel 2 werfen wir einen Blick auf psychotherapeutische Theorien, die versuchen, das Phänomen Narzissmus zu erklären. Außerdem erkunden wir, wie sich diese Theorien zu einem praktikablen Ansatz integrieren lassen, durch den wir hoffen können, einen Weg durch das schwierige emotionale Labyrinth zu finden, dem wir alle im Umgang mit Narzissten gegenüberstehen.

2. Die Anatomie der Persönlichkeit: Schemata und Gehirn

Die Geschichte lässt sich ungeachtet all des herzzerreißenden Leids, das sie mit sich gebracht hat, nicht ungeschehen machen; wenn wir uns aber ihren Lehren mutig stellen, müssen wir sie nicht noch einmal durchleben.

(Maya Angelou)

Neben persönlicher Wissbegierde, der Erfahrung aus über 20 Jahren beruflicher Praxis und Kontakten zu einer Vielzahl hervorragender Persönlichkeiten aus dem Bereich der Humanwissenschaften haben drei führende Wissenschaftler meine Arbeit maßgeblich beeinflusst: Aaron Beck, der die kognitive Therapie entwickelt hat; Jeffrey Young, der Begründer der Schematherapie; sowie Daniel Siegel, ein Pionier auf dem Gebiet der interpersonalen Neurobiologie. Etliche Konzepte, die ihrer Arbeit entstammen, können dazu dienen, ein Licht darauf zu werfen, wie Sie mit dem Narzissten in Ihrem Leben umgehen. In diesem Kapitel möchte ich unter Berücksichtigung der Erkenntnisse dieser Experten ausführlich auf das Konzept von *Lebensthemen* und die Macht natürlicher Neigungen eingehen. Da es bis jetzt noch hauptsächlich darum geht, den Narzissten zu verstehen, möchte ich auch anregen, dass Sie an Ihre eigenen Erlebnisse denken, und dabei darauf achten, welche schwierigen Herausforderungen die Matrix aus Bewusstsein und Biologie des Gehirns präsentieren kann. Vor diesem Hintergrund werden Sie besser verstehen können, was notwendig ist, um sich in Ihrer Beziehung mit einem Narzissten weiterzuentwickeln und Veränderungen herbeizuführen.

Kognitive Therapie

Aaron T. Beck, bekannt als der Vater der kognitiven Therapie, hat zahllosen Praktizierenden und Lesern von Selbsthilfebüchern einen wertvollen Kompass an die Hand gegeben, um sich im unübersichtlichen Gelände unserer mentalen und emotionalen Überzeugungssysteme besser zurechtzufinden. Seine Forschungsarbeit im Bereich der kognitiven Therapie und deren von ihm entwickelten klinischen Anwendungen sind international anerkannt, und sein Ansatz hat sich immer wieder als ausgesprochen wirkungsvoll erwiesen, um betroffenen Menschen dabei zu helfen, dysfunktionale Denk- und Verhaltensmuster zu verändern. Wenn zum Beispiel der

Narzisst lernt, seine Geschichte der Welt mitsamt den darin enthaltenen Voreingenommenheiten infrage zu stellen und in zutreffender Weise neu zu schreiben, wird er von den eingefahrenen Verhaltensmustern befreit, die zu seinem lästigen Bewältigungsverhalten führen und mit denen Sie letztlich in seiner Gegenwart konfrontiert werden.

Die kognitive Therapie erfordert, dass wir die Bedeutungen untersuchen, die wir den Menschen, Orten und Dingen in unserem Leben zuschreiben. Sie zeigt mithilfe eines durchdachten Systems von Konzepten und Strategien eine Methode auf, die Voreingenommenheiten zu korrigieren, die in vielen Fällen mit unseren negativen emotionalen Erfahrungen und selbstschädigenden Verhaltensmustern verknüpft sind. Im Hinblick auf Narzissmus wird in der kognitiven Therapie ein kooperativer Prozess gefördert, durch den der Narzisst sich ein realistischeres Repertoire von Ideen, Überzeugungen und Erwartungen erarbeitet, das die verzerrten Vorstellungen ersetzt, die er bis dahin über sich selbst, über andere und die Zukunft hatte. Dabei wird besonderer Wert darauf gelegt, auf den Inhalt von inneren Dialogen zu achten und zu hinterfragen, wie realistisch seine in vielen Fällen voreingenommenen Selbstgespräche sind. Dieses therapeutische Modell hat sich als fruchtbarer Nährboden für das Entstehen anderer Therapieformen erwiesen – insbesondere der Schematherapie, die in Becks Modell verwurzelt ist.

Schematherapie

Jeffrey Young ist der Begründer der Schematherapie, eines integrativen Modells von Psychotherapie, das bewährte kognitive und verhaltensbezogene Techniken mit anderen, weitverbreiteten Therapieformen zusammenführt, zum Beispiel mit interpersonaler, emotionsfokussierter und Gestalttherapie. Er hat diesen Ansatz in Büchern wie *Reinventing Your Life* (Young & Klosko, 1994; deutsche Ausgabe: *Sein Leben neu erfinden*) einer breiten Öffentlichkeit zugänglich gemacht und die Verbreitung dieses wirkungsvollen Therapieansatzes durch Bücher, die sich an Fachleute wenden, weiter gesteigert, etwa durch den Titel *Schema Therapy: A Practitioner's Guide* (Young, Klosko & Weishaar, 2006; deutsche Ausgabe: *Schematherapie. Ein praxisorientiertes Handbuch*). Unlängst durchgeführte Studien zeigen, dass Schematherapie bei schwierigen Klienten beachtliche Ergebnisse erzielt (Giesen-Bloo et al., 2006) und dass sie einen überlegenen und wirkungsvollen Ansatz zur Behandlung von Problemen darstellt, die auf Narzissmus zurückzuführen sind.

Schemata

Youngs Schematherapie statuiert 18 „frühe maladaptive Schemata", die im Erwachsenenalter als dysfunktionale *Lebensthemen* zutage treten. Sie werden auch als „Knöpfe" oder „Lebensfallen" bezeichnet. Sie werden für *frühe* maladaptive Schemata gehalten, weil sie auf verstörende Erfahrungen in der Kindheit und Adoleszenz zurückgehen, bei denen fundamentale Bedürfnisse nicht adäquat erfüllt wurden, wodurch wiederum die gesunde und stabile Entwicklung des jungen Menschen beeinträchtigt wurde. Schemata bestehen aus Überzeugungen oder Kognitionen. Außerdem beziehen sie auch emotionale und körperliche Empfindungen mit ein, neben anlagebedingten Elementen wie zum Beispiel Temperament.

Der Begriff „Temperament" bezeichnet den angeborenen Charakter eines Kindes. Neben seinem individuellen Wesen, seinen motorischen Fertigkeiten und seiner Aufmerksamkeits- und Konzentrationsfähigkeit zeigt jedes Kind gewisse natürliche Neigungen, zum Beispiel Schüchternheit, Aggressivität, Extroversion, Introversion, Sensibilität, Anpassungsfähigkeit, Energieniveau und so weiter. Diese natürlichen Neigungen ergeben sich aus der genetischen Ausstattung; sie kommen schon in den frühen Phasen der Entwicklung des Kindes zum Ausdruck und können beobachtet werden. So zeigen zum Beispiel manche noch sehr kleinen Kinder angesichts neuartiger Erfahrungen oder fremder Menschen Vermeidungstendenzen und klammern sich an die Mutter oder den Vater, eine andere Bezugsperson oder einen vertrauten Gegenstand.

Da umweltbedingte Einflüsse die natürlichen Neigungen eines Kindes formen und verändern können, entwickelt sich die Persönlichkeit des Kindes aus der Wechselwirkung zwischen Temperament und Umfeld. Wenn zum Beispiel ein schüchternes Kind ständig von einem Elternteil oder einer anderen Bezugsperson verhöhnt und gedemütigt wird, kann es übertriebene Rückzugstendenzen entwickeln oder, in manchen Fällen, depressiv werden. Manchmal ist zu beobachten, dass ein solches Kind sich paradoxerweise entweder durch aggressive Akte des Ungehorsams oder durch passive Vermeidung und Distanzierung zu rächen sucht. Ein Kind in einer solchen Situation kann eine negative Selbsteinschätzung – auch bekannt als das Schema „Unzulänglichkeit" *(defectiveness schema)* – entwickeln, demzufolge es sich unzulänglich fühlt, weil es schüchtern ist.

Andererseits können die Eltern, indem sie Geduld zeigen und das Kind mit seinem Unbehagen und seiner Schüchternheit akzeptieren, es sanft ermutigen, sich mit kleinen Schritten aus seiner vertrauten Zone herauszuwagen und so das Kind darin unterstützen, in bestimmten neuartigen und sozialen Situationen auf ein Gefühl des Selbstvertrauens zurückgreifen zu können. In einem solchen Szenario rückt Selbstakzeptanz in den Bereich des Möglichen.

Davon abgesehen bleibt festzuhalten, dass das Temperament sich im Laufe des Lebens verändern kann. Es ist nicht ganz klar, wodurch sich lebenslanges von zeitweiligem Temperament unterscheidet, aber immerhin wissen wir, dass sich Schemata durch die Wechselwirkungen zwischen dem Temperament des Kindes und den Schwierigkeiten, die ihm in seinem Umfeld begegnen, bilden.

Schemata können über lange Zeiten im Leben eines Menschen ruhen und erst durch bestimmte Umstände aktiviert werden, welche die starren Überzeugungen, die ihnen zugrunde liegen, entweder reproduzieren oder infrage stellen. Diese vermeintlichen „Wahrheiten" – Prägungen, die sich schon vor langer Zeit in die Persönlichkeit des Betreffenden eingegraben haben und manche Realität aus seiner Kindheit reflektieren – sind schwierig zu überwinden, da sie den bleibenden Gehalt des Schemas bilden. Häufig sind sie mit schmerzhaften Kindheitserinnerungen verknüpft, sind im Gehirn diskret abgeschirmt und werden als „viszeral" („die Eingeweide betreffend", also als „Bauchgefühl") erlebt, was bedeutet, dass sie zwar empfunden werden, aber nicht immer nachvollziehbar sind. Da sie sich unterhalb der Bewusstseinsschwelle manifestieren und daher nicht auf aktuellen Ereignissen im Hier und Jetzt beruhen, führt die von ihnen ausgelöste, durchschlagende und in vielen Fällen übertrieben heftige Resonanz häufig zu selbstschädigenden Verhaltensmustern.

Wenn ein Schema aktiviert wird, hat das Wirkungen, wie sie in ähnlicher Weise auch zu beobachten sind, wenn traumatische Erinnerungen ausgelöst werden. Bei solchen Anlässen entkoppeln sich die subkortikalen (unter der Hirnrinde liegenden) Regionen – die Schaltkreise des Gehirns, die für emotionale und körperliche Reaktionen des Körpers zuständig sind – von den kortikalen (in der Hirnrinde liegenden) Arealen, die dafür zuständig sind, Entscheidungen zu treffen und Ereignisse im Hier und Jetzt von solchen im „Dort und Damals" zu unterscheiden. Wenn ein Schema ausgelöst wird, bewirkt die damit einhergehende Ausschüttung von Stresshormonen einen Kurzschluss in den Steuerungszentralen des Gehirns, die normalerweise logisches Denken und angemessene Reaktionen ermöglichen. Wenn der Betreffende allerdings auf der Basis eines impliziten, „dort und damals" erlebten Zustandes operiert, können seine Reaktionen und Entscheidungen unter dem Einfluss von Ereignissen und Emotionen aus der Vergangenheit stehen, statt vom gegenwärtigen Geschehen bestimmt zu werden. Und am schlimmsten ist dabei, dass er das nicht einmal erkennt, weil es sich hinter den Kulissen abspielt – außerhalb seines Bewusstseins.

Wenn Sie also zum Beispiel aufgrund der unauslöschlichen und schmerzhaften Erinnerung an das Verschwinden Ihres Vaters, als Sie sechs Jahre alt waren, das Schema „Verlassenheit" entwickelt haben, werden Sie vielleicht besonders empfindlich auf die Vorstellung reagieren, von Menschen, die Ihnen nahestehen, verlassen zu werden. Wenn Ihr Mann Ihnen sagt, er werde geschäftlich verreisen, fühlen Sie, wie sich der vertraute Knoten der Unsicherheit in Ihrem Bauch zusammenzieht, und dann fangen Sie an, übertriebene Forderungen nach Kontakt und Beruhigung zu stellen; dadurch wird die Beziehung durch nagende Gefühle von Misstrauen und Unzufriedenheit belastet.

Wir alle stehen unter dem Einfluss von – in der Regel mehreren – Schemata. Sie entstehen als Reaktion auf negative und in manchen Fällen traumatische frühe Erfahrungen. In vielen Fällen bewirken schädliche Ereignisse wie Misshandlungen, Vernachlässigung, Verlassenwerden, chaotische Familienverhältnisse oder exzessive Kontrolle, dass sich Schemata in der emotionalen Welt des Kindes festsetzen. Letztlich wird dadurch – in Verbindung mit seinen biologischen Prädispositionen, also dem Temperament – die Persönlichkeit des Kindes geformt. Wenn ein Schema durch ein Ereignis im Hier und Jetzt ausgelöst wird („er wusste genau, auf welche Knöpfe er bei mir drücken muss"), kann der Betroffene von unangenehmen körperlichen Empfindungen und voreingenommenen Gedanken überflutet werden, die dazu führen, dass er selbstschädigendes Verhalten zeigt.

Die achtzehn frühen maladaptiven Schemata

In diesem Kapitel werden Sie Gelegenheit haben, parallel sowohl Ihre eigenen Schemata als auch diejenigen des Narzissten in Ihrem Leben zu ergründen. Lassen Sie uns diese persönliche Entdeckungsreise beginnen, indem wir die 18 frühen maladaptiven Schemata untersuchen, die Jeffrey Young herausgearbeitet hat. Versuchen Sie, beim Lesen der folgenden Seiten die Schemata zu erkennen, die auf Sie zutreffen könnten; achten Sie dabei auch darauf, welche Schemata den Narzissten in Ihrem Leben beeinflussen könnten. Denken Sie daran, dass ein Schema ein Gefühl sein muss, dass sich zuerst in der Kindheit oder Adoleszenz gebildet hat, übertrieben realistisch wirkt und manchmal sehr intensiv sein kann, selbst wenn es nur unter bestimmten Bedingungen ausgelöst wird und meistens ruht. (Der folgende Text wird hier mit freundlicher Genehmigung von Jeffrey Young verwendet.)

1. **Verlassenheit / Instabilität.** Die empfundene Instabilität oder Unzuverlässigkeit der Bezugsperson, auf die der Betreffende für Unterstützung und Bindungen angewiesen ist. Dazu gehört die Erwartung, dass diese Bezugsperson nicht in der Lage sein wird, auch in Zukunft emotionale Unterstützung, Bindung, Stärkung oder praktischen Schutz zu bieten, weil sie emotional labil und unberechenbar ist (zum Beispiel, weil sie zu Wutanfällen neigt), unzuverlässig oder nur sporadisch anwesend ist; weil sie bald sterben wird; oder weil zu erwarten ist, dass

sie den Betreffenden verlässt, um sich einer anderen Person anzuschließen, die irgendwie „besser" ist.

2. **Misstrauen / Missbrauch.** Die Erwartung, von anderen verletzt, misshandelt, erniedrigt, hintergangen, angelogen, manipuliert oder ausgenutzt zu werden. Dazu gehört normalerweise die Wahrnehmung, dass der Schaden absichtlich oder durch nicht zu rechtfertigende und extreme Nachlässigkeit angerichtet wird. Kann auch mit dem Gefühl einhergehen, im Vergleich zu anderen ständig hintergangen oder benachteiligt zu werden.

3. **Emotionale Entbehrung.** Die Erwartung, dass andere das Bedürfnis des Betroffenen nach normaler emotionaler Unterstützung nicht adäquat erfüllen können. Es gibt drei Hauptformen emotionaler Entbehrung:
   A. **Fehlende Zuwendung:** Mangel an Aufmerksamkeit, Zuneigung, Herzenswärme oder freundschaftlicher Verbundenheit;
   B. **Fehlende Empathie:** Mangel an Verständnis, Zuhören, Offenheit oder gemeinsamem Empfinden der Gefühle anderer;
   C. **Fehlender Schutz:** Mangel an Stärkung, Führung oder Orientierung von anderen.

4. **Unzulänglichkeit / Scham.** Das Gefühl, in wichtigen Persönlichkeitsaspekten unzulänglich, schlecht, unerwünscht, minderwertig oder unfähig zu sein oder wichtigen Bezugspersonen im Falle von aufgedecktem Fehlverhalten als nicht liebenswert zu erscheinen. Kann begleitet werden von Überempfindlichkeit gegenüber Kritik, Ablehnung und Schuldzuweisungen; Befangenheit, Unterlegenheitsgefühlen und Unsicherheit im Umgang mit anderen sowie Schamgefühlen über die empfundenen eigenen Unzulänglichkeiten. Diese Unzulänglichkeiten können privater Natur sein (zum Beispiel in Form von Egoismus, Unbeherrschtheit oder inakzeptablen sexuellen Neigungen) oder öffentlich sichtbar (zum Beispiel in Form einer unattraktiven körperlichen Erscheinung oder eines unbeholfenen Auftretens in Gesellschaft anderer).

5. **Soziale Isolation / Entfremdung.** Das Gefühl, ein vom Rest der Welt isolierter Außenseiter zu sein und / oder keiner Gruppe oder Gemeinschaft anzugehören.

6. **Abhängigkeit / Inkompetenz.** Die Überzeugung, ohne erhebliche Hilfe von anderen nicht in der Lage zu sein, den Erfordernissen des Alltags kompetent gerecht zu werden (zum Beispiel, für sich selbst zu sorgen, alltägliche Probleme zu lösen, adäquates Urteilsvermögen an den Tag zu legen, neue Aufgaben in Angriff zu nehmen oder sinnvolle Entscheidungen zu treffen). Wird häufig wie Hilflosigkeit empfunden.

7. **Anfälligkeit für Schädigungen oder Krankheit.** Übertriebene Furcht, dass jederzeit eine unabwendbare Katastrophe zu geschehen droht. Solche Ängste können sich auf eines oder mehrere der folgenden Szenarien richten: gesundheitliche Katastrophen wie etwa ein Herzinfarkt oder eine AIDS-Infektion; emotionale Katastrophen, etwa plötzlich „durchzudrehen"; oder externe Katastrophen, beispielsweise im Fahrstuhl stecken zu bleiben oder zum Opfer eines Verbrechens, eines Flugzeugabsturzes oder einer Naturkatastrophe zu werden.

8. **Verstrickung / Unentwickeltes Selbst.** Extrem intensive emotionale Beziehung und Nähe zu einer oder mehreren Bezugspersonen (häufig den Eltern) auf Kosten der individuellen Identität und einer normalen sozialen Entwicklung. Geht häufig mit der Überzeugung einher, ohne die ständige Unterstützung der vereinnahmten Person nicht überleben oder glücklich sein zu können. Kann auch von dem Gefühl begleitet werden, von der anderen Person erdrückt zu werden oder mit ihr zu verschmelzen. Kann als unzureichende individuelle Identität empfunden werden. Wird häufig als Gefühl von Leere und „sich Abstrampeln" empfunden, als Ziellosigkeit oder, in extremen Fällen, als Fragwürdigkeit der eigenen Existenz.

9. **Versagen.** Die Überzeugung, versagt zu haben, auch in Zukunft immer versagen zu müssen und in Bezug auf die eigenen Leistungen anderen Mitgliedern der eigenen Peergroup (zum Beispiel in Schule, Beruf oder Sport) völlig unterlegen zu sein. Wird in vielen Fällen von Überzeugungen begleitet, dumm zu sein, unfähig, unbegabt, ignorant, von niedrigerem Status, weniger erfolgreich als andere und so weiter.

10. **Anspruchshaltung / Grandiosität.** Die Überzeugung, anderen Menschen überlegen zu sein, einen Anspruch auf besondere Rechte und Privilegien zu haben und nicht an die Regeln der Gegenseitigkeit gebunden zu sein, die normale soziale Interaktionen lenken. Wird häufig begleitet von der beharrlichen Überzeugung, alles tun zu dürfen und alles haben zu können, was man will, ohne Rücksicht darauf nehmen zu müssen, was realistisch ist, was von anderen für akzeptabel gehalten wird und welche Unannehmlichkeiten anderen durch das eigene Verhalten entstehen. Ferner ist häufig zu beobachten, dass der Betreffende übertrieben viel Wert darauf legt, als überlegen zu gelten (zum Beispiel, zu den Erfolgreichsten, Berühmtesten oder Reichsten zu zählen), um auf diesem Wege Macht oder Kontrolle zu erlangen (wobei es ihm nicht primär um Aufmerksamkeit oder Zustimmung geht). Wird manchmal von extremem Konkurrenzdenken gegenüber anderen oder ausgeprägter Herrschsucht begleitet: Der eigene Machtanspruch wird ganz nach Gusto durchgesetzt, andere Meinungen werden unterdrückt, das Verhalten anderer kontrolliert – rücksichtslos und ohne Empathie für die Bedürfnisse oder Gefühle anderer.

11. **Unzureichende Selbstkontrolle / Selbstdisziplin.** Anhaltende Schwierigkeiten oder fehlende Bereitschaft, beim Verfolgen persönlicher Ziele adäquate Selbstkontrolle auszuüben und Frustrationen zu tolerieren sowie exzessive Äußerungen von Emotionen und Impulsen zu beherrschen. Bei weniger stark ausgeprägten Fällen kann die Tendenz auftreten, unangenehmen Situationen aus dem Weg zu gehen: Vermeiden von Schmerz, Konflikt, Konfrontation, Verantwortung oder Überanstrengung – auf Kosten von persönlicher Erfüllung, Engagement und Integrität.

12. **Unterwerfung.** Exzessive Überantwortung von Kontrolle an andere, weil der Betreffende sich dazu genötigt fühlt – zumeist, um Wut, Vergeltung oder Verlassenwerden zu vermeiden. Es gibt zwei Hauptformen von Unterwerfung:
    A. **Unterwerfung der eigenen Bedürfnisse:** Unterdrücken der eigenen Vorlieben, Entscheidungen und Wünsche;
    B. **Unterwerfung der eigenen Emotionen:** Unterdrücken des Äußerns von Emotionen, vor allem von Wut.

    Wird in der Regel von der Wahrnehmung begleitet, die eigenen Wünsche, Meinungen und Gefühle seien für andere nicht gerechtfertigt oder wichtig. Häufig besteht die Tendenz zu übertriebener Willfährigkeit, begleitet von dem übertrieben starken Gefühl, sich in einer ausweglosen Situation zu befinden. Führt häufig dazu, dass Wut entsteht und sich aufstaut, was wiederum zu passiv-aggressivem Verhalten, unkontrollierten Wutausbrüchen, psychosomatischen Symptomen, dem Entziehen von Zuneigung, abreagierendem Verhalten und Drogenmissbrauch führen kann.

13. **Selbstaufopferung.** Übertriebenes Bemühen, aus eigenem Antrieb und auf Kosten der eigenen Zufriedenheit die Bedürfnisse anderer in alltäglichen Situationen zu erfüllen. Die häufigsten Gründe für solches Verhalten sind das Bestreben, anderen keine Schwierigkeiten zu machen, Schuldgefühle wegen vermeintlich egoistischem Verhalten zu vermeiden oder die Verbindung zu anderen, die für bedürftig gehalten werden, zu bewahren. Dieses Schema entsteht in vielen Fällen aus einer ausgeprägten Sensibilität für die Probleme anderer. Es führt manchmal zu dem Gefühl, dass die eigenen Bedürfnisse nicht adäquat erfüllt werden, und zu Ressentiments gegenüber denen, um die der Betreffende sich kümmert. (Überschneidet sich mit dem Konzept von Co-Abhängigkeit.)

14. **Streben nach Zustimmung und Anerkennung.** Es wird übertrieben viel Wert darauf gelegt, Zustimmung, Anerkennung und Aufmerksamkeit von anderen zu bekommen oder sich einzufügen, auf Kosten der Entwicklung eines sicheren und echten Selbstgefühls. Die Selbstachtung des Betreffenden beruht weniger auf den eigenen natürlichen Neigungen als vielmehr in erster Linie auf den Re-

aktionen anderer. Wird in manchen Fällen davon begleitet, dass übertriebener Wert auf Status, Erscheinung, soziale Akzeptanz, Geld und Leistung gelegt wird – als Mittel, um Zustimmung, Bewunderung oder Aufmerksamkeit zu bekommen (aber nicht in erster Linie, um Macht oder Kontrolle zu erlangen). Führt häufig zu wichtigen Lebensentscheidungen, die nicht authentisch oder unbefriedigend sind, oder zu überempfindlichen Reaktionen auf Ablehnung.

15. **Negativität/Pessimismus.** Eine alles durchdringende, lebenslange Fixiertheit auf die negativen Aspekte des Lebens (Leid, Tod, Verlust, Enttäuschung, Konflikt, Schuldgefühle, Groll, ungelöste Probleme, etwaige Fehler, Untreue, denkbare Fehlschläge und so weiter), während gleichzeitig die positiven und optimistischen Aspekte des Lebens negiert werden. Wird in der Regel von der übertriebenen Erwartung begleitet, dass – in einem breiten Spektrum beruflicher, finanzieller oder zwischenmenschlicher Probleme – die Dinge letztlich in schwerwiegender Weise schiefgehen werden oder dass jede Entwicklung, die momentan positiv zu laufen scheint, letztlich zu einem Misserfolg werden wird. Geht für gewöhnlich mit der übertriebenen Angst einher, Fehler zu machen, die zum finanziellen Zusammenbruch, zu Verlust oder Demütigung oder in eine ausweglose Situation führen. Da der Betreffende in jeder Situation vor allem das denkbar schlechteste Ergebnis erwartet, ist sein Verhalten in vielen Fällen von chronischer Sorge, übertriebener Vorsicht und Unentschlossenheit geprägt.

16. **Emotionale Gehemmtheit.** Das übermäßige Unterdrücken spontanen Handelns, Fühlens und Kommunizierens – zumeist, um die Missbilligung anderer, eigene Schuldgefühle oder den Verlust der Kontrolle über eigene Impulse zu vermeiden. Solche Hemmungen zeigen sich in der Regel in Form unterdrückter Wut und Aggressionen; Unterdrücken positiver Regungen (zum Beispiel Freude, Zuneigung, sexueller Erregung oder Verspieltheit); Hemmungen, die eigene Verletzlichkeit zu zeigen oder sich offen über die eigenen Gefühle, Bedürfnisse und Ähnliches mehr zu äußern; und darin, dass rationalem Denken zu viel Wert beigemessen wird, wobei gleichzeitig Emotionen außer Acht gelassen werden.

17. **Überhöhte Standards / übertrieben kritische Haltung.** Die grundlegende Überzeugung, dass man danach streben sollte, sehr hohen, verinnerlichten Verhaltens- und Leistungsansprüchen zu genügen – in der Regel, um Kritik zu vermeiden. Das führt typischerweise dazu, dass der Betreffende sich unter Druck gesetzt fühlt oder Schwierigkeiten hat, die Dinge etwas ruhiger anzugehen, sowie zu einer übertrieben kritischen Haltung sich selbst und anderen gegenüber. Begleitet von erheblich beeinträchtigten Fähigkeiten, sich freuen und sich entspannen zu können, Gesundheitsproblemen, verminderter Selbstachtung und

reduzierten Erfolgserlebnissen sowie unbefriedigenden Beziehungen. Überhöhte Standards zeigen sich typischerweise in drei Formen:

A. **Perfektionismus:** Übertriebene Fixiertheit auf Details oder Geringschätzung der eigenen Leistung im Vergleich zur Norm.
B. **Rigide Regeln und verinnerlichte Imperative** in vielen Lebensbereichen, einschließlich unrealistisch hoher moralischer, ethischer, kultureller oder religiöser Gebote.
C. **Ständiges Beschäftigtsein mit Zeitaufwand und Effizienz,** mit dem Ziel, mehr zu schaffen.

18. **Strafneigung *(punitiveness).*** Die Überzeugung, dass Menschen, die einen Fehler gemacht haben, streng bestraft werden müssen. Geht mit der Neigung einher, anderen Menschen (und sich selbst) mit Wut, Intoleranz und Ungeduld zu begegnen und sie bestrafen zu wollen, wenn sie die eigenen Erwartungen nicht erfüllen. Wird in der Regel begleitet von Schwierigkeiten, Unzulänglichkeiten bei sich selbst und anderen zu vergeben, weil die Bereitschaft fehlt, mildernde Umstände zu berücksichtigen, menschliche Schwächen zu akzeptieren und mit Empathie auf Gefühle zu reagieren.

Interaktionen mit Narzissten sind mithilfe von Schemata besser zu verstehen

Vielleicht werden Sie feststellen, dass Sie und der Narzisst in Ihrem Leben in Ihren jeweiligen Sammlungen etliche Schemata gemein haben, die sich entweder aus ähnlichen oder aus sehr unterschiedlichen Gründen entwickelt haben können. Trotz solcher möglicherweise ähnlichen Schemata unterscheiden Sie sich durch die Art und Weise, wie Sie mit ihnen umgehen. Nehmen wir zum Beispiel an, Sie seien in der Obhut einer Mutter aufgewachsen, bei der die Schemata „Unterwerfung" und „Selbstaufopferung" stark ausgeprägt waren, einer Mutter, die nicht nur hilfsbereit und großzügig war, sondern darüber hinaus kaum in der Lage, ihre eigenen Bedürfnisse und Wünsche zu äußern. Vielleicht war sie eine Frau, die dazu neigte, den Weg des geringsten Widerstandes zu gehen und Konflikte zu vermeiden – eine Frau, der es unangenehm war, im Mittelpunkt des Interesses zu stehen. Unter Umständen mag sie hin und wieder gewisse Anzeichen von Missmut gezeigt haben, wenn sie sich erschöpft und überfordert fühlte oder wenn sie sich im Hinblick auf etwas, das ihr wichtig war, missachtet fühlte. Vielleicht haben Sie dieses Schema übernommen, weil Sie miterlebt haben, wie Ihre Mutter sich im Umgang mit anderen Menschen – auch widerspenstigen – verhielt. Aufgrund solcher Erlebnisse könnten Sie dazu neigen, Ihre eigenen Schemata „Unterwerfung" und „Selbstaufopferung" auszuagieren, indem Sie nachgeben, wann immer der Narzisst in Ihrem Leben auf den Wiedergabeknopf Ihres inneren Kassettenrekorders drückt. Solche Reaktionen sind besonders typisch für Frauen.

Leider chronifiziert dieser Bewältigungsstil genau die Schemata, denen Sie zu entkommen suchen. Je mehr Sie Ihren Überzeugungen nachgeben, dass Selbstaufopferung und Unterwerfung Ihnen helfen können – zum Beispiel, indem Sie die schlechten Angewohnheiten des Narzissten tolerieren oder den Mund halten, wenn er es verlangt –, desto mehr Macht werden diese Überzeugungen erlangen, um Sie in Ihrer Sackgasse gefangen zu halten. Das ist allerdings keineswegs Ihre Schuld; vielmehr handelt es sich dabei um einen automatisch ablaufenden Prozess, der sich – so sicher wie das Amen in der Kirche – immer wieder abspielen wird, wenn Sie ihn nicht erkennen, verstehen und bekämpfen.

In der folgenden Liste sind Schemata aufgeführt, die typischerweise bei Interaktionen mit Narzissten ausgelöst werden. Sie kann Ihnen helfen zu erkennen, dass Sie, indem Sie auf- oder nachgeben, um konfrontative Situationen zu bewältigen, tatsächlich das effektive Auflösen der schemabedingten Überzeugungen und Verhaltensweisen, die Ihren Durchsetzungswillen in Geiselhaft halten, blockieren.

Typische Schemata, die von Narzissten ausgelöst werden

- **Selbstaufopferung:** Es fällt Ihnen schwer, um das, was Sie brauchen, zu bitten, ohne sich unwürdig oder schuldig zu fühlen – und ein Narzisst macht Ihnen das noch schwerer. Unter Umständen fühlen Sie sich zwischen Schuldgefühlen und Ressentiments hin- und hergerissen.
- **Unterwerfung:** Es fällt Ihnen schwer, sich durchsetzen zu wollen, wenn es um Ihre persönlichen Rechte und Meinungen geht. Narzissten können einschüchternd sein und Sie dadurch nötigen, Ihre Wut zu unterdrücken oder Ihren Standpunkt zu widerrufen.
- **Verlassenheit / Instabilität:** Da Sie große Angst davor haben, zurückgewiesen zu werden oder allein zu sein, ertragen Sie das tyrannische Verhalten und die Quälereien des Narzissten.
- **Unzulänglichkeit / Scham:** Da Sie sich unzulänglich und unerwünscht fühlen, nehmen Sie die Anwürfe des Narzissten für bare Münze und fühlen sich verantwortlich und schuldig, wenn er mit Ihnen nicht zufrieden ist. Sie haben häufig das Gefühl, sich bessern zu müssen.
- **Emotionale Gehemmtheit:** Bei diesem Schema haben Sie sich angewöhnt, Ihre Gefühle für sich zu behalten; Sie sind stoisch und übermäßig kontrolliert, wenn es um Ihre Emotionen geht. Der Narzisst kann seine emotionalen Ausbrüche ausleben, während Sie still und unsichtbar leidend danebenstehen.

- **Emotionale Entbehrung:** Bei diesem Schema können Sie nicht glauben, dass es Ihnen gelingen könnte, jemanden zu finden, der Ihre emotionalen Bedürfnisse erfüllen kann, der Sie von Herzen lieben und verstehen kann, der Sie schützt und sich um Sie kümmert. Der Narzisst entspricht diesen negativen Erwartungen. Darüber sind Sie traurig, aber dieses Gefühl sind Sie gewohnt.
- **Misstrauen / Missbrauch:** Bei diesem Schema fühlt sich Ihre Beziehung mit dem Narzissten wie ein erneutes Durchleben der Vergangenheit an, wenn er in einem verletzenden oder missbrauchenden Modus ist. Sie wissen, wie Sie damit umgehen können, und haben das Gefühl, dass es unmöglich sei, sich dagegen zu wehren. Und sogar, wenn Sie doch einmal versuchen, sich dagegen zu wehren, geben Sie am Ende meistens nach.
- **Überhöhte Standards:** Bei diesem Schema versuchen Sie immer intensiver, die perfekte Partnerin, Freundin, Schwester oder Mitarbeiterin zu sein, weil Sie glauben, das würde von Ihnen erwartet. In Ihrem Bemühen, den Ansprüchen des Narzissten gerecht zu werden, stellen Sie die eigene Lebensfreude und Spontaneität zurück.

Wenn Sie nun die folgende Zusammenstellung der Schemata lesen, die für Narzissten typisch sind, achten Sie bitte darauf, wie der Narzisst versucht, seine Schemata zu bekämpfen oder sie durch Überkompensation wettzumachen. Er vermeidet es, mit den Emotionen, die mit seinen Schemata verknüpft sind, in Berührung zu kommen, um nicht Gefahr zu laufen, von ihnen überwältigt zu werden.

Typische, mit Narzissmus assoziierte Schemata

- **Emotionale Entbehrung:** Er ist davon überzeugt, dass niemand jemals seine Bedürfnisse erfüllen und ihn um seiner selbst willen lieben wird. Darum will er nie auf andere Menschen angewiesen sein. Er strebt nach Perfektion, Erfolg und Autonomie.
- **Misstrauen / Missbrauch:** Er glaubt, dass andere Menschen nur deshalb nett zu ihm sind, weil sie etwas von ihm wollen. Er vermeidet echte Intimität und begegnet den Motiven anderer mit großer Skepsis.
- **Unzulänglichkeit / Scham:** Auf einer sehr tiefen, unbewussten Ebene empfindet er sich als nicht liebenswert und schämt sich seiner selbst. Diese Erkenntnis hält er jedoch außerhalb seines Bewusstseins, indem er suchterzeugenden, selbstberuhigenden Aktivitäten nachgeht (zum Beispiel Workaholismus), Zustimmung für seine hervorragenden Leistungen einfordert und sich so verhält, als habe er ein Anrecht auf besondere Behandlung.
- **Unterwerfung:** Herrsche oder werde beherrscht – er will *herrschen.*

- **Überhöhte Standards:** Er hat keine Zeit für Spontaneität, da sie die kunstvolle Maske, hinter der er sein Gefühl von Unzulänglichkeit verbirgt, gefährden könnte. Er muss Lebensfreude opfern, um alles perfekt – und häufig ohne jede Rücksichtnahme – erledigen zu können. Er wird unruhig, wenn er nicht in seinem Leistungsmodus ist.
- **Anspruchshaltung / Grandiosität:** Dieses Schema ist das Erkennungszeichen des Narzissten. Er fühlt sich als etwas Besonderes, wenn er bevorzugt behandelt wird. Die Regeln gelten für ihn nicht. Er hat grandiose Fantasien und pflegt ein Gefühl von Überlegenheit und Eigendünkel, mit dem er außerdem seine empfundene Unzulänglichkeit überdeckt.
- **Unzureichende Selbstkontrolle:** Er lehnt es ab, Einschränkungen zu akzeptieren, und hat eine sehr geringe Toleranz gegenüber Widrigkeiten. Der Narzisst besteht darauf, alles zu bekommen, was er will, und zwar stets so viel davon, wie er möchte, und wann er will – er kann es nicht ertragen, warten zu müssen oder etwas nicht zu bekommen.
- **Streben nach Zustimmung und Anerkennung:** Er ist ständig auf der Suche nach Anerkennung, Status und Aufmerksamkeit – dabei handelt es sich zumeist um ein Überkompensieren seiner Einsamkeit und seiner empfundenen Unzulänglichkeit.

Die Ursprünge der Schemata von Narzissten

Die Schemata, die bei Narzissten am häufigsten zu beobachten sind, entstehen häufig in einem Szenario wie dem folgenden: Stellen Sie sich ein Kind vor, das in einem Elternhaus heranwuchs, in dem es ständig kritisiert und herabgesetzt wurde. Es wurde ihm das Gefühl vermittelt, weder Liebe noch Aufmerksamkeit zu verdienen, sodass es letztlich das Schema „Unzulänglichkeit / Scham“ entwickelte. Außerdem zog es sich auch das Schema „emotionale Entbehrung“ zu, da seine Bezugspersonen ihm kaum Zuneigung, Verständnis oder Geborgenheit entgegenbrachten. Seine Schemata „Misstrauen“ und „Unterwerfung“ entstanden aus dem Gefühl heraus, von Eltern kontrolliert und manipuliert zu werden, die von ihm erwarteten, ihre Selbstachtung zu stärken, indem es ihren Leistungsansprüchen genügte und seine eigenen wichtigen kindlichen Bedürfnisse aufgab. Ohne eine erwachsene Bezugsperson, die einen Ausgleich für solche Erlebnisse hätte schaffen können, und ohne ein Nachlassen des schädlichen Verhaltens seiner vernachlässigenden und ständig kritisierenden Eltern wuchs das Kind in einer Grundstimmung von Einsamkeit und Scham heran, die von dem tief sitzenden Gefühl begleitet wurde, dass kein Mensch jemals seine emotionalen Bedürfnisse erfüllen würde und dass es unzulänglich und nicht liebenswert sei.

Dies sind die voreingenommenen Überzeugungen, die es fest verinnerlicht hat und die den endlos wiederholten Refrain dieses Schemas bilden.

Im Verlauf seiner Kindheit wurden die wiederkehrenden schmerzlichen Gefühle, die mit solchen Erfahrungen verbunden sind, gewissermaßen zu Aktenordnern im Gehirn des Narzissten, in denen die starren Wahrheiten abgelegt sind, die seine Persönlichkeit, seine Zukunft und seine Sicht der Welt definieren. Seine Schemata fungierten als Blaupause für seine emotionale Architektur. Wenn er zu einem jungen Erwachsenen herangewachsen ist, wird schon das einfache Betreten eines Raumes voller fremder Menschen zu einer schemaauslösenden Erfahrung: Er öffnet den entsprechenden Aktenordner und erwartet dann auf der Basis der darin enthaltenen Informationen, von anderen Menschen beurteilt, ignoriert oder abgelehnt zu werden.

Als Kind hat er versucht, den mit seinem Umfeld zusammenhängenden Schmerzen zu entgehen, indem er Bewältigungsfertigkeiten entwickelte, die eine normale zwischenmenschliche Verbundenheit unmöglich machten, ihn aber immerhin in die Lage versetzten, trotz der emotionalen Leere und Brüche zu gedeihen. In vielen Fällen gehört es zu diesen Bewältigungsfertigkeiten, dass drei Schutzmasken angelegt werden:

- **Der Perfektionist:** Das Erkennungsmerkmal seines Schemas „Überhöhte Standards“;
- **Der rachsüchtige Tyrann:** Das Erkennungsmerkmal seines Schemas „Anspruchshaltung“;
- **Der ehrgeizige Aufschneider:** Das Erkennungsmerkmal seines Schemas „Streben nach Zustimmung und Anerkennung“.

Bewältigungsreaktionen im Kontext der Schematheorie

Es ist ein Teil des Menschseins, dass die Schaltkreise in unserem Gehirn so verdrahtet sind, dass sie bei drohender Gefahr eine *Fight-or-Flight*-Reaktion („Kampf-oder-Flucht-Reaktion“) auslösen. Eigentlich ist das eine falsche Bezeichnung, denn diese Reaktion kann sich auf dreierlei Weise manifestieren: Der Betreffende kann kämpfen, also einen Gegenangriff starten; er kann fliehen, also vor der Gefahr davonlaufen oder ihr auf andere Weise aus dem Weg gehen; oder er kann erstarren und dadurch signalisieren, dass er nachgibt oder sich der Bedrohung unterwirft. Wenn ein Schema ausgelöst wird, kann es durch die extrem machtvollen negativen Emotionen, Gedanken, körperlichen Empfindungen und selbstschädigenden Reaktionen, die aus frühen maladaptiven Erfahrungen erwachsen, ein Gefühl des Bedrohtseins erzeugen. Aktuelle Umstände, die den im betreffenden Schema eingebetteten Erinnerungen entsprechen, erzeugen eine machtvolle Botschaft an Gehirn und Körper. Das

Gehirn reagiert auf die vermeintliche Bedrohung, indem es versucht, das Schema zu bekämpfen, ihm zu entkommen oder sich ihm zu unterwerfen. Alle drei Reaktionen sind Mechanismen, die es dem Schema unmöglich machen sollen, den Betreffenden mit seinem eisernen Würgegriff zu packen. Der Kampf gegen den inneren Dämon wird zum Sumpf. Wie bereits erwähnt, werden Schemata typischerweise ausgelöst, ohne dass der betreffenden Person bewusst wird, was sich hinter den Kulissen abspielt; häufig ist sie sich lediglich des Gefühls einer unmittelbaren Gefahr oder Bedrohung bewusst, das auf einem suggestiven Auslösereiz beruht.

Nehmen wir zum Beispiel an, Ihre Chefin geht mit einem – wie Ihnen scheint – seltsamen Gesichtsausdruck an Ihrem Schreibtisch vorbei. Falls Sie von einem der Schemata „Unzulänglichkeit / Scham", „Verlassenheit / Instabilität" oder „Misstrauen / Missbrauch" betroffen sind, könnten Sie dazu neigen, vorschnelle Schlüsse zu ziehen oder Verlust und Ablehnung zu erwarten, wenn Sie merken, dass jemand unzufrieden mit Ihnen zu sein scheint. Daher werden Sie wahrscheinlich das Gefühl haben, Ihre Chefin habe sich über Sie geärgert, woraufhin Sie sofort einen Knoten im Magen und starkes Herzklopfen bekommen und eine Stimme in Ihrem Kopf hören, die sagt: *Das war's – ich bin gefeuert!* Selbst wenn Sie normalerweise logisch denken und einen ausgeprägten Realitätssinn haben und keine Hinweise dafür entdecken können, dass Sie entlassen werden sollen, können Sie das flaue Gefühl im Magen nicht loswerden und Sie schaffen es nicht, Ihre Angst in den Griff zu bekommen, weil unterhalb der Oberfläche rationaler Erklärungen das Schema sein böses Werk verrichtet. Wie eine Infektion reagiert auch ein Schema nicht auf die erste Runde praktischer Interventionen. Wahrscheinlich werden Sie letztlich – und immer wieder – feststellen, dass Ihre negativen Erwartungen nicht gerechtfertigt waren, aber dennoch nicht in der Lage sein, den unheilvollen Prozess zu stoppen, der in Gang gesetzt wird, sobald das entsprechende Schema ausgelöst wurde. Vielleicht werden Sie das Schema sogar als ein vertrautes Unbehagen wiedererkennen, das Sie an irgendetwas erinnert, ohne dass Sie sich jedoch über seine Ursprünge definitiv klarwerden könnten.

Unser Gehirn ist darauf eingestellt, schützende Geschosse abzufeuern, wenn ein Feind auf den Plan tritt – und in diesem Fall ist der Feind das Schema. Ironischerweise landen wir häufig bei dem Versuch, uns vor diesem Raubtier in Sicherheit zu bringen, wieder in seinem Würgegriff. Denken Sie noch einmal über das Szenario nach, bei dem Ihre Chefin einen „seltsamen Gesichtsausdruck" an den Tag gelegt hat: Falls Ihr persönliches Rezept, um jenem beunruhigenden Gefühl, zum Untergang verdammt zu sein, zu entgehen, darin besteht, sich in Sicherheit zu bringen, dann könnten Sie feststellen, dass Sie anfangen, bestimmte Arbeiten zu meiden, dass Sie geistesabwesend und abgelenkt sind, immer häufiger Fehler machen, sich auf pessimistische Gespräche mit Kollegen einlassen – und so in letzter Konsequenz tatsächlich Ihren Arbeitsplatz riskieren. Vielleicht werden Sie bald darauf wegen nachlassender Leistungen abgemahnt, weil Sie in einen vermeidenden und abgelenkten Bewältigungsmodus verfallen sind. Falls bei Ihnen ein Schema „Verlassenheit / Instabilität" besteht (aufgrund dessen Sie übertrieben viele Verluste und Ablehnungen erwarten), könnten Sie – ungeachtet Ihrer Versuche, das zu vermeiden – unwillkürlich wieder den alten, nur allzu vertrauten Refrain des Schemas anstimmen. (Denken Sie nur an das Beispiel von der Frau mit dem Schema „Verlassenheit", deren Mann geschäftlich verreisen musste. Ihre Ängste führten dazu, dass sie ständig Kontakt und Bestätigung von ihm forderte, was letztlich der Beziehung hätte schaden können – wodurch wiederum die Möglichkeit heraufbeschworen wurde, einen weiteren Verlust zu erleben.)

Im Extremfall kann es sogar so weit kommen, dass Sie tatsächlich Ihren Job verlieren, weil Ihre Ängste und die Abwehrmechanismen, die Sie deswegen entwickeln, zu chronischen Problemen am Arbeitsplatz werden. Ist das eine sich selbst erfüllende Prophezeiung? Nein. Ist das ironisch? Nein. Der Mensch ist ein Geschöpf, dessen Verhalten von Gewohnheiten und unbewussten Impulsen gesteuert wird und der unwissentlich immer auf das Vertraute zusteuert – sogar auf jene sehr schmerzhaften Gefühle, die er gern vermeiden würde. Sie sollten aufhören, den eingebildeten Geschossen auszuweichen – es sei denn, Sie stellen fest, dass es sich um reale Geschosse handelt. Allerdings wird es Ihrer Intuition widerstreben, wenn Sie Ihr gewohntes Verhalten beenden wollen.

Wir alle sind darauf programmiert, zu überleben, sind uns aber nicht immer darüber im Klaren, was denn nun eigentlich eine echte Gefahr fürs Überleben darstellt. Durch den schwierigen Umgang mit einem Narzissten kann Ihr Urteilsvermögen beeinträchtigt werden und Sie können sich fühlen, als ob Sie auf ewig dazu verdammt wären, der Bedrohung durch einen angreifenden Grizzlybären standzuhalten oder dazu verurteilt wurden, Ihr Dasein in der öden Einsamkeit einer finsteren Höhle zu fristen. Sie sollten versuchen zu lernen, zwischen echten Bedrohungen und Schemata, die Ihre Wahrnehmungen und Reaktionen verfälschen, zu unterscheiden. Um das zu erreichen, müssen Sie das Implizite mehr zum Expliziten machen, und Sie müssen sich über Ihre inneren Motive auf eine Weise bewusst werden, die Sie nicht nur mit dem Verstand begreifen, sondern auch empfinden. Kapitel 5 enthält detaillierte Übungen, die auf Achtsamkeitsstrategien zurückgreifen. Sie können Ihnen helfen, Drohungen von Herausforderungen zu unterscheiden und ein Gefühl für die Motivatoren, die Ihre Reaktionsmuster antreiben, zu entwickeln.

Die Geschichte von Louis

Der 58 Jahre alte Louis ist ein gutes Beispiel für die sich selbst chronifizierenden Probleme, die sich einem Narzissten stellen. Eines der bei Louis vorhandenen Schemata ist „Unzulänglichkeit/Scham“. Aufgrund seiner Kindheitserlebnisse hat Louis das tief sitzende (wenn auch nicht explizit bewusste) Gefühl entwickelt, unzulänglich und nicht liebenswert zu sein. Er und seine Frau Francine sind seit 42 Jahren miteinander verheiratet. Sie haben zwei erwachsene Söhne, die beide verheiratet sind und in anderen Teilen des Landes leben. Vor etwa zwei Jahren setzte sich Louis, der in leitender Position in einem großen Konzern gearbeitet hatte, zur Ruhe. Louis ist ein sehr erfolgreicher Mann und auf seinem Fachgebiet weithin als Autorität anerkannt und respektiert; darüber hinaus hat er sich inzwischen eine durchaus beeindruckende finanzielle Sicherheit erarbeitet. Francine ist Lehrerin; sie hat nach wie vor Freude an ihrer Arbeit und möchte sich bis auf Weiteres nicht zur Ruhe setzen.

Francine wandte sich an mich, weil sie hoffte, dass ich mich bereit zeigen würde, mit Louis zu arbeiten, und dann vielleicht über kurz oder lang mit ihnen beiden. Es war offensichtlich, dass Francine aufgrund ihrer eigenen Therapieerfahrungen und verschiedener Selbsthilfeinitiativen ein einigermaßen unerschütterliches, von Mitgefühl geprägtes Verständnis für Louis entwickelt hatte. Diese Erfahrungen hatten auch ihre Selbsterkenntnis vertieft und ihr Durchsetzungsvermögen gestärkt. Solchermaßen besser gewappnet, hatte sie es endlich geschafft, Louis nach über 30 Jahren wegen seines nörgelnden, selbstsüchtigen, vermeidenden und generell unausstehlichen Verhaltens zur Rede zu stellen. Außerdem war es ihr gelungen, ihre eigenen chronischen Schwächen in ihrer Beziehung zu Louis zu erkennen – hauptsächlich übermäßige Willfährigkeit und Passivität, aber auch andere Probleme.

Aber leider änderte sich nichts, trotz ihrer Offenheit und ihres Engagements. Sie hatte angefangen, sich seelisch auf die Möglichkeit einer Trennung vorzubereiten, falls Louis nicht bereit sein sollte, an einer wie auch immer gearteten Therapie mitzuwirken. Schließlich stellte sie ihm ein Ultimatum. Eine Therapiesitzung war für Louis keineswegs eine neue Erfahrung – er hatte schon viele Therapeuten „aufgesucht“. Das waren stets kurzlebige Initiativen gewesen, in deren Verlauf Francine ihre Klagen immer weiter bagatellisierte oder Louis den Therapeuten mit seinem schneidenden Sarkasmus niedermähte und einschüchterte. Aber dieses Mal hatte Francine ihrem Mann unmissverständlich zu verstehen gegeben, dass sie ihn verlassen würde, falls sich wieder nichts ändern sollte. Da sie gehört hatte, dass ich in meiner therapeutischen Arbeit auf konfliktträchtige Beziehungen und Narzissmus spezialisiert bin, sah Francine diesen Anlauf als die letzte Chance der beiden, ihre Ehe zu retten.

Louis ist ein attraktiver Mann, von Kopf bis Fuß hervorragend gekleidet. Er ist intelligent und gebildet, und gern erwähnt er stolz seine umfangreiche Bibliothek an klassischer Literatur. Namedropping macht ihm großen Spaß. Viermal pro Woche geht er Tennis spielen; an den anderen Tagen spielt er Golf. Wenn er sich nicht gerade auf dem Tennis- oder Golfplatz befindet, geht er meistens Aktivitäten nach, die man allein ausübt, zum Beispiel Lesen, im Internet surfen oder sein Investment-Portfolio verwalten. Seine wenigen Freunde und Bekannten hat er meistenteils über Francine kennengelernt; selbst seine Tennis- und Golfpartner sind frühere Geschäftsfreunde, zu denen er kaum eine persönliche Beziehung hat, abgesehen von sportlichen Aktivitäten, Gesprächen über Geldanlagen oder Haarspaltereien über politische Themen. Seine Söhne rufen hin und wieder an, aber hauptsächlich, weil sie in einer geschäftlichen Angelegenheit seinen Rat suchen oder sich Geld leihen wollen. Sie fehlen ihm.

Louis möchte, dass Francine sich pensionieren lässt, damit die beiden häufiger zusammen verreisen können. Er ist völlig desinteressiert an ihrer Arbeit. Er beleidigt und verunglimpft sie, tadelt sie wegen ihres „einfältigen" Berufes. Aber jetzt ist Louis beunruhigt und regt sich auf, weil Francine gedroht hat, ihn zu verlassen – und es diesmal ernst zu meinen scheint. Zum ersten Mal ist der Einfluss vorhanden, der Veränderungen bewirken könnte.

Veränderungseinfluss und Anreize

Veränderungseinfluss zeigt sich in verschiedenen Formen, zum Beispiel als möglicher oder tatsächlicher Verlust (zum Beispiel die Drohung des Lebenspartners, zu gehen), ein schweres Gesundheitsproblem, Eintreten in den Ruhestand, Verlust des Arbeitsplatzes, finanzielle Probleme oder juristische Auseinandersetzungen. Sie kann auch aus den unerträglichen Schmerzen erwachsen, die aus Einsamkeit oder Depressionen (deren Ursache anhaltende Isolierung sein kann) entstehen, oder aus der Altersmilde, die sich bei manchen Menschen nach einem langen Leben einstellt. Durch diesen Einfluss eröffnet sich die Möglichkeit, dass Einsichten und Veränderungen stattfinden. Auch Anreize helfen, aber sie sind nicht so einfach nutzbar zu machen. Für einen Narzissten mag es sich gut anhören, dass die Möglichkeit besteht, nicht nur sichere und von Beschämung freie Bindungen zu erreichen, sondern auch ein Gefühl der Zugehörigkeit und die Befreiung von der Last, ständig seine Überlegenheit beweisen zu müssen. Da er jedoch auf keine solchen Erfahrungen zurückgreifen kann und in der Welt exzessiver Autonomie sehr erfolgreich ist, werden ihm solche Anreize wahrscheinlich als unerreichbar und sogar unvorstellbar erscheinen. In vielen Fällen sage ich meinen narzisstischen Klienten, dass sie sich nicht ändern, weil sie entweder noch nicht genug Leidensdruck spüren oder noch kein greifbares Ziel erkennen können, das anzustreben sich lohnen würde, abgesehen von ihrem unersättlichen Verlangen nach Ruhm und Ehre. So war es auch bei Louis in seiner gesamten Ehe gewesen – aber jetzt, zum ersten Mal in seinem Leben als erwachsener Mann, spürte er so viel Leidensdruck und Angst, dass er sich eventuell ändern würde.

Louis' Schemata in Aktion

Louis' Schemata werden leicht in sozialen Situationen ausgelöst, so zum Beispiel, wenn er mit Jack, einem früheren Geschäftsfreund, Golf spielt. In seinem Bemühen, sich nicht beschämt und abgelehnt zu fühlen, schaltet Louis in seinen nach Anerkennung heischenden Modus um, indem er unaufhörlich über seine Stellung und sein Ansehen im Club prahlt. Anfangs mag Jack durch den Inhalt und hochtrabenden Stil von Louis' Monolog belustigt oder beeindruckt sein; aber bald wird er sich unweigerlich gelangweilt fühlen, dann belästigt und dann abgestoßen, bis er schließlich denkt: *Für wen hält der Mann sich eigentlich? Was für ein egozentrischer Langweiler! Wie komme ich hier am besten weg?!?* Louis – gefangen im machtvollen Würgegriff seines Schemas „Unzulänglichkeit / Scham" – hat genau das heraufbeschworen, was er unbedingt vermeiden wollte: Ablehnung und Missbilligung. Das innere Rumoren des Schemas und Louis' automatisch getroffene Entscheidung, es hinter prahlerischem Verhalten zu verstecken, hat in letzter Konsequenz ganz schlicht dazu geführt, dass es chronifiziert wird.

Nun könnten Sie sich fragen, ob Louis vielleicht nichts weiter als ein Masochist ist? Oder ob sämtliche Menschen hilflos ihren Überzeugungen über die Welt und den eigenen Rang darin ausgeliefert sind? Nun, weder das eine noch das andere ist der Fall. Um die Möglichkeit von Veränderungen und deren Macht erkennen zu können, müssen wir einen genaueren Blick auf die elegante und komplexe Konstruktion des Gehirns werfen und uns ansehen, in welcher Beziehung dieser wundersame Apparat zu *Anlage* (engl. *nature*; genetische Anlagen wie zum Beispiel Temperament) und *Umwelt* (engl. *nurture*; Prägungen wie zum Beispiel Sicherheit – oder deren Fehlen – in der Eltern-Kind-Beziehung) steht.

Die Fundamente von Sicherheit: Biologie und Bindung

Der Kinderpsychiater Daniel J. Siegel, der sich auch als Experte für innerfamiliäre Beziehungen und als führender Kopf der interpersonalen Neurobiologie einen Namen gemacht hat, vertritt die Auffassung, dass Bindungserfahrungen in der Kindheit direkten Einfluss auf Emotionen, Verhalten, die autobiografischen Erinnerungen und das Selbstverständnis (Narrativ) des Betreffenden haben. Er hat mehrere einflussreiche Bücher über diese Thematik geschrieben, darunter *The Developing Mind* (2001; deutsche Ausgabe: *Wie wir werden, die wir sind*), *Parenting from the Inside Out* (Siegel & Hartzell, 2004; deutsche Ausgabe: *Gemeinsam leben, gemeinsam wachsen*) und *The Mindful Brain* (2007; deutsche Ausgabe: *Das achtsame Gehirn*).

Und obwohl Siegel nicht auf Narzissmus spezialisiert ist, bieten seine Theorien eine ganze Reihe neuer Erkenntnisse über diesen Persönlichkeitstyp.

Bindung und Gehirn

Siegels Arbeit ist geprägt von einer genauen Untersuchung der Theorien über Bindung, Neurobiologie, Eltern-Kind-Beziehungen und Achtsamkeit, in Verbindung mit einem überzeugenden Blick auf Verstand, Beziehungen und Gehirn. Seine Entdeckungen im Bereich der interpersonalen Neurobiologie sind ein innovativer Wegweiser für all jene, die versuchen, ihre befangenen und manchmal dysfunktionalen Reaktionen auf die Welt besser zu verstehen, und die Belege dafür suchen, dass es durchaus möglich ist, sich persönlich weiterzuentwickeln und sich zu verändern. Siegels Arbeit bietet einen aufschlussreichen und leicht verständlichen Einblick in die raffinierte Konstruktion des menschlichen Gehirns, dieses zutiefst persönlichen Labyrinths. Wie Jeffrey Young konzentriert auch er sich darauf, unter Berücksichtigung der angeborenen Fähigkeiten des Kindes den Grad der Sicherheit in der Eltern-Kind-Beziehung einzuschätzen.

Außerdem zeigt Siegel uns, wie das Gehirn mit seinen unzähligen Funktionen und seiner erstaunlichen Tiefe die Macht hat, einen Menschen in Sekundenschnelle in einen von Erinnerungen bestimmten Bewusstseinszustand zu versetzen. So könnten Sie zum Beispiel feststellen, dass Sie in eine liebevoll-nostalgische Erinnerung an Ihre Großmutter und den köstlichen Apfelkuchen, den sie zu backen pflegte, zurückdriften, wenn aus der Bäckerei, an der Sie auf dem Weg ins Büro vorbeikommen, ein ähnlich wunderbarer Duft dringt und Ihre Nase umschmeichelt. Das Gehirn ist auch in der Lage, die Traurigkeit abzurufen, die mit einer gut versteckten Erinnerung an eine Zurückweisung verknüpft ist. So könnten Sie zum Beispiel unbewusst an Ihren Vater erinnert werden, der zu beschäftigt war, um Ihre Sehnsucht nach einer Umarmung zu bemerken, wenn Sie am Samstagabend mit Ihrem Mann in einem feinen Restaurant sitzen und plötzlich von einer melancholischen Anwandlung ergriffen werden, als Sie versuchen, seine Aufmerksamkeit auf sich zu lenken, während er die Speisekarte studiert und mit seinem Smartphone herumspielt.

Sie kennen das Gefühl: Sie sind im Auto unterwegs und plötzlich hören Sie im Radio ein Musikstück, das Sie plötzlich in eine andere Zeit und an einen anderen Ort zurückversetzt – vielleicht an den Schauplatz einer ersten Liebe oder eines frühen Verlustes. Ihr Körper ist plötzlich voller Empfindungen und gesteigertem Bewusstsein. Man weiß nicht immer sofort, warum man sich so fühlt, weil es eine Weile dauern kann, die richtige Erinnerung aus dem Archiv hervorzukramen. Aber Ihr Gehirn ist dem Verstand weit voraus – es knüpft Verbindungen zu allem, was so klingen, schmecken, riechen, aussehen oder sich anfühlen könnte wie etwas, das Sie früher schon einmal erlebt haben. Das Gehirn ist ein Großmeister der Assoziationen und Bedeutungen, aber es liegt nicht immer richtig bei seiner Zuordnung von Personen, Orten und Dingen. Es ist ein bisschen wie bei dem altbekannten Gesellschaftsspiel *Memory*, bei dem man kleine Bildkarten mit dem Bild nach unten auslegt, um sie dann paarweise aufzudecken, wobei man versuchen muss, zwei gleiche Bilder umzudrehen. Das Gehirn ist darauf ausgelegt, das Gedächtnis zu durchsuchen, wenn es nach etwas fahndet, was Sie erlebt, beobachtet und gespeichert haben – das Gedächtnis ist die Bibliothek Ihrer persönlichen Erfahrungen.

Wenn Sie eine Erinnerung aus dem Gedächtnis abrufen, dann greifen Sie auf Ressourcen zu, die es Ihnen ermöglichen, Fantasie und Intuition zu entwickeln, zu lernen und logisch zu denken. Ihre innere Landschaft ist zwar einerseits stabil, aber andererseits auch in ständigem Wandel begriffen. Ihr Gedächtnis versetzt Sie in die Lage, sich anzupassen, Neues zu lernen und Ihre Erfahrungen mit sinnvollen Bedeutungen zu verknüpfen. In seinem Streben nach Vertrautem und Stabilität stellt Ihr Gehirn ständig die Frage: *Was bedeutet das?* – obwohl sich das häufig unterhalb der Bewusstseinsschwelle abspielt. Es ist das Gedächtnis, das Ihnen hilft, wenn Sie eine vertraute Strecke entlangfahren und dabei Radio hören und an Ihrem Becher Kaffee nippen können, während Sie kaum darauf achten, was rechts und links passiert. Sie kennen den Weg; er wird automatisch aus Ihrem Archiv abgerufen.

Sollten Sie allerdings auf ein lästiges Umleitungsschild stoßen, werden Sie den Kaffeebecher in die Halterung stecken, das Radio leiser stellen und sich konzentrieren – ein Beispiel dafür, wie Ihr Gehirn versucht, Vertrautes und Vorhersehbares zu finden. Plötzlich sehen Sie weit voraus, mit ganzer Aufmerksamkeit und voll auf den Moment konzentriert, und suchen nach den erwarteten gelben Schildern, die Ihnen den Weg zu einem vertrauten Orientierungspunkt zeigen, von wo aus Sie dann wieder auf den richtigen Weg finden. Sie atmen leichter, sobald Sie wieder auf der bekannten Strecke sind. Wir sind alle Vergnügungssüchtige, die sich auf die Macht des Gehirns verlassen (was darauf ausgelegt ist, Schmerzen zu vermeiden), um aus unangenehmen Situationen herauszufinden.

Aber was hat das alles mit Narzissmus zu tun? Die Lernerfahrungen, die Sie im Laufe Ihres Lebens gemacht haben, werden zusammen mit Ihrem angeborenen Temperament, Ihren Neigungen und Eigenarten in vielen verschiedenen Kategorieordnern in Ihrem Gedächtnis abgelegt. Ein solcher Ordner kann zum Beispiel mit „Wie komme ich jeden Tag zur Arbeit" beschriftet sein – oder mit „Wie ich mich fühle und was ich tue, wenn ich mit einem nervigen Menschen zusammen bin, der ständig bewundert werden will, mir das Gefühl gibt, ganz klein oder unsichtbar zu sein, und der immer Recht haben muss." Wenn Sie also am Montagmorgen „Mr Charming" im Büro begegnen, sind Ihre Erwartungen und Reaktionen schon im Voraus durch den Inhalt des entsprechenden Gedächtnisordners festgelegt. Allerdings könnten Sie auch aktiv Ihr Gehirn einschalten, um sich eine andere Route zu suchen.

Ein Klient hat mir erzählt, dass in Sitzungen der Anonymen Alkoholiker häufig eine Weisheit zu hören ist, die ungefähr so lautet: „Die Definition von Wahnsinn ist, immer wieder das Gleiche zu tun und andere Ergebnisse zu erwarten." Nein, Sie sind nicht verrückt – aber manchmal fühlen Sie sich so, wenn sich trotz Ihrer hartnäckigen Bemühungen nichts ändert. In Anbetracht Ihrer vergangenen Erfahrungen kann es sich unangenehm und unnatürlich anfühlen, wenn Sie versuchen, sich ein geschärftes Bewusstsein für Ihre aktuelle Situation im Hier und Jetzt zu erarbeiten. Wenn Sie sich als einen Menschen kennen, der stets bemüht ist, es anderen recht zu machen und keine Unruhe zu stiften, könnte es Ihnen schwerfallen, sich ein anderes Verhalten vorzustellen. Ihre Lebenserfahrungen haben großen Einfluss auf Ihr Verhalten und können Ihre Reaktionen beherrschen, aber sie müssen im Hier und Jetzt nicht unbedingt relevant sein. Der Umstand, dass jemand Sie vor vielen Jahren immer wieder so eingeschüchtert hat, dass Sie bald selbst glaubten, Sie hätten nichts Wichtiges zu sagen und sollten besser den Mund halten und unter allen Umständen klein beigeben, bedeutet keineswegs, dass das heute wahr ist. Es war auch damals nicht wahr, aber als Kind hatten Sie kaum Möglichkeiten, sich eigene Überzeugungen zu bilden, und konnten nicht frei entscheiden, wie Sie auf so etwas reagieren sollen. Vielleicht haben Sie als Kind das Beste daraus gemacht, aber als erwachsener Mensch haben Sie die Möglichkeit, sich anders zu entscheiden als damals.

„Der Mensch ist ein Gewohnheitstier"

Es ist ein Teil des Menschseins, dass wir im Wesentlichen durch Erinnerungen geleitet werden, und zwar sowohl explizite (solche, an die wir uns lebhaft erinnern) und implizite (solche, an die wir uns erinnern, ohne zu wissen, dass wir uns an sie erinnern). Diese Erkenntnis untermauert die Konzepte, die Jeffrey Young im Rahmen seiner Schematheorie entwickelt hat, und versetzt uns in die Lage zu untersuchen, wo Lebensthemen im Gehirn gespeichert sind – im expliziten oder im impliziten Gedächtnis. Es hat sich gezeigt, dass unsere Schemata – oder persönlichen Lebensthemen – häufig im impliziten Speicher landen, also außerhalb des Bewusstseins. Wenn sie ausgelöst werden, können uns körperliche, emotionale und kognitive Veränderungen bewusst werden, ohne dass wir eine klare Vorstellung der Erinnerungen hätten, die diese Änderungen herbeigeführt haben – und vielleicht sogar, ohne überhaupt zu erkennen, dass es Erinnerungen sind, die für diese Veränderungen verantwortlich waren. Das führt dazu, dass wir uns kindlich und machtlos fühlen, woraufhin die wirkungsvollen Mechanismen anspringen, durch die wir uns aus einer bedrohten Situation in Sicherheit bringen.

Der Zustand, nachdem ein Schema ausgelöst wurde, ist so ähnlich, als würde man in einer vergangenen Zeit an einem anderen Ort leben, wo ein erneutes Durchleben der bei einer früheren Erfahrung gemachten sensorischen Empfindungen die Gegenwart überlagert. Wenn ein Mensch sich in Gefahr sieht oder bedroht fühlt, greift er normalerweise auf vertraute Strategien zurück, um seine Dämonen zu verbannen, seinen Seelenfrieden wiederzufinden und seine Fassung wiederzugewinnen. Im Kleiderschrank Ihres Gehirns hängen viele alte Kostüme, die zu verschiedenen Gemütszuständen passen und Ihr Unbehagen verbergen können. Wenn sie sich bedroht fühlen, verwandeln sich manche Menschen in rachedurstige Krieger, andere in Wohltäter oder selbstgerechte Prediger und wieder andere in gefährliche Perfektionisten oder unaufhaltsame Rationalisten. Aber manchmal zeigen wir uns auch als gesunde, erwachsene Menschen mit vernünftigen Reaktionen, die fest im Hier und Jetzt verankert sind.

Der junge Louis: der heranwachsende Narzisst

Der weiter oben in diesem Kapitel schon erwähnte Louis wuchs mit einem kritischen und fordernden Vater und einer gesellschaftlich sehr beschäftigten Mutter auf. Als das älteste von vier Kindern war er derjenige, der seiner Mutter während der langen Arbeitstage und ausgedehnten Geschäftsreisen seines Vaters Gesellschaft leistete. Louis war intelligent und ein hervorragender Sportler, und er erhielt für seine Erfolge viel Lob und Aufmerksamkeit. Da Louis der Älteste war und seine Mutter anderweitig sehr beschäftigt, wurden ihm kaum Grenzen gesetzt. Seine Eltern vermittelten ihm das Gefühl, dass er etwas Besonderes sei und an eventuellen Problemen immer „die anderen schuld waren".

Sein Vater machte unmissverständlich klar, dass keiner seiner Söhne es wagen dürfe, ihn zu blamieren, zum Beispiel durch Schulnoten, die nicht absolut perfekt waren, oder durch ein Benehmen in der Öffentlichkeit, das nicht als völlig makellos zu bezeichnen wäre. Außerdem machte sein Vater klar, dass es ein inakzeptables Zeichen von Schwäche sei, in irgendeiner Form Angst oder Traurigkeit zu zeigen. Daher fand Louis sich tapfer damit ab, an unzähligen Abenden allein zu Haus zu sitzen, um zu lernen oder auf der Klarinette zu üben (was er hasste), während seine Eltern mit den jüngeren Geschwistern Eis essen gingen oder etwas anderes unternahmen. Louis wurde ständig eingeschärft, er sei zu Höherem bestimmt, da er etwas Besonderes sei. So wurde Einsamkeit zu einem gewohnten Zustand für ihn – ganz gleich, ob er allein oder in Gesellschaft war. Seine interpersonalen Fertigkeiten waren nicht besonders gut entwickelt – was auch kein Wunder ist, wenn man bedenkt, dass seine wichtigsten Vorbilder engstirnig auf Leistung und Selbstkontrolle fixiert waren. Innerhalb seiner Familie hatte er keine Beispiele für Empathie oder emotionale Verbundenheit zu anderen Menschen.

Als Heranwachsender war Louis ziemlich unbeholfen im Umgang mit Mädchen. Und wegen seines nur allzu vertrauten Gefühls der Beschämung, das er durch ein bellendes „Na und? Die Leute sind doch sowieso alle die reinste Zeitverschwendung …" zu kaschieren pflegte, lenkte er sich durch schulischen Ehrgeiz und Einzelaktivitäten ab – zum Beispiel, indem er sich grandiosen Fantasien über Ruhm und Ehre hingab. Und so dauerte es nicht mehr lange, bis Louis' maladaptive Schemata – darunter „emotionale Entbehrung", „Unzulänglichkeit/Scham", „Misstrauen/Missbrauch", „Anspruchshaltung/Grandiosität" und „Streben nach Zustimmung und Anerkennung" – begannen, sein Innenleben zu prägen.

Das Gesamtbild

Ebenso wie viele andere, die solche Probleme haben, war Louis entschlossen, sich ein Leben aufzubauen, das ihm genug Unabhängigkeit erlauben würde, um ihn vor den Sehnsüchten und der Einsamkeit zu schützen, die er in seiner Vergangenheit erlebt hatte. Aber das Gehirn ist ein unerbittlicher Pförtner, der den Schlafenden immer wieder durch seine beharrlichen Weckrufe stört, ohne Rücksicht zu nehmen auf seine Sehnsucht, friedlich und frei von der Verantwortung, sich um die darbende eigene Seele kümmern zu müssen, weiterzuschlummern. Das menschliche Wesen ist auf Liebe und Verbundenheit mit anderen ausgelegt, und das Gehirn wird stets danach streben, diese Ziele zu erreichen – ungeachtet der Hindernisse, die sich in Form von Schemata in den Weg stellen.

Verschiedene Studien über die Bindungen zwischen Eltern und Kind haben umfangreiches Datenmaterial geliefert, das diese Erkenntnis untermauert. Und so verhält es sich auch mit Louis, der nach solchen inneren Weckrufen immer wieder auf die Schlummertaste drückt und, statt aufzuwachen, hinter seiner makellosen Fassade versteckt aggressiv durchs Leben geht. Er trägt immer mehr hervorragende Referenzen zusammen, stellt edelmütige Ziele zur Schau und geht insgeheim selbstberuhigenden Verhaltensweisen nach, und das alles, um sich nicht als der „peinliche kleine Schwächling" fühlen zu müssen, der in seinem Unterbewusstsein als Geisel gehalten wird. Durch seine Ungeduld gegenüber „Normalsterblichen" und „Small Talk" ist er kaum in der Lage, die Wirkung seines ungehobelten Verhaltens auf andere, die ihn vielleicht lieben oder sich nach seiner Liebe sehnen, zu bemerken. Louis lebt in einer Welt der Außergewöhnlichkeit, in der jede Lebenslage, die den Eindruck erwecken könnte, er sei gewöhnlich oder von gewöhnlichen Menschen, Lokalitäten und Ereignissen umgeben, gleichbedeutend damit ist, emotional hilflos, bedürftig, unzulänglich und unwürdig zu sein. Er hat die Forderung, sich den Mantel der Einzigartigkeit und Überlegenheit umzuwerfen – die früher durch die Bedürfnisse und Forderungen seiner Eltern extern angetrieben wurde –, total verinnerlicht und erlegt sie sich selbst auf.

Schlussbemerkungen

In Verbindung mit seinen biologisch bedingten Anlagen können die frühen Erfahrungen eines Menschen seine Eindrücke, Überzeugungen und seine Reaktionen auf die Welt, in der er lebt, dramatisch beeinflussen. Wenn man bedenkt, dass wir „Gewohnheitstiere" sind, die sich stets zum Vertrauten hingezogen fühlen, leuchtet es ein, dass ein frühes maladaptives Schema wie ein Bumerang wirken kann, der uns wieder an den Ausgangspunkt zurückbringt – ungeachtet aller Anstrengungen, von dort wegzukommen. Wenn wir versuchen, die fein austarierten Mechanismen des Gehirns zu verstehen, können wir besser würdigen, wie mühsam Veränderungen zu erreichen sind – werden aber auch darin bestätigt, *dass* sie möglich sind. Wenn wir die anatomischen Gegebenheiten des Gedächtnisses und seiner Tendenz, Assoziationen zu bilden, verstehen und akzeptieren, kann uns das helfen, Hindernisse zu umschiffen, die Veränderungen im Wege stehen, zum Beispiel in Form von Schamgefühlen und Selbstbeschuldigungen.

Falls der Narzisst in Ihrem Leben sich der Möglichkeit, professionelle Hilfe in Anspruch zu nehmen, nicht gänzlich verschließt, sollten Sie einen Therapeuten suchen, der empathisch-konfrontativ arbeiten kann. In begrenztem, aber notwendigem Maße muss der Therapeut für die verwundete Seite des Narzissten aufs Neue die Elternschaft übernehmen (engl.: *to reparent*). Falls Sie sich entschließen, professionelle Hilfe für sich selbst zu suchen, sollte der Therapeut in der Lage sein, Sie bei der Aufdeckung Ihrer eigenen Schemata und Ihrer individuellen Hindernisse auf dem Weg zu einem gesunden Durchsetzungswillen zu begleiten. Ihr Therapeut sollte Ihnen dabei helfen, sich gegen eine widerstrebende oder resignierende Einstellung des Narzissten zu wappnen, damit Sie im Umgang mit ihm gesunde und kluge Entscheidungen für sich selbst treffen können. Meiner Erfahrung nach kann dieser Ansatz den Würgegriff eines seit Langem bestehenden Gefühls von Scham und Hoffnungslosigkeit lösen – nicht nur bei Ihnen, sondern auch bei dem Narzissten. Ihr authentisches Selbst kann wieder zum Vorschein kommen, verwurzelt in Weisheit, Empathie und dem Einstehen für die eigenen Bedürfnisse und Interessen, und der Narzisst kann lernen, Bindungen einzugehen und empfänglicher und verantwortlicher zu werden. Dieser Ansatz verbessert die Chancen, die Wunden heilen zu können und die kostbaren, aber bislang verbannten Anteile Ihrer beider Persönlichkeiten wieder aufleben zu lassen.

3. So geht man ins Netz: Erkennen Sie Ihre persönlichen Fallen

Und weil Ihr wißt, Ihr könnt Euch selbst so gut
Nicht sehn als durch den Widerschein, so will
Ich, Euer Spiegel, Euch bescheidentlich
Von Euch entdecken, was Ihr noch nicht wißt.
(William Shakespeare)

Nachdem Sie nun Ihr Wissen über die Ursprünge von Narzissmus, seine verschiedenen Erscheinungsformen und die damit zusammenhängenden Schemata vertieft haben, ist es an der Zeit, den Blick auf Sie selbst zu richten, die Person auf der ertragenden Seite der Beziehung. Wenn der Narzisst Sie in seinen Bann geschlagen hat, mag es Ihnen schwerfallen, klar zu erkennen, was sich in Ihrem Innenleben geistig und körperlich abspielt. Vielleicht haben Sie das Gefühl, dass Ihre Art, mit diesem schwierigen Menschen umzugehen, ineffektiv und unbefriedigend ist. Falls Sie es schwierig finden, mit einem Narzissten umzugehen, sind Sie sind in guter Gesellschaft. In meiner Praxis werden mir immer wieder von Klienten, die in einer ähnlichen Lage sind, bestimmte Fragen gestellt:

- Was ist mit mir los? Bin ich vielleicht einfach masochistisch?
- Wie kann ich mich nur so zum Idioten machen lassen?
- Warum fühle ich mich zu solchen schwierigen Menschen hingezogen?
- Werde ich für irgendetwas bestraft?
- Wieso suchen sich diese anstrengenden Menschen immer gerade mich aus?
- Steht etwa auf meiner Stirn das Wort „Fußmatte"?
- Warum schaffe ich es einfach nicht, den Mund aufzumachen und ihm zu sagen, dass er …?

In der Anfangsphase einer jeden Beziehung kann es schwierig sein, toxische Interaktionen einzuschätzen – vor allem, wenn Sie nur hin und wieder mit dem Narzissten zusammen sind. Selbst wenn es auf der Hand liegt, dass er ein bisschen impertinent ist, könnte es sein, dass Ihnen in jungen Jahren die Botschaft eingeprägt wurde: *Nun stell dich nicht so an; du wirst schon irgendwie damit klarkommen.* Und zwar auch und gerade dann, wenn der Narzisst in Ihrem Leben zufälligerweise eine Autoritätsperson ist, etwa Ihr Chef, ein Vorgesetzter oder Professor – oder auch ein Liebespartner. Sie sind weder ein Idiot noch werden Sie bestraft, und Sie haben definitiv kein selbstschädigendes Etikett auf der Stirn kleben. Charme und Esprit eines Narzissten können geradezu hypnotisierend wirken, was Sie darin bestärken mag, ein Auge zuzudrücken, wenn er den Bogen überspannt. Sie fühlen sich zu diesem Menschen hingezogen, weil er in mancherlei Hinsicht attraktiv ist. Es mag Ihnen schwerfallen, ihm zu widersprechen, weil der Preis dafür Ihnen zu hoch erscheint. Und wenn Sie schon eine Weile in dieser Beziehung sind, wurden Sie schon ausgiebig in der Kunst der Diplomatie – oder vielmehr, sich auf die Zunge zu beißen – gedrillt.

Bequemlichkeit: die Schwierigkeiten, mit Ihren Gewohnheiten zu leben – und sie zu ändern

Wir hängen an einem bequemen, alten Paar Schuhe und benutzen sie – trotz abgelaufener Sohlen, nicht mehr so gutem Halt und etwas unansehnlichem Äußeren – weiter, weil sie uns inzwischen so gut passen und wir die Bewegungsabläufe in den Fersen, im Spann und jedem einzelnen Zeh, die sich beim Gehen in diesen Schuhen abspielen, im Gedächtnis gespeichert haben. Wir haben das Gefühl, in diesen Schuhen auch langes Gehen ertragen zu können, weil sie eine so vertraute Passform haben.

Das gilt entsprechend auch für unsere Beziehungen und die verschiedenen Stile, mit anderen Menschen umzugehen. In einer schwierigen Situation werden Sie sich wahrscheinlich auf das verlassen, was Sie aus früheren Erfahrungen gelernt haben – die automatischen Verhaltensmuster, die in das Reaktionssystem Ihres Gehirns einprogrammiert sind. Aber erst, wenn in einer Beziehung „der Absatz abbricht" – also das Leiden zu stark wird –, stellen sich Depressionen, Ängste und Stress ein. Und vielleicht werden Sie erst dann bereit sein, ihre Bequemlichkeit zu überwinden und die alten Schuhe reparieren zu lassen – oder Sie mustern sie aus und probieren es mit einem neuen Paar, obwohl das vielleicht zunächst ein bisschen unbequem sein mag.

Ihr frühes Erleben der Welt – angefangen bei den ersten krabbelnden Orientierungsversuchen im Kinderbett, mit den aufmunternden Gesichtern der verzückten Verwandtschaft über dem kleinen Wonneproppen, dann das Emporkraxeln auf den Schoß der Mutter auf der Suche nach Trost, bis hin zu den ersten Ausflügen auf den Spielplatz, nunmehr auf der Suche nach Anerkennung und dem Gefühl, dazuzugehören – gab den Anstoß zu vielerlei Gedanken und Empfindungen, die Sie gesammelt und in Ihrer Gedächtnisbibliothek gespeichert haben, um fortan darauf zurückgreifen zu können. Da ein großer Teil unseres Erlebens auf Wiederholungen beruht und die Folgen vorhersehbar sind, ist es ein relativ müheloser Prozess, solche Erinnerungen – zum Beispiel, was passieren könnte, wenn Sie weinen, lachen, Angst oder Wut zeigen, und wie Sie dann damit umgehen können – abzurufen. Von frühester Kindheit an, wenn wir noch hilflose kleine Geschöpfe sind, lernen wi dem Kummer von Erlebnissen, die unzählige Enttäuschungen und emotionale Kompromisse mit sich bringen, entwickeln dabei aber einen persönlichen Kompass, der uns beim Überleben hilft.

Wir lernen schnell, was wir von der Welt, den Menschen, die sie bevölkern und von uns selbst zu erwarten haben. Die wohlkonstruierte Innenarchitektur des Gehirns ist geräumig und bietet Platz für Gedanken, Gefühle, Verhalten und körperliche Empfindungen. Sie bietet zahllose Räume, die von uns bewohnt werden können. Erfahrung ist der Portier des Geistes, der uns diskret von Raum zu Raum führt.

Warum der Narzisst Ihre Schemata auslöst

Bitte nehmen Sie sich einen Moment Zeit, um sich noch einmal die 18 Schemata anzusehen, die in Kapitel 2 beschrieben wurden, und um noch einmal Ihre eigenen Schemata zu identifizieren. Wenn Sie wie die meisten Menschen sind, werden Sie feststellen, dass mehrere Schemata zu passen scheinen. Solche Schemata treten sehr häufig in Clustern (bestimmten Kombinationen) auf. Bei Menschen, die eine Beziehung zu einem Narzissten haben, kommen die folgenden Kombinationen am häufigsten vor: „Misstrauen / Missbrauch“ und „Unterwerfung“; „Unzulänglichkeit / Scham“ und „überhöhte Standards“; sowie „Verlassenheit / Instabilität“ in Verbindung mit „emotionaler Entbehrung“ und „Selbstaufopferung“. Lassen Sie uns diese drei Cluster etwas genauer betrachten.

Misstrauen und Unterwerfung

Unter Umständen werden Sie feststellen, dass Sie sich mit den Schemata „Misstrauen“ und „Unterwerfung“ identifizieren, weil Ihre innere Autobiografie die Geschichte eines Kindes erzählt, das ausgenutzt oder schlecht behandelt wurde. In diesem Fall ist Ihre Reaktion auf manipulative oder misshandelnde Menschen, sich zu unterwerfen, indem Sie Ihre Gefühle verbergen und das tun, was Ihnen gesagt wird. Wenn Sie als Kind niemanden hatten, der Sie beschützt hat, mag solches Verhalten die einzig funktionierende Möglichkeit gewesen sein, um Ihre missliche Lage zu bewältigen. Und heute, da Sie erwachsen sind, passiert Folgendes: Wenn der Narzisst in Ihrem Leben beherrschend oder fordernd wird oder Sie durch Nörgeleien und Schuldzuweisungen herabsetzt, werden – unterhalb Ihrer Bewusstseinsschwelle – alte Erinnerungen und gewohnte Reaktionen heraufbeschworen.

Ihre Schutzmechanismen veranlassen Sie dazu, auf Schikanen und Misshandlungen zu reagieren, indem Sie sich verschließen und das tun, was Ihnen gesagt wird. Allerdings gibt es ein Problem mit Ihrem inneren Wachdienst: Die seit Langem einstudierte Choreografie bedarf dringend einer Überholung oder Anpassung. Ihre gewohnten Überzeugungen und Reaktionen sind, da in der Vergangenheit verankert, überholt – aber dennoch nehmen sie Sie gefangen und halten Sie in Geiselhaft. Dadurch verlieren Sie Ihre Stimme und Ihre Rechte.

Unzulänglichkeit und überhöhte Standards

Wenn Sie von einer Kombination der Schemata „Unzulänglichkeit" und „überhöhte Standards" betroffen sind, kann das daran liegen, dass Ihnen als Kind das Gefühl vermittelt wurde, unzulänglich oder nicht liebenswert zu sein oder Fehler zu haben. Vielleicht haben Sie sich daraufhin große Mühe gegeben, ein braves und akzeptables Kind zu sein und alles richtig zu machen, um Kritik zu vermeiden, akzeptiert zu werden und in den Genuss liebevoller Aufmerksamkeit zu kommen.

Wenn im Hier und Jetzt der Narzisst in Ihrem Leben nörgelt oder sich Ihnen entzieht, dann geben Sie sich daraufhin alle nur erdenkliche Mühe, um die perfekte Freundin, Gattin, Kollegin oder Schwester zu sein – aber leider tanzen Sie zum Schlag eines weit entfernten Trommlers, der zu einem Orchester der Erinnerungen gehört, das lauter überholte Melodien zum Besten gibt.

Verlassenheit, emotionale Entbehrung und Selbstaufopferung

Sie könnten von einer Kombination der Schemata „Verlassenheit", „emotionale Entbehrung" und „Selbstaufopferung" betroffen sein, wenn Sie in dem Gefühl heranwuchsen, dass kein Mensch da war, auf den Sie sich wirklich hätten verlassen können, dass die von Ihnen geliebten Menschen Sie verlassen könnten oder dass diese Menschen Ihre Bedürfnisse nach Liebe, Zuneigung und Unterstützung nie wirklich würden verstehen oder erfüllen können. Vielleicht sind Sie zu diesen Überzeugungen durch die Labilität eines alkoholsüchtigen Elternteils gekommen, durch den Verlust einer Bezugsperson oder vielleicht, weil ein Elternteil zu depressiv war, um Ihnen genug Zuwendung geben zu können.

Vielleicht haben Sie aufgrund eines Zusammenwirkens von angeborenem Temperament und umweltbedingten Prägungen Ihre eigenen Bedürfnisse beiseitegeschoben, um sich besser um andere kümmern zu können. Falls Sie sich als Kind fühlten, als würden Sie Ihren Eltern zur Last fallen, und empfänglich waren für ihren Ärger und ihre Erwartungen, haben Sie sich wahrscheinlich große Mühe gegeben, um es ihnen (und anderen) recht zu machen, ohne dafür eine Gegenleistung zu erwarten; vielmehr haben Sie sich gefreut über jeden Krümel an Zuwendung, der für Sie abfiel. Jeglicher Groll, weil Sie sich selbst überlassen wurden oder weil Ihnen Zuwendung fehlte, wurde von Ihren Schuldgefühlen, die stets die erste Geige spielten, überdeckt.

Daher sind Sie jetzt beim Umgang mit dem Narzissten in Ihrem Leben stets darum bemüht, unter keinen Umständen sein Missfallen zu erregen, und verdrängen die eigenen Bedürfnisse. Aus Angst, ihn zu verlieren oder einen Wutanfall zu provozieren, geben Sie immer wieder nach, bestärken ihn so in seinem Verhalten und opfern Ihre eigenen Bedürfnisse. Natürlich nur, bis Ihr kluger und ausgehungerter Verstand sich zu Wort meldet, Sie mit Wut erfüllt und dazu bringt, nun Ihrerseits eine Tirade vom Stapel zu lassen: „Und was ist mit mir?!?“ Leider provozieren Sie dadurch seine hitzige Reaktion auf die Verletzungen und Sehnsüchte, die Sie zu äußern gewagt haben – und schon finden Sie sich in der altbekannten Rolle des von Schuldgefühlen geplagten, aufopferungsvollen Underdogs wieder.

Geben Sie Ihren Bedürfnissen eine authentische Stimme

Wenn Sie sich durch schwierige Interaktionen mit Ihrem Narzissten überfordert fühlen oder ein Schema ausgelöst wurde, kann es natürlich passieren, dass Sie sich zur Wehr setzen, indem Sie selbst anfangen, zu schikanieren, Forderungen zu stellen oder zu drohen. Dann mag es zwar so scheinen, als ob Sie eine nachdrückliche Stimme hätten, aber tatsächlich ist ihr Hauptgegner in diesem Schlagabtausch nur ein Phantom: der Feind, der sich aus den Archiven Ihres Gedächtnisses erhebt. Sie fühlen, wie Ihre Knöpfe gedrückt werden, und starten einen Gegenangriff, oder Sie lassen sich in die Defensive drängen. Allerdings ist es ein Unterschied, ob Sie Ihren Standpunkt vertreten – mit einer authentischen und entschiedenen Stimme gegen Missbrauch, Schikane und Unterdrückung – oder ob Sie sich mit Verachtung, Nörgelei und Selbstgerechtigkeit verteidigen.

Lassen Sie uns einen Moment zu dem Beispielfall von Louis aus Kapitel 2 zurückkehren. Als er wieder einmal eine seiner gewohnten, demütigenden Attacken auf seine Frau Francine vom Stapel lässt, hört und sieht sie, wie schroff und desinteressiert er sich ihr gegenüber verhält, und spürt, wie ihre Schemata „emotionale Entbehrung“ und „Selbstaufopferung“ aktiviert werden. Freilich nimmt sie das nur indirekt wahr: Sie spannt die Kiefermuskeln an, bekommt ein flaues Gefühl im Bauch und fühlt eine Hitzewallung in ihr Gesicht aufsteigen. Sie hört, wie ihre innere Stimme schimpft:

Ich bin es leid, immer alles zu tun und zu geben, ohne jemals etwas zurückzubekommen. Meine Bedürfnisse sind nie erfüllt worden, und das wird auch in Zukunft nicht passieren – mir reicht's! Und so versucht Francine, aufgerichtet durch ihren gerechten Zorn, sich zu wehren, und verkündet mit lauter Stimme: „Ich bin immer eine gute Ehefrau gewesen. Ich habe immer mein Bestes gegeben, aber du weißt das nicht zu schätzen. Du bist ein Unmensch! Von uns beiden bist du es, der ein Verlierer ist." Sie stürmt aus dem Wohnzimmer, knallt die Tür zu und läuft ins Schlafzimmer, wo sie wieder einmal in Tränen ausbricht und einsam vor sich hinweint. Auf den ersten Blick könnten wir versucht sein, ihr zuzujubeln, weil sie ihren unvergleichlichen Partner so mutig in seine Schranken verwiesen hat: „Bravo, Francine, gut gemacht!"

Im weiteren Verlauf des Dramas zeigt sich freilich, das Louis' verblüffte Reaktion sich in einem Achselzucken und einem dümmlichen Grinsen erschöpft. Wenn wir seine Gedanken lesen könnten, würden wir wohl so etwas Ähnliches wie das hier zu sehen bekommen: *Jetzt geht das schon wieder los. Wahrscheinlich hat sie ihre Regel bekommen, die Hormone spielen verrückt. Na ja, sie wird sich schon wieder beruhigen. Sie wird einsehen, dass ich Recht habe. Manchmal ist sie echt beschränkt – dann schafft sie es einfach nicht, der Wahrheit ins Gesicht zu sehen.* Wie abscheulich!

Knapp vorbei ist auch daneben, aber … Louis hat nicht begriffen, dass Francine sich in dieser Beziehung einsam und unverstanden fühlt, dass sein wütender Tonfall und seine herablassende Art inakzeptabel sind und das Francine solches Verhalten nicht mehr hinnehmen wird. Wahrscheinlich ist ihm nicht einmal bewusst, dass Francine um seine Unfähigkeit, seine Bedürfnisse und Wünsche offen zu äußern, ohne sich schwach oder beschämt zu fühlen, weiß. Sie hat ihm nicht gesagt, dass sie liebend gern mehr Zeit mit ihm verbringen würde und sich nach mehr Intimität sehnt, dass es ihr aber auch unmöglich ist, den feuerspeienden Drachen, zu dem er geworden ist, zu umarmen. Er hat nicht zu hören bekommen, dass sie sich verletzt fühlt, obwohl sie wahrscheinlich weiß, dass er sie nicht verletzen wollte, und dass sie sich von ihm wünscht, dass er etwas sensibler wird für die Wirkung seiner Worte und seines Tonfalls. Sie weiß zwar, dass er sie liebt, aber er versteht nicht, dass ihr das einfach nicht mehr gut genug ist. Und er hat von ihr nie das Eingeständnis gehört, dass sie zwar aufgrund der Probleme in ihrer eigenen Geschichte mitschuldig war an diesem dysfunktionalen Beziehungsmuster, sie aber nicht mehr gewillt ist, weiterhin dabei mitzuspielen. Er wurde nicht für sein Verhalten zur Verantwortung gezogen.

Louis fordert extrem viel besondere Aufmerksamkeit von Francine. Er kann nicht erkennen, welch eine Zumutung seine unaufhörlichen Erwartungen sind. Die Narzissmus-Expertin Nina Brown schreibt: „Jeder Mensch weiß es zu schätzen, wenn er sich hin und wieder als einzigartiges Wesen fühlen kann. Unter anderem verlieben wir uns deshalb oder fühlen wir uns zu einem anderen Menschen hingezogen, weil der Betreffende uns ein entsprechendes Gefühl zu geben vermag. Doch wenn ein Mensch in übertriebenem Maße das Bedürfnis hat, seine Einzigartigkeit und Besonderheit zu spüren, erwartet er, daß *jeder* ihm ständig dieses Gefühl gibt. Andernfalls sind solche Menschen sehr schnell unzufrieden oder sogar verärgert“ (2001, S. 27).

Leider war Francine nicht direkt in eine Konfrontation mit Louis, seinen inakzeptablen Forderungen und ständigen Nörgeleien verwickelt, sondern vielmehr in einen Phantomkrieg. Sie war das verängstigte kleine Mädchen, dessen Mutter es verlassen hatte und dessen Vater ständig arbeitete, und das seine Bedürfnisse und Wünsche opfern musste, um sich um seine kleine Schwester kümmern zu können. Dieses kleine Mädchen, das inzwischen reizbar und aufsässig geworden war, begehrte auf gegen die lang gehegte Überzeugung, es müsse sich mit allem abfinden. Ganz gleich wie berechtigt Francines Gefühle auch sein mochten – die Art und Weise, wie sie sich äußerte, diente letztlich nicht dem, was sie in der Gegenwart brauchte und kommunizieren wollte. Sie reagierte nicht im Hier und Jetzt auf Louis, sondern sie fiel lediglich in ein altes Verhaltensmuster zurück. Wenn sie versucht, neue Kräfte zu sammeln, muss sie die fehlerhaften Denk- und Verhaltensweisen korrigieren, die ihr keinen Nutzen mehr bringen, um die Schlacht schlagen zu können, die es im Hier und Jetzt zu schlagen gilt – und zwar mit Louis, der sie häufig auf die Palme bringt und der für die interpersonalen Fertigkeiten eines jeden Menschen eine Herausforderung darstellen würde. Man darf nicht vergessen, dass kaum jemand es so meisterhaft beherrscht wie ein Narzisst, die Knöpfe anderer Menschen zu drücken.

Das soll nicht heißen, dass die gescheiterte Kommunikation zwischen den beiden Francines Schuld wäre. Sie hat immer ihr Bestes gegeben, in Anbetracht des Umstandes, dass diese Beziehung von Anfang an die schwierigste und wichtigste für sie war. Sie bemüht sich sehr darum zu glauben, dass sie wichtig ist und niemandem mehr etwas beweisen muss. Sie kämpft um emotionale Zuwendung von ihm. Das Verhältnis von Geben und Nehmen war in dieser Beziehung noch nie ausgeglichen gewesen, seit sie ihn kennengelernt hatte. Allmählich wird ihr klar, dass sie das zum Teil selbst zu verantworten hat, da sie stillschweigend bereit gewesen war, ihre eigenen Bedürfnisse aufzugeben – in der Hoffnung, dass er sich ändern und sie eines Tages mehr schätzen und lieben würde.

Francine hat seit Jahren das Gefühl, in einer Falle zu sitzen, da sie eine Lehrerin mit sehr niedrigem Einkommen und die Mutter von zwei Kindern ist. Sie wollte unbedingt ihre Söhne in einem intakten Elternhaus großziehen und ihnen das Leid ersparen, in einer gestörten Familie aufzuwachsen – so, wie es ihr selbst ergangen war. Ihre Probleme im eigenen Elternhaus und ihre Ängste waren ihr Anker; sie wollte nicht davonlaufen, wie es ihre Mutter getan hatte. Seit Langem hatte sie sich als Opfer gefühlt, das ein gutes Werk tut, indem es Louis erträgt. Nun bemüht sie sich darum, mit sich selbst Mitleid zu haben, angesichts ihrer eingeschränkten Möglichkeiten, ihrer Ängste und ihrer echten (wenn auch schwindenden) Liebe für diesen Mann, der sie in vielerlei Hinsicht so sehr enttäuscht hat. Francine glaubt – wie viele Ehepartner eines narzisstischen Menschen – an das Gute in ihrem Partner. Sie kann sich noch gut an seine unbeholfenen Versuche erinnern, ihr zu sagen, dass er sie liebe, oder sich um sie zu kümmern, wenn sie unter einem schmerzlichen Verlust, gesundheitlichen Problemen oder Depressionen gelitten hatte. Sie kennt seine Geschichte und empfindet eine tiefe Liebe für jenen Teil von ihm, der im Exil lebt. Gleichwohl ist sie weder verantwortlich dafür noch wäre sie dazu in der Lage, Louis zu ändern. Vielleicht mag sie die Fackel anzünden und ihm eine Weile den Weg leuchten; dann könnten ihre Offenheit und ihr Vorbild erheblichen Einfluss darauf haben, welchen Weg er letztlich einschlagen wird. Aber sie hat nicht die Absicht, diese Bürde auf unbestimmte Zeit zu tragen, ohne deutliche Fortschritte im Hinblick auf Louis' emotionale Intimität, Gegenseitigkeit, Respekt und Empathie zu erkennen.

Stillschweigendes Einverständnis

Die Psychotherapeutin Sandy Hotchkiss, eine Expertin für Persönlichkeitsstörungen, hat geschrieben: „Für Narzissten sind Konkurrenzkämpfe jeglicher Art ein Weg, um immer wieder ihre Überlegenheit zu bestätigen, wenn auch viele von ihnen sich nur dann einem Wettbewerb stellen, wenn sie ein günstiges Ergebnis für sich erwarten" (2003, S. 13). Für Louis, der ja wusste, dass Francine häufig mitten in einem leidenschaftlichen Plädoyer für einen sanfteren und faireren Umgang miteinander in Tränen ausbrach, war es ein Leichtes, sie mit einer herablassenden Darstellung verschiedener Theorien über die Unterschiede zwischen den Geschlechtern und deplatzierte weibliche Ängste niederzuwalzen. Seit Langem ist er der unangefochtene Sieger in dem Spiel gewesen, ihren Argumenten und ihrem Schmerz mit völligem Unverständnis zu begegnen. Er konnte sich immer darauf verlassen, dass sie wieder zur Tagesordnung übergehen würde, sobald sich die Dinge wieder etwas beruhigt hatten. Ja, tatsächlich war er auch im Umgang mit den meisten Menschen in seinem Leben ein Meister dieses Spiels: Seine Sekretärin Beth, die zehn Jahre lang für ihn gearbeitet hat, erzählt, dass Louis einen dazu bringen konnte, an der Farbe der eigenen Bluse zu zweifeln – obwohl sie zweifellos und für jeden ersichtlich grün war. Sein persönlicher Fitnesstrainer Bill weiß zu berichten, dass Louis ihn manchmal 20 Minuten warten ließ, um ihm dann zu erklären, das Problem sei nicht etwa sein eigenes Zeitmanagement, sondern der unflexible Zeitplan des Fitnessstudios.

Was haben diese drei Personen – Francine, Beth und Bill – gemein, das es Louis ermöglicht, aus seinen Interaktionen mit ihnen stets als der unbezwingbare und entwaffnende Gewinner hervorzugehen? Alle drei fühlen sich häufig in seiner Gegenwart eingeschüchtert, resigniert, desillusioniert und von Selbstzweifeln geplagt. Obwohl Louis' Persönlichkeit dabei ein wichtiger Faktor ist, spielen auch die eigenen Schemata von Francine, Beth und Bill eine Rolle, wenn in ihren Beziehungen zu Louis solche schmerzhaften Dynamiken entstehen. Wir wollen uns etwas näher mit Beth und Bill beschäftigen, um diese Gemeinsamkeit zu beleuchten. Bitte versuchen Sie, beim Lesen ihrer Geschichten Elemente zu erkennen, die Ihnen als relevant für Ihre eigenen Erfahrungen mit dem Narzissten in Ihrem Leben erscheinen.

Bill, der Fitnesstrainer

Bill fällt nicht nur häufig auf Louis herein, sondern tappt auch immer wieder in die eigenen Fallen von Versagen, Unterwerfung und Unzulänglichkeit. Er lässt sich durch Louis' Beredsamkeit, seine tiefe und sonore Stimme sowie seine beachtlichen finanziellen Erfolge, über die Louis bei seinen Stretching- und Lockerungsübungen ausgiebig prahlt, zutiefst beeindrucken. Da er Angst davor hat, dass Louis ihn nicht ernst nehmen oder als nicht besonders intelligent oder inkompetent hinstellen könnte, schiebt Bill seine eigenen Meinungen in die hintersten Winkel seines Bewusstseins.

Seine Erlebnisse mit Louis rufen bei Bill nur allzu vertraute Erinnerungen daran wach, wie er auf dem Schulhof gehänselt und schikaniert wurde, weil er nicht mit den aggressiveren Kindern mithalten konnte. Wenn er damals vor die Wahl gestellt wurde, sich zu wehren oder den Mund zu halten, entschied er sich, lieber klein beizugeben – in jenen Tagen wahrscheinlich eine gute Entscheidung, da er niemanden hatte, der ihn unterstützt oder unter seinen Schutz genommen hätte. Bills Vater war ein Workaholic, der nie für ihn da war, und seine Mutter war einen Großteil seiner Kindheit sehr krank. Seine Großmutter sagte ihm, er sei ein guter Junge, nur ein bisschen schwächlich – ganz wie sein Großvater, der bereits gestorben war, als Bill noch in der Wiege lag. Der Widerhall dieser dissonanten Melodien aus seiner Kindheit schwingt in den Windungen seines 31 Jahre alten Gehirns nach, und der Reflex, vor den Feinden aus seiner fernen Vergangenheit in Deckung zu gehen, prägt nach wie vor sein Verhalten. Bill vergisst, dass er inzwischen ein hervorragender Fitnesstrainer ist, der den Respekt seiner Kollegen und Kunden genießt. Zwar möchte er Louis auch weiterhin als Kunden behalten, aber dafür braucht er keineswegs dessen Respektlosigkeiten und selbstgerechte Dominanz in Kauf zu nehmen. Die Aura von etwas Altvertrautem nimmt Bill immer wieder gefangen und fesselt ihn an die frühen Kapitel seiner Kindheitsgeschichte.

Beth, die Sekretärin

Beth, eine 44-jährige Frau, die sich in den Reihen des Unternehmens, das Louis so viel Ruhm und Reichtum eingebracht hat, beharrlich emporgearbeitet hat, ist eine intelligente und fleißige Person, die sowohl am Arbeitsplatz als auch zu Hause einen großen Teil ihrer Zeit und kreativen Energie großzügig einsetzt. Ungeachtet ihrer eigenen hervorragenden Ausbildung und Leistungen lässt Beth ihr Ego nur allzu leicht von mächtigen Autoritätsfiguren niederwalzen. Louis war eine solche Figur für sie, ebenso wie ihr Vater.

Beth wuchs in einer kleinen Stadt in einer ziemlich großen Familie auf. Sie war das jüngste von fünf Kindern und der Liebling ihres Vaters. Tatsächlich war es ziemlich schwierig für die kleine Beth, den wachsamen und allgegenwärtigen Blicken ihres Vaters hin und wieder zu entgehen. Er verlangte ihr viel Aufmerksamkeit ab und verweigerte ihr die normalen und angemessenen Freiheiten eines jungen Mädchens. Er war unerbittlich in seiner Erwartung, dass sie in jeder Hinsicht die Beste zu sein hatte. Als Teenager wurde Beth ein bisschen aufsässig, und wenn sie anderer Meinung war als der Vater, wenn sie laut und deutlich ihren entgegengesetzten Standpunkt vertrat und forderte, ein ganz normales Leben führen zu dürfen, strafte ihr Vater die „Frechheit", mit der sie sich seiner „Weisheit" und Autorität widersetzte, mit grimmigen Blicken, untröstlichem Kummer und strafenden Anordnungen, die keinen Widerspruch zuließen. Da sie seine Zuneigung genoss und die Schuldgefühle fürchtete, die sich unweigerlich einstellten, wenn sie ihn verärgerte, ergab sich Beth schließlich in ihr Schicksal und beschränkte sich darauf, ihn auf dem Podest zu bewundern, das in ihren Augen der ihm gebührende Platz war. Und so gab sie für seinen Seelenfrieden ihre eigenen Bedürfnisse auf – ganz ähnlich, wie es schon ihre Mutter getan hatte.

Zu Beginn ihrer akademischen Laufbahn hatte Beth zahlreiche Auszeichnungen und viel Anerkennung erhalten – so durfte sie zum Beispiel die Abschiedsrede auf der Highschool-Abschlussfeier halten, und ihr wurde ein Stipendium für ihr Collegestudium zugesprochen. Ihr Vater war in die Vereinigten Staaten eingewandert und träumte davon, dass seine Kinder eines Tages studieren und ein besseres Leben haben sollten als er selbst; gern und häufig erinnert sich Beth an seinen stolzen Gesichtsausdruck, als sie auf der Abschlussfeier nach dem Studium feierlich an ihm vorüberschritt, festlich angetan mit Barett und Talar. In einem kurzen Gespräch erzählte sie mir: „In diesem Moment hatte ich das Gefühl, es sei all das wert gewesen – die Einsamkeit, dass ich meine Kleider nicht selbst aussuchen durfte, all die Partys, Dates und Kinobesuche, die er mir verboten hatte –, nun zu sehen, wie glücklich ich diesen Mann machen konnte, indem ich einfach das war, was er in mir sehen wollte."

Nun könnten Sie fragen, was denn an dieser Geschichte verkehrt ist? Vielleicht ist es der Mangel an Ausgewogenheit – und das Fehlen eines authentisch definierten Selbst. Beth hat erklärt, ihr emotionales Erbe sei die Unfähigkeit, ein echtes Selbstgefühl zu haben, sowie das ständige Gefühl, immer den Erwartungen anderer gerecht werden zu müssen. Dadurch sei sie ständig auf der Flucht vor der Schuld, nicht für andere Menschen da zu sein oder sie zu enttäuschen. Sie befürchtet sogar, diese Eigenschaften an ihre Töchter weiterzugeben. Noch heute wird Beth hochgradig nervös und bekommt einen Knoten im Magen, wenn sie Louis auf einem gesellschaftlichen Anlass sieht und sich seelisch darauf vorbereitet, dem großen Meister ihre Reverenz zu erweisen und allem beizupflichten, was er womöglich von sich geben könnte.

Wendy, die Therapeutin

Okay, jetzt bin ich an der Reihe. Zu Beginn der Therapie konnte man sich fest darauf verlassen, dass Louis stets fünf bis zehn Minuten zu spät erschien und dann, am Ende der Sitzung, mehr Zeit verlangte. „Was ist denn groß dabei, mir fünf oder zehn Minuten mehr Zeit zu geben? Immerhin ist es ein wichtiges Thema! Sehen Sie, eigentlich sind Sie genauso wie alle Therapeuten – oder Anwälte. Für Sie ist es ein Geschäft: Wenn die Zeit um ist, muss mehr gezahlt werden. Ich finde, dass ich ruhig ein paar zusätzliche Minuten bekommen sollte, wenn ich sie brauche." Manchmal ignorierte er mich einfach und redete ungerührt weiter, nachdem ich gesagt hatte, dass die Sitzung zu Ende sei. Da viele Therapeuten einen Hang zu den Schemata „Selbstaufopferung" oder „Unterwerfung" – oder beiden – an den Tag legen, ist es manchmal schwierig, sich durchzusetzen und Grenzen zu ziehen.

Ich musste einen Weg finden, meine Wut über Louis' Anspruchshaltung in den Griff zu bekommen und auch meine Schuldgefühle, weil ich mich nicht auf seine Forderungen nach mehr Zeit einlassen wollte. Da ich wusste, dass der „kleine Louis" das Bedürfnis hatte, sich als ein ganz besonderer Mensch zu empfinden, um sich umsorgt zu fühlen, sagte ich zu ihm: „Louis, falls Sie durch die begrenzte Zeit unserer Sitzungen glauben sollten, dass Sie mir egal sind, möchte ich Sie bitten, Folgendes zu bedenken: Sie können mich nur für meine Zeit und mein Wissen bezahlen – aber meine *Anteilnahme* bekommen Sie gratis dazu. Nicht einmal *Sie* können mich *zwingen*, Anteilnahme für Sie zu empfinden. Ich muss Ihnen sagen, dass es mir sehr schwerfällt, Ihnen Anteilnahme entgegenzubringen, wenn Sie so mit mir reden, wie Sie es gerade eben getan haben. Und ich frage mich, ob es Francine und Ihren Söhnen ebenso geht."

Ich wollte versuchen, Louis klarzumachen, dass ich ihm nicht die Schuld an seiner familiären Situation gab, ihn aber durchaus für sein Verhalten verantwortlich machte, und so sagte ich zu ihm: „Ich weiß, dass Sie es schwer haben, weil Ihnen nie jemand beigebracht hat, mit Enttäuschungen und Frustrationen umzugehen, und weil man Ihnen das Gefühl gegeben hat, anderen Menschen überlegen zu sein und ein Anrecht auf besondere Privilegien zu haben. Sie haben gelernt, dass Sie sich an die Regeln, die für alle gelten, nicht halten müssen. Also haben Sie nicht die Schuld an ihrer familiären Situation, Louis. Aber um eine solche Beziehung aufbauen zu können, wie Sie sie sich wünschen, müssen Sie an diesen Überzeugungen und Verhaltensweisen arbeiten, denn sonst werden Sie andere Menschen immer wieder vor den Kopf stoßen. Versuchen wir es noch einmal: Erzählen Sie mir, warum Sie enttäuscht sind, wenn unsere Sitzung zu Ende ist."

Louis, der es geschafft hatte, mit einem Minimum an Augenrollen zuzuhören, seufzte und erwiderte (was ihm sichtlich schwerfiel): „Unsere Zeit hier vergeht sehr schnell, und manchmal – also gut, oft – möchte ich länger bleiben, um einen Gedanken zu Ende zu bringen oder von etwas anderem zu erzählen, und dann ist es frustrierend, aufhören zu müssen, wenn Sie es sagen. Dann fühle ich mich zurückgewiesen oder eingeschränkt, obwohl ich Ihnen wirklich glaube, dass Sie mir helfen wollen." Ich bedankte mich für seinen Mut, so offen zu sprechen, und versicherte ihm, dass ich verstand, warum er sich so fühlte in Anbetracht seiner Lebensthemen und den unvermeidlichen Beschränkungen einer therapeutischen Beziehung.

Ich fragte ihn: „War es sehr unangenehm für Sie, das auf diese Weise zu äußern, Louis?" Er antwortete: „Ich empfinde es einfach als unnatürlich, ich muss erst einmal darüber nachdenken. Es ist mühsam und ein bisschen lästig." Selbst Louis musste grinsen, als er das gesagt hatte und ihm aufgefallen war, wie arrogant diese Aussage war. Ich äußerte die Vermutung, dass es eine ihm fremde Art des Umgangs miteinander sei, die es notwendig mache, sensibler auf die Gefühle des anderen einzugehen, aber auch auf die eigenen uneingestandenen, aber sehr wichtigen Gefühle zu achten – was für ihn ungewohnt sei. Mit dieser Einschätzung war er einverstanden. Außerdem sagte ich ihm, dass es mir zwar schwerfallen würde, ihn zum Gehen aufzufordern, dass es aber nicht fair gegenüber meinen anderen Klienten wäre, wenn ich es nicht täte, da sie dann warten müssten. Dann erinnerte ich ihn daran, wie schwierig es für mich sei, ihm Anteilnahme entgegenzubringen, wenn ich das Gefühl hätte, er würde meine Rechte ignorieren und meine Absichten auf unfaire Weise kritisieren. Louis nickte – er hatte begriffen. Dann überlegten wir gemeinsam, wie wir den Ablauf unserer Sitzungen optimieren konnten, unter Berücksichtigung seiner Verletzlichkeit (Vulnerabilität) und der zeitlichen Einschränkungen. Außerdem versprach Louis, sich mehr Mühe zu geben, um zu unseren Sitzungen pünktlich zu erscheinen.

In der Schematherapie ist der Veränderungseinfluss eine wichtige Voraussetzung, um erfolgreich mit Narzissten arbeiten zu können. Jeffrey Young beschreibt das Problem so: „Der Therapeut bemüht sich, den Kontakt des Patienten zu seinem emotionalen Leiden zu erhalten, denn sobald dieser das Leiden nicht mehr spürt, beendet er vielfach die Behandlung. Je besser es dem Therapeuten gelingt, beim Patienten das Gewahrsein seiner inneren Leere, das Gefühl der Minderwertigkeit und Einsamkeit zu erhalten, umso wahrscheinlicher setzt der Patient die Behandlung fort. Befindet er sich bei Behandlungsbeginn in einem Zustand emotionalen Schmerzes, kann dieser Zustand wie ein ‚Hebel' wirken, der die Motivation des Patienten, die Behandlung fortzusetzen und sich um Veränderung zu bemühen, aufrechterhält. … Außerdem bezieht sich der Therapeut in seiner Arbeit auf die negativen Konsequenzen des Narzißmus, die der Patient erlebt, beispielsweise auf die Ablehnung von Menschen, die ihm lieb und wert sind, oder auf potentiell negative Folgen für seine berufliche Laufbahn. … Die emotionale Verbindung zum Therapeuten und die Furcht vor den Vergeltungsaktionen anderer motivieren viele dieser Patienten am stärksten zur Fortsetzung der Therapie." (Young, Klosko & Weishaar, 2006, S. 479 f.).

ÜBUNG

Die Bürde annehmen, ohne sich schuldig zu fühlen

Sind Sie bereit, die Bürde einer Veränderung auf sich zu nehmen, ohne sich schuldig zu fühlen? Zu akzeptieren, dass Sie heute – als erwachsener Mensch – für Ihr Verhalten verantwortlich sind, obwohl Sie keine Schuld daran tragen, dass Ihre Schemata entstanden sind? Zwar mag es sein, dass Sie diese Vorstellung beängstigend finden oder sich davon überwältigt fühlen, aber sie eröffnet auch die Möglichkeit, Veränderungen herbeizuführen. Diese Übung soll Ihnen helfen, Ihre eigenen Schemata und Bewältigungsmodi zu untersuchen, und sie soll Ihnen gesunde und selbstbewusste Möglichkeiten des Reagierens aufzeigen, durch die Sie alte Verhaltensmuster ersetzen können. Das wird Ihnen guttun, und es kann durchaus sein, dass dann Ihre klare Kommunikation dazu beitragen wird, Ihre Beziehung zu dem Narzissten zu verbessern. Außerdem können Sie im Rahmen dieser Übung überlegen, ob Sie Möglichkeiten haben, die „Hebelwirkung" (Ihren Veränderungseinfluss) zu nutzen, um das Interesse des Narzissten an Ihrem Leben zu wecken und ihn auf Veränderungen vorzubereiten. Hier ist ein Beispiel:

Ihre Schemata: *Verlassenheit/Instabilität, Unzulänglichkeit/Scham, Selbstaufopferung und Unterwerfung.*

Die Auswirkungen Ihrer Schemata: *Ich nehme die Schuld auf mich, fühle mich unzulänglich und glaube, dass es besser ist, meine Bedürfnisse zurückzustellen und den Mund zu halten, anstatt meine Meinung zu sagen, damit falschzuliegen und letzten Endes womöglich ganz allein dazustehen.*

Ihre Bewältigungsmodi: *Nachgeben und Vermeiden.*

Die tatsächliche Situation: *Es ist nicht meine Schuld. In diesem Konflikt spielen wir beide eine Rolle. Ich bin durchaus in der Lage, Verantwortung zu übernehmen, und außerdem bin ich nur deswegen so allein, weil ich kein Selbstgefühl, keine Stimme und keine bedeutsame Verbindung zu meinem Mann habe.*

Die gesunde, selbstbewusste Botschaft: *Ich werde mich nicht so behandeln lassen. Es ist inakzeptabel, und zwar auch dann, wenn du nicht die Absicht hast, mich zu verletzen.*

Veränderungseinfluss: *Ich weiß, dass mein Mann mich nicht verlieren will. Ich bin entschlossen, mit ihm über die Möglichkeit zu reden, dass ich ihn verlassen könnte – das ist keine Drohung, sondern eine notwendige Entscheidung, falls sich die Dinge zwischen uns nicht ändern.*

Nehmen Sie ein Blatt Papier und schreiben Sie entsprechend der in diesem Beispiel gezeigten Struktur über Ihre eigenen Schemata und Bewältigungsmodi, und denken Sie dann über Ihre tatsächliche Situation nach. Nehmen Sie sich etwas Zeit, um eine gesunde, selbstbewusste Botschaft zu entwickeln – eine Botschaft, mit der Sie sich nicht vor dem Narzissten in Ihrem Leben ducken, ihn aber auch nicht direkt attackieren. Nehmen Sie sich schließlich noch ein bisschen Zeit, um zu überlegen, in welcher Form sie Ihren Veränderungseinfluss nutzbar machen können, um den Narzissten dafür zu gewinnen, sich auf Änderungen einzulassen, die Ihre Beziehung verbessern könnten.

Es hofft der Mensch, so lang er lebt: die Fähigkeit zu lernen und sich zu verändern

Ohne die unwahrscheinliche Intervention von Zauberei sind die verschiedenen Möglichkeiten, Beziehungskonflikte zu lösen, überschaubar: Man kann die Beziehung beenden, sich mit dem Status quo arrangieren, neue dysfunktionale Verhaltensmuster entwickeln oder die Probleme auf eine gesunde Art und Weise lösen. Die letzte Option ist ganz offensichtlich die beste, falls Sie die Beziehung fortsetzen wollen, aber sie erfordert ein anstrengendes Bemühen – und zwar auch dann, wenn beide Seiten den Veränderungsprozess mit ganzer Kraft vorantreiben. Aber keine Sorge – es besteht durchaus Hoffnung. Zwar mag die Herausforderung gewaltig erscheinen, doch die Möglichkeiten, die Beziehung zu retten, sind real.

Das Gehirn ist wandelbar, und daher ist auch die Persönlichkeit flexibel und kann sich verändern. Experten für psychische Gesundheit und ihre Kollegen, die Gehirnforscher, vermuten, dass ein Weg zur Veränderung sich aus sensiblem Zuhören und wahrhaftigem Selbstausdruck im Kontext eines bewussten, im Hier und Jetzt verankerten Geisteszustands eröffnet. Daniel Siegel verwendet den Begriff „kontingente Kommunikation", um diesen Ansatz zu beschreiben:

> „Bei der kontingenten Kommunikation nimmt der Empfänger die Botschaft mit offenem Geist und aufnahmebereitem sensorischem Gewahrsein auf. Seine Reaktion hängt von dem ab, was tatsächlich kommuniziert wird, nicht von einem prädeterminierten und starren mentalen Modell des Erwarteten."
>
> (Siegel & Hartzell, 2004, S. 81)

Siegel fährt fort, indem er die Essenz des „Sich-gefühlt-Fühlens" („*the essence of feeling felt*") im Kontext der Eltern-Kind-Beziehung veranschaulicht:

> „Wenn wir ein Signal aussenden, stellt sich unser Gehirn darauf ein, Reaktionen anderer auf dieses Signal zu empfangen. Die empfangenen Reaktionen werden in die neuronalen Landkarten unseres zentralen Selbstempfindens einbezogen. ... Die Reaktionen anderer sind keine bloßen Spiegelbilder unserer eigenen Signale, sondern sie enthalten die Essenz der Sicht des anderen, die aus unserer Kommunikation einen Sinn ableitet. So ist es möglich, daß Kinder sich gefühlt fühlen: Sie entwickeln das Gefühl, daß ihr Geist im Geiste ihres Vaters oder ihrer Mutter existiert."
>
> (Siegel & Hartzell, 2004, S. 83)

Welch eine beruhigende Verbindung: sich wahrhaft verstanden zu fühlen – zu spüren, zutreffend und zuverlässig im Bewusstsein eines anderen Menschen geborgen zu sein. Es lohnt sich, einmal darüber nachzudenken: Wer versteht Sie wirklich, bei wem sind Sie geborgen?

Schlussbemerkungen

Im Kontext „gefühlter" Verbindungen eröffnet sich die Möglichkeit, mentale und emotionale Veränderungen zu erreichen, die im Hinblick auf Selbstwertgefühl und zwischenmenschliche Beziehungen zu neuen Interpretationen und Initiativen führen. Solche Verbindungen versetzen uns in die Lage, neue Gewohnheiten zu entwickeln und uns von Reflexen zu befreien, die auf Erfahrungen aus der Vergangenheit beruhen. Also besteht die Aufgabe darin, eine solche Verbindung zu dem Narzissten in Ihrem Leben aufzubauen – ganz gleich, ob diese Person Ihr Chef oder ein Kollege, Familienmitglied, Freund, Ehepartner oder Liebhaber ist. Die letzteren beiden sind leider in der Regel am wenigsten bereit zu Veränderungen, in Anbetracht der enormen subjektiven Wichtigkeit der betreffenden Beziehung und der – womöglich bei beiden – felsenfest verankerten Schemata. Falls es Ihnen jedoch gelingt, eine stärker „gefühlte" Verbindung aufzubauen, erschließen Sie sich dadurch die Möglichkeit,

Ihr Selbstgefühl zu stärken und die Ihnen zur Verfügung stehenden Möglichkeiten zu nutzen, um die Beziehung zu dem Narzissten in Ihrem Leben zu verbessern und zu transformieren – oder, falls das nicht möglich sein sollte, diese Beziehung zu reduzieren oder gar zu beenden. Zu diesem Zweck sollen die folgenden Kapitel Ihnen helfen, Ihr Bewusstsein zu schärfen, Ihren Mut zu sammeln und Ihren Enthusiasmus zu bewahren, während Sie die Fertigkeiten entwickeln, die Sie brauchen werden, um im Umgang mit dem Narzissten positive Ergebnisse zu erzielen.

4. Überwinden der Hindernisse: Missverständnisse und andere Schwierigkeiten

Es ist eine der schönsten Belohnungen im Leben, dass niemand aufrichtig versuchen kann, einem anderen zu helfen, ohne sich selbst zu helfen.

(Ralph Waldo Emerson)

Sie haben nun das Grundwissen, um das Phänomen Narzissmus besser verstehen zu können: Wie er definiert wird, wie er sich auf das Leben des Narzissten selbst auswirkt und wie dessen unerfreuliches Verhalten andere Menschen beeinträchtigt, die mit ihm zu tun haben (ein Problem, das Sie wahrscheinlich bereits nur allzu gut kennen). Die vorigen Kapitel haben Ihnen bereits einige Einblicke in die Ursprünge von Narzissmus und ein gewisses Verständnis dieser schwierigen Menschen vermittelt. Darüber hinaus wurden einige Grundlagen aus mehreren Bereichen der Psychologie vorgestellt, die eine Strategie aufzeigen, mit deren Hilfe Sie Ihre Beziehung zu einem Narzissten verändern können. Eine solche Strategie gliedert sich typischerweise in vier Stufen:

1. **Beobachtung:** Sie beobachten die besonderen Verhaltensweisen, Reaktionen und Interaktionen, welche die Beziehung zwischen Ihnen und dem Narzissten charakterisieren.
2. **Einschätzung:** Aufgrund Ihrer Beobachtungen und Erkenntnisse können Sie die verschiedenen Dynamiken in Ihrer Beziehung zutreffender und vielleicht etwas sachlicher einschätzen.
3. **Identifikation:** Aufgrund Ihrer Einschätzung können Sie die Schemata benennen, die – sowohl bei Ihnen als auch beim Narzissten – ineffektive Reaktionen auslösen, und die Bewältigungsreaktionen erkennen, die jeder von Ihnen einsetzt.
4. **Differenzierung:** Wenn Sie erkannt haben, welche Schemata und Bewältigungsreaktionen im Spiel sind, dann sind Sie in der Lage, von Erinnerungen und Temperament verursachte Situationen von solchen zu unterscheiden, die aus dem aktuellen Geschehen im Hier und Jetzt entstehen. Dadurch kann jeder von Ihnen eine authentische, entschiedene und glaubwürdige Stimme für sich selbst entwickeln.

Vier Stufen der Veränderung

Vielleicht werden Sie es nützlich finden, ergänzend zu diesem Prozess – und ganz generell – ein Tagebuch zu führen. Es kann sehr beruhigend wirken, in ein Tagebuch zu schreiben, und es kann Ihnen dazu verhelfen, dysfunktionale Interaktionen aus einem anderen Blickwinkel zu betrachten. Darüber hinaus können Sie in Ihrem Tagebuch anfangen, mit Ihrer authentischen Stimme zu sprechen, sozusagen als Probe für Interaktionen in der realen Welt. Im Hinblick auf den Vier-Stufen-Prozess, um den es hier geht, kann das Tagebuch Ihnen beim Differenzieren helfen und Sie dadurch in die Lage versetzen, die voreingenommenen Gedanken und Emotionen zu erkennen, die Ihr Gehirn überfluten, während sie sich auf dem Papier vor Ihnen entfalten. Die vier Stufen könnten zum Beispiel folgendermaßen verlaufen:

1. **Beobachtung:** Sie stellen fest, dass in Ihrer Beziehung mit dem Narzissten hauptsächlich Sie es sind, die gibt, während er meistens nimmt – vor allem, wenn es darum geht, seinen Willen durchzusetzen. Während Sie eher dazu neigen, sich schuldig zu fühlen und sich für die eigenen Schwächen zu entschuldigen, tendiert er dazu, Ausreden zu finden und die Schuld für sein schlechtes Benehmen anderen zuzuweisen.
2. **Einschätzung:** Sie erkennen, dass die Unausgewogenheit in der Beziehung und Ihre Empfindung, dabei zu kurz zu kommen, zusammenhängen mit Gefühlen von Angst und Verzweiflung. Diese Gefühle erzeugen eine wohlvertraute Stimmung, die Sie mit einigen der frühesten Erlebnisse aus Ihrer Kindheit assoziieren.
3. **Identifikation:** Mit Ihrem neuen Wissen über früh entstandene maladaptive Schemata erkennen Sie, dass Ihre Schemata „emotionale Entbehrung", „Unzulänglichkeit", „Selbstaufopferung" und „Unterwerfung" für diese niederdrückenden Gefühle verantwortlich sind. Sie erkennen, dass Sie als Kind nicht genug Unterstützung und emotionale Zuwendung bekommen haben und dass Sie ständig das Gefühl hatten, nie gut genug zu sein – woraufhin Sie sich einen festen Schutzwall aus Tun und Geben gebaut haben. Das hat Ihnen geholfen, die ständige, schmerzlich empfundene Sehnsucht nach Liebe und Zustimmung zu betäuben – eine Sehnsucht, die Sie als beschämend empfanden. Falls Sie die Kindheitsgeschichte des Narzissten in Ihrem Leben kennen, können Sie dieses Wissen – oder vielleicht das, was Sie bereits aus diesem Buch gelernt haben – nutzen, um auch seine Schemata zu benennen und die Muster in der Choreografie seines unerfreulichen Verhaltens besser zu erkennen.
4. **Differenzierung:** Die Kunst, den Unterschied zu kennen zwischen dem, was war, und dem, was ist, wird als Differenzierung bezeichnet. Sie versetzt Sie in die Lage, in Echtzeit in Ihrem Bewusstsein und Körper zu sein – im Hier und Jetzt. Gewappnet mit dem Wissen, welche Schemata und Bewältigungsmuster an den Dynamiken in Ihrer Beziehung beteiligt sind, können Sie Ihr verbales Waffen-

arsenal ablegen. Sie erkennen, dass Sie kein machtloses Kind mehr sind, sondern ein kompetenter erwachsener Mensch, der seinen Standpunkt vertreten kann, ohne sich zu verstecken, anderen die Schuld zuzuweisen oder klein beizugeben.

Hier ist ein einfaches Beispiel dafür, wie sich Ihre authentische, entschiedene und glaubwürdige Stimme anhören könnte, wenn Sie mit Ihrem Partner über Ihren Wunsch verhandeln, eine eingefahrene Gewohnheit zu ändern: „Ich weiß, dass es dir Spaß macht, donnerstagabends deine Lieblingssendung anzusehen. Allerdings ist das auch der einzige Abend in der Woche, an dem wir beide nicht bis spät abends arbeiten müssen und etwas Schönes zusammen unternehmen könnten, zum Beispiel ausgehen. Was hältst du davon, wenn wir das ein- oder zweimal im Monat machen würden? Du könntest ja an solchen Abenden deine Sendung aufzeichnen. Wir sind schon oft über unsere Aktivitäten am Donnerstagabend in Streit geraten, und bisher war ich immer diejenige, die nachgegeben hat. Ich glaube, dass es zu solchen Streitereien kommt, weil du dich daran gewöhnt hast, dass ich immer nachgebe und deine ablehnende Haltung zu meinen Vorschlägen hinnehme. Ich glaube, mir war nicht bewusst, wie sehr mich das gestört hat und wie sehr ich mir außerdem ein bisschen mehr Unterstützung von dir wünsche."

Hier ist noch ein Beispiel, in dem es dieses Mal um eine Interaktion mit einem Vorgesetzten geht: „Es fällt mir nicht leicht, das Folgende zu äußern, weil ich mir meiner Tendenz bewusst bin, das zu tun, was mir gesagt wird, und zwar auch dann, wenn ich nicht damit einverstanden bin oder eine andere, womöglich bessere Lösung habe. Manchmal ist mir Ihre Zustimmung einfach zu wichtig. Nun, wie dem auch sei – ich möchte vorschlagen, dass wir unser Marketing folgendermaßen verbessern … Außerdem meine ich, dass wir uns zu regelmäßigen Besprechungen zusammensetzen sollten, um festzustellen, welche Fortschritte wir mit diesem Projekt machen. So, wie es bisher gelaufen ist, habe ich oft das Gefühl, unsichtbar zu sein und manchmal auf unfaire Art kritisiert zu werden – obwohl das sicherlich nicht Ihre Absicht ist."

In Anbetracht Ihrer vergangenen Erfahrungen mit dem Narzissten in Ihrem Leben mögen Sie sich fragen, ob ein solcher Ansatz tatsächlich funktionieren kann. Hier ist noch ein Beispiel, das belegt, dass das durchaus möglich ist. Eine Klientin von mir namens Carolyn hatte einen gewissen Damian, einen narzisstischen Mann, geheiratet und seine siebzehnjährige, ebenfalls narzisstische Tochter Lucy „geerbt" – Daddys blasiertes Prinzesschen, mit demselben noblen Stammbaum und einer häufig etwas launischen Gemütsverfassung. Wenn sie zu Besuch kam, gelang es Lucy mühelos, Daddy um den kleinen Finger zu wickeln, wenn sie etwas haben wollte oder etwas angestellt hatte. Für Lucy galten keine Regeln, und sie hatte keine Konsequenzen zu befürchten – selbst wenn sie sich Carolyn gegenüber respektlos verhielt oder sich – natürlich, ohne zu fragen – Klamotten aus deren Kleiderschrank „lieh" oder einen von Carolyn und Damian geplanten gemeinsamen Abend außer Haus sabotierte. Lucy zeigte nie auch nur einen Hauch von Dankbarkeit, war völlig unkooperativ und hatte keinerlei Hemmungen, erhebliche Beträge per Kreditkarte auszugeben.

Carolyn fühlte sich hilflos – was auch kein Wunder war, in Anbetracht von Damians kompromissloser Ansage: „Meine Tochter, meine Regeln, basta." Aber eines Tages gelang es Carolyn, trotz ihrer furchtbaren Angst vor einer weiteren gescheiterten Ehe genug Mut aufzubringen, um in ihrem eigenen Zuhause auch die eigenen Rechte einzufordern. Sie sagte Damian, dass sie gehen werde, falls die Lage sich nicht bessern sollte. Obwohl Carolyn seinerzeit nicht damit gerechnet hatte, erzeugte dieser neue, entschiedene Ansatz tatsächlich den Veränderungseinfluss, der nötig war, um Veränderungen zu bewirken. Nach einigen weiteren Episoden seines typischen Verhaltens – bei denen er lautstark verkündet hatte: „Das ist mir so was von egal! Geh nur, du wirst schon sehen, was du davon hast!" – fand er sich tatsächlich bereit, in Therapie zu gehen und gemeinsam mit Carolyn und Lucy an diesen Problemen zu arbeiten. In letzter Konsequenz wird Carolyn die Entscheidung treffen, ob sie diese Ehe fortsetzen will oder nicht – jetzt, da sie nicht mehr hilflos ihren Dämonen „Verlassenheit" und „Scham" ausgeliefert ist.

Warum Ihre Schemata ausgelöst werden

Die Vergangenheit wirkt sich auf die Gegenwart aus und setzt die automatischen Mechanismen in Gang, mit deren Hilfe das Gehirn bedrohliche Umstände feststellt und uns in Richtung Sicherheit lenkt. Denken Sie noch einmal zurück an Kapitel 3, in dem Sie über die Bewältigungsreaktionen gelesen haben, die Francine, Beth und Bill zeigten, wenn ihre frühen maladaptiven Schemata durch Louis' schwieriges Verhalten ausgelöst wurden. Mit der Zeit und unter geeigneter Anleitung lernte jeder von ihnen, sich der zutiefst unangenehmen körperlichen und seelischen Empfindungen bewusst zu werden, die in ihnen aufstiegen, wenn sie mit Louis' Unverbesserlichkeit konfrontiert wurden. Bald stellten sie fest, dass die vertrauten Empfindungen, die ihre Schemata auslösten, automatisch ihre ebenso vertrauten, aber ineffektiven Reaktionen hervorriefen.

ÜBUNG

Warum der Narzisst *Ihre* Schemata auslöst

Falls Sie Ihre eigenen Schemata nicht bereits identifiziert haben, blättern Sie bitte zurück zu Kapitel 2 und nehmen Sie sich einen Moment Zeit, um noch einmal die dort aufgeführte Liste der Schemata durchzugehen. Versuchen Sie, darin jene Schemata zu finden, die am zutreffendsten Ihre Lebensthemen reflektieren. Denken Sie dabei daran, dass ein Schema, um ein *frühes* maladaptives Schema zu sein, auf Erlebnisse in Ihrer Kindheit oder Adoleszenz beruhen muss; und dass es, obwohl es über einen langen Zeitraum geruht haben mag, nach wie vor relevant ist, falls Sie es deutlich spüren, wenn Sie jetzt darüber lesen. Schreiben Sie also bitte jetzt die Liste Ihrer Schemata auf ein Blatt Papier.

Sobald Ihnen Ihre Schemata deutlich bewusst geworden sind, machen Sie bitte mit der folgenden Übung weiter. Da es sich hier um eine geführte Visualisierung handelt, sollten Sie zunächst die Anleitung einmal komplett durchlesen, bevor Sie die einzelnen Schritte tatsächlich durchführen.

1. Suchen Sie sich einen ruhigen Platz, wo Sie bequem sitzen können und nicht gestört werden. Schließen Sie für einen Moment die Augen. Versuchen Sie, sich ein schmerzliches Erlebnis aus Ihrer Kindheit in Erinnerung zu rufen, an dem der Vater oder die Mutter, ein Bruder, eine Schwester oder ein Mitglied Ihrer Peergruppe beteiligt war. Lassen Sie einen Teil Ihres Bewusstseins als „Wächter" agieren – der genau darauf aufpasst, dass Sie nicht die Bodenhaftung verlieren und fest in der Gegenwart, im Hier und Jetzt, verankert bleiben –, sodass Sie es zulassen können, ganz vorsichtig in die Vergangenheit zurückzublicken und die Gedanken, Gefühle und Empfindungen wahrzunehmen, die in Ihnen aufsteigen, während Sie sich diese schwierige Erfahrung in Erinnerung rufen. Was hat sich im Verlauf dieses schmerzlichen Ereignisses abgespielt? Wie sind Sie damit umgegangen? Können Sie sich daran erinnern, was Sie sich dabei gewünscht haben? Was waren Ihre tiefsten Sehnsüchte? Falls es zu schwierig oder schmerzlich wird, sich an dieses Erlebnis zu erinnern, denken Sie daran, dass es nur eine Erinnerung ist.
2. Atmen Sie einmal tief ein und dann vollständig wieder aus. Löschen Sie die Bilder von diesem vergangenen Ereignis, aber halten Sie die Gedanken, Emotionen und Empfindungen fest, von denen Sie sich seelisch und körperlich erfüllt fühlen. Behalten Sie sie bei sich und lassen Sie Ihre sanften Atemzüge die schmerzlichen Assoziationen streicheln, die in die Wände Ihres Gedächtnisses eingraviert sind.
3. Nachdem Sie auf diese Weise Ihr Bewusstsein für schwierige Gedanken, Emotionen und Empfindungen geschärft und erlebt haben, wie Sie deren Wirkung durch ruhiges Atmen dämpfen können, rufen Sie sich ein Bild des Narzissten in Ihrem Leben ins Bewusstsein. Versuchen Sie, sich auf eine schwierige, verstörende oder ärgerliche Begegnung zu konzentrieren, die bereits vergangen ist oder die in Zukunft so stattfinden könnte. Stellen Sie sich dieses Bild möglichst lebhaft vor. Achten Sie darauf, welche Gedanken, Emotionen und körperlichen Empfindungen in Ihnen aufsteigen, während sich dieses geladene Szenario vor Ihrem geistigen Auge entfaltet. Was würden Sie

sich wünschen, wenn Sie dessen Ausgang bestimmen könnten? Was sind Ihre tiefsten Sehnsüchte?

4. Atmen Sie ein paarmal sanft ein und wieder aus. Öffnen Sie dann die Augen und lassen Sie sich einen Moment Zeit, um wieder ganz in Ihrer aktuellen Umgebung anzukommen. Bedanken Sie sich bei Ihrem „inneren Wächter", der Sie auf dem Boden gehalten hat, sodass Sie diese Reise unternehmen konnten.

Vergleichen Sie nach dieser Übung die Gedanken, Emotionen und körperlichen Empfindungen, die mit dem ersten Bild – Ihrer Kindheitserinnerung – verknüpft waren, mit jenen, die sich beim zweiten Bild – der Begegnung mit dem Narzissten – eingestellt haben. Hat eine Veränderung stattgefunden, oder haben Sie sich geglichen? Der Unterschied in Ihrem Erleben der beiden Visualisierungen zeigt Ihnen, in welchem Maße Ihre Fähigkeit zur Beobachtung, Einschätzung, Identifikation und Differenzierung sich entwickelt hat. Darüber hinaus können Sie, indem Sie sich bei solchen Szenarien auf Ihr inneres Erleben konzentrieren, die Macht Ihrer Schemata einschätzen und erkennen, wie tief verwurzelt Ihre alten, maladaptiven Bewältigungsmodi sind, wenn Sie durch aktuelle Umstände aktiviert werden.

Können Sie, wenn Sie Ihr inneres Erleben bei diesen zwei Szenarien vergleichen, irgendwelche Muster entdecken? Inwiefern haben sich Ihre Sehnsüchte seit jenem Kindheitserlebnis verändert, wenn überhaupt? Welche Sehnsüchte haben Sie auch heute noch? Was hindert Sie daran, diese Wünsche erfüllt zu bekommen? Hier gibt es vieles, worüber Sie nachdenken könnten. Vielleicht finden Sie es hilfreich, sich etwas Zeit zu nehmen, um über Ihre Gedanken und Gefühle zu schreiben – das könnte Ihnen helfen, sich über Ihre Emotionen klarzuwerden. Und solche Aufzeichnungen könnten auch in Zukunft nützlich sein, weil Sie Ihnen helfen könnten, Ihre Fortschritte einzuschätzen.

Sehen Sie sich zu guter Letzt noch einmal die Liste Ihrer Schemata an. Sind Sie einigermaßen sicher, diejenigen davon richtig identifiziert zu haben, die für Ihre Lebensgeschichte am wichtigsten sind – jene, die implizit Ihre eigene zwischenmenschliche Effektivität beeinträchtigen? Falls ja, umso besser. Falls nein, ist das kein Grund zur Sorge. Sie haben eine komplexe Aufgabe vor sich, und vielleicht müssen Sie mehrere Schichten Ihrer persönlichen Geschichte und Verhaltensmuster abtragen. Lesen Sie einfach weiter – es kommt noch vieles, was Ihnen auf dieser Entdeckungsreise helfen kann.

Unsere Sinne: Botschaften von Gehirn und Körper

Wie Sie inzwischen wissen, werden in bestimmten Situationen Ihre Schemata ausgelöst (häufig unbewusst) und geben dann das Signal für nicht sonderlich beeindruckende Reaktionen, wenn Ihre inneren Truppen sich zwecks Selbsterhaltung zum Dienst melden. Es kommt aber auch häufig vor, dass Sie erfolgreich die Aktivierung Ihrer Schemata umschiffen und besonnen auf die Herausforderungen des Lebens reagieren – je nach Anlass mit kluger Zurückhaltung oder einer schlagfertigen Erwiderung. Falls Ihnen das beim Umgang mit dem Narzissten in Ihrem Leben nur selten gelingt, sind Sie in guter Gesellschaft: Diese schwierigen Menschen haben ein Talent dafür, die Schemata anderer Menschen auszulösen. Vielleicht sind Ihnen die Gründe, warum das auch bei Ihnen der Fall ist, inzwischen etwas klarer, da Sie ja begonnen haben, Ihre private Sammlung von Lebensthemen und entsprechenden Bewältigungsstilen ans Tageslicht zu befördern. Zwar mögen diese Bewältigungsstile Ihnen nicht besonders nützlich gewesen sein, da sie Sie in Konfrontationen oder in die eisige Wüste der Resignation getrieben haben, aber sie können Ihnen wertvolle Hinweise über Ihre kognitiven und sensorischen Systeme liefern – und insofern sind sie wertvolle Wegweiser auf Ihrer Reise zu einer gesunden Emanzipation.

Bitte nehmen Sie sich einen Moment die Zeit, um die intensiven Sinnesempfindungen in Erinnerung zu rufen, die sich einstellten, als Sie in der vorigen Übung eine schmerzliche Seite Ihrer persönlichen Geschichte aufschlugen. Als Sie auf diese trostlose Erinnerung stießen, schwollen Ihre seelischen und körperlichen Empfindungen an und gewannen eine Macht, die in keinem angemessenen Verhältnis zur realen Situation im Hier und Jetzt stand – in der Sie ja allein, ganz ruhig und mit geschlossenen Augen dasaßen. Dies ist die Macht von Schemata. Sie sind in unser sensorisches System eingewoben und können überaus starke und intensive Empfindungen erzeugen, wenn sie ausgelöst werden.

Zu den Bestandteilen Ihres sensorischen Systems gehören die Muskulatur, das Nervensystem und die Eingeweide. Wenn eines Ihrer Schemata ausgelöst wird, können Sie eine beliebige Kombination der folgenden körperlichen Empfindungen erleben:

- erhöhter Puls
- erhöhter Blutdruck
- erhöhte Hauttemperatur
- beschleunigte Atmung
- vermehrte Schweißabsonderung an den Augenbrauen oder Handflächen
- flaues Gefühl im Bauch
- angespannte Halsmuskulatur („Kloß im Hals“)
- trockener Mund
- zitternde Lippen

- Kribbeln in den Händen, Füßen oder Beinen
- plötzliche Steifheit in Nacken, Rücken oder Gelenken
- Schwindelgefühl
- Aufwallen von Tränen
- Müdigkeit
- Schmerzen oder Taubheitsgefühle in Teilen des Körpers
- Aussetzen der Denkfähigkeit
- verstärkte oder verminderte Sinneswahrnehmungen: Gehör, Geruchssinn, visuelles Erkennen, Geschmacks- oder Tastsinn

Warum ist das relevant? Weil Schemata in einer unheiligen Allianz mit Ihrem sensorischen System Botschaften vom Körper ans Gehirn und umgekehrt schicken, die interne, aber häufig falsche, Alarmsignale auslösen, um Sie zu Selbstschutzaktionen zu treiben. Das Problem dabei ist, dass das Gehirn durch solche Signale aufs Glatteis geführt werden kann – es kann nicht ohne Weiteres unterscheiden zwischen Bauchschmerzen, die von einem Virus verursacht wurden, und solchen, die durch eine endlose Diskussion mit dem Narzissten entstanden sind. Und außerdem ist es anfällig dafür, sowohl die eine als auch die andere Art solcher Beschwerden mit den unvergesslichen Bauchschmerzen zu assoziieren, die Sie damals in der ersten Klasse einer kirchlichen Schule bekamen, als man Sie durch Androhung von Strafe, weil Sie etwas vergessen hatten, total verängstigte – und so den Boden bereitete, auf dem Ihr Schema „Misstrauen / Missbrauch" wachsen konnte.

Ohne achtsames Eingestimmtsein auf Ihre innere Befindlichkeit und Struktur können subtile und weniger subtile sensorische Reize bewirken, dass Sie misstrauisch und nervös werden, wenn Sie ein flaues Gefühl im Bauch haben. Wenn Sie es allerdings schaffen, dieses flaue Gefühl im Bauch richtig zu deuten und es auf eine bestimmte körperliche Ursache zurückzuführen *(Mir ist übel, weil ich mir den Virus eingefangen habe, den sämtliche Arbeitskollegen schon die ganze Woche über hatten, und nicht etwa, weil Gefahr droht),* kann es Ihnen gelingen, Ihre Selbstzweifel abzustellen und sich einfach etwas zu schonen, wenn Ihnen nicht gut ist. Oder Sie erkennen allmählich ein Muster von nichtkörperlichen Ursachen *(Jedes Mal, wenn ich mich mit meiner Kollegin Sherry streite, wird mir schlecht, weil ich mich danach immer fühle, als wenn ich ohne Sunblocker in den Schlund der Hölle hinabgestoßen worden wäre!);* dann werden Sie es vielleicht schaffen, Ihren Mut zusammenzunehmen und sich der nächsten Auseinandersetzung mit Sherry in entschiedener und überzeugender Weise zu stellen. Um dabei erfolgreich zu sein, müssen Sie Ihr Gehirn dazu bewegen, sich ein neues Mantra zu eigen zu machen: *Das war damals, und dies ist jetzt.* In Kapitel 5 wird eine Reihe von Techniken beschrieben, die Ihnen helfen können, diese Unterscheidung zu machen und nach diesem Mantra zu leben.

ÜBUNG

So können Sie Ausrutscher vorhersehen und Ihr Radar aktivieren

Nachdem Sie nun erfahren haben, wie hinterhältig Schemata schmerzliche Emotionen und quälende körperliche Empfindungen erzeugen können, brennen Sie wahrscheinlich darauf zu lernen, wie sich solche Reaktionen verhindern lassen. Diese Übung baut auf der vorigen auf und nutzt ebenfalls eine Visualisierung einer schwierigen Begegnung mit „Ihrem" Narzissten. Hier geht es darum, neue Fertigkeiten der Bewusstheit statt in einer direkten Konfrontation mit dem Narzissten in der relativ bequemen und sicheren Umgebung der eigenen Gedankenwelt zu üben. Außerdem können Sie lernen, einen positiven und mitfühlenden inneren Dialog zu nutzen, um Ihre Schemata in die richtige Perspektive zu rücken.

1. Stellen Sie sich Ihre nächste Begegnung mit dem Narzissten vor. Wann, wo und unter welchen Umständen wird sie stattfinden?
2. Überlegen Sie, zu welchen zwischenmenschlichen Herausforderungen es bei dieser Begegnung kommen könnte.
3. Denken Sie über alle nur denkbaren Umstände nach, die dabei zu erwarten sind: Ist es ein wichtiger Anlass, der Sie zu dieser Begegnung zusammenbringt? Wie werden Sie sich deswegen wahrscheinlich fühlen? Wie empfindlich reagieren Sie typischerweise in solchen Situationen? Wie sind ähnliche Begegnungen in der Vergangenheit verlaufen? Berücksichtigen Sie alles, was Ihnen in den Sinn kommt – von Ablenkungen, die von außen kommen könnten, bis hin zum Worst-Case-Szenario.
4. Konzentrieren Sie sich auf Ihre körperlichen Empfindungen und die Gedanken, die Ihnen durch den Kopf gehen. Fokussieren Sie Ihre Bewusstheit auf die empfindlichsten Bereiche Ihres Innenlebens – jene tiefroten Gewitterstürme, die in den verregneten Hintergrund eingebettet sind.
5. Wenn Ihre Sinne sprechen könnten, was würden Sie Ihnen sagen? Falls Sie zum Beispiel ein Schema „Unzulänglichkeit / Scham" in Verbindung mit einem strafenden Bewältigungsmodus haben, könnte Ihnen der „Kloß im Hals" sagen: *Du bist wirklich eine Flasche, kannst dich nicht mal selbst verteidigen!* Werden Sie sich Ihrer Empfindungen bewusst und versuchen Sie zu erkennen, was sie Ihnen sagen wollen.
6. Gestatten Sie Ihrer weisen und mitfühlenden inneren Stimme, mit diesen Empfindungen in Dialog zu treten. Zum Beispiel könnten Sie sagen: *Als ich klein war, wurde mir oft das Gefühl vermittelt, nicht gut genug zu sein, aber das stimmte einfach nicht. Ich war doch nur ein kleines Kind. Damals konnte ich mich noch nicht selbst verteidigen, ich war klein und verängstigt. Was ich jetzt erlebe, ist das Nachschwingen dieses Schemas. Aber jetzt habe ich die Freiheit, mich zu entscheiden – ich muss es nicht mehr hinnehmen, so behandelt zu werden, unter keinen Umständen und von niemandem.*

7. Achten Sie darauf, wie die Empfindungen, die von Ihrer imaginären Begegnung mit dem Narzissten ausgelöst wurden, langsam schwinden. Falls Ihnen nicht die geeigneten Worte einfallen, um Ihr Schema zu entkräften, könnten Sie einen Freund oder geliebten Menschen, einen Therapeuten oder einen anderen Menschen, der Sie gut kennt, darum bitten, Ihnen zu helfen, eine authentische Botschaft zu formulieren, die Ihre innere Wahrheit reflektiert.

Nachdem Sie Ihr inneres Radar aktiviert haben, können Sie nun Ihre Innenwelt auf verzerrende Schemata absuchen. Später in diesem Kapitel werden Sie Gelegenheit bekommen, weitere Kommunikationsfertigkeiten zu erlernen und erfolgreiche Interaktionen mit dem Narzissten in Ihrem Leben zu proben.

Betört und entwaffnet

Wie Sie vielleicht erinnern werden, verfügt der Narzisst über die nie nachlassende Fähigkeit, Ihnen mit seiner charmanten Ausstrahlung und verführerischen Schlagfertigkeit die Sinne zu betören. Er kann Ihnen das Gefühl geben, ein ganz besonderer Mensch zu sein, seine Auserwählte, da er ja sonst gar nicht erst auf Sie aufmerksam geworden wäre. Doch während Sie mit stolzgeschwellter Brust seinen Schmeicheleien lauschen, überkommt Sie auch das Gefühl, als müssten Sie im Dunkeln den Ausgang suchen. Er wird Ihnen für seine großartige Vorstellung den besten Platz reservieren, aber als Gegenleistung erwartet er, dass Sie stets den Scheinwerfer auf ihn richten, hin und wieder zustimmend nicken, beim richtigen Stichwort lauthals lachen, nie gelangweilt aussehen, oft und laut applaudieren – und nie und nimmer erwarten, neben ihn auf die Bühne treten zu dürfen.

Lockvogelmanöver

Der Narzisst setzt seinen Charme als wahrhaft verführerisches Lockmittel ein. Aber dieser Charme ist auch ein effektives Mittel, um Sie davon abzuhalten, an die potenziellen Kosten der Beziehung zu denken, bevor Sie ihm auf den Leim gegangen sind. Es folgen einige spezifische Beispiele der subtilen, aber typischen Lockvogelmanöver *(bait and switch maneuvers),* die Narzissten gerne einsetzen; vielleicht können Sie Ihnen zu einem klareren Bild der Dynamik in Ihrer eigenen Beziehung zu einem Narzissten verhelfen.

Wie von Zauberhand verschwunden: Nachdem der Narzisst Ihnen seine ewige Aufmerksamkeit geschworen hat, macht er sich rar. Und falls Sie es wagen sollten, sich darüber zu beklagen, geht er darauf nicht ein, ist sich keiner Schuld bewusst und wirft Ihnen vor, egoistisch und viel zu anhänglich zu sein.

Der Bluff: Nachdem er zunächst mit vermeintlicher Hingabe großes Interesse an Ihren Ideen und Meinungen gezeigt hat, macht sich der Narzisst sofort daran, Ihre Äußerungen vom Tisch zu wischen und Ihr Selbstwertgefühl durch ätzende Kritik zu vernichten.

Dr. Jekyll und Mr Hyde: Da der Narzisst jede Gelegenheit ergreift, um sich in Ihren Augen als Held darzustellen, wird er Sie vehement verteidigen, wenn Sie von anderen unfair behandelt werden. Aber andererseits wird er auch keine Hemmungen haben, Sie durch seine schroffe und herablassende Art zutiefst zu verletzen, falls Sie es wagen sollten, ihm ins Wort zu fallen oder seine Ansichten infrage zu stellen.

Salz in die Wunde: Der Narzisst taucht unerwartet mit einem riesigen Strauß roter Rosen auf, um Sie zu besänftigen und sein tölpelhaftes Verhalten in den vergangenen Tagen vergessen zu machen. Sie fühlen sich geschmeichelt und zeigen sich verständnis- und liebevoll, aber letztlich kann er nie genug bekommen in seiner Unersättlichkeit. Sie schwanken zähneknirschend zwischen Schuldbewusstsein und verzweifelter Wut – denn am Ende geht es immer nur um ihn.

Des Teufels Advokat: Wie der Vorsitzende eines Debattierclubs oder ein Richter mit seinem Hammer in der Hand bricht der Narzisst ein Gespräch vom Zaun, das sehr schnell zu einem endlosen Monolog, einer hitzigen Debatte oder rhetorischen Spiegelfechterei verkommt. Ganz gleich, wie Sie reagieren – zum Beispiel, indem sie ihn ignorieren, Ihren Standpunkt verteidigen, an seine Vernunft appellieren oder auch klein beigeben –, er stellt sich stur und jedes Argument prallt wirkungslos an ihm ab.

Kommt Ihnen das eine oder andere dieser Manöver bekannt vor? Auch wenn Sie sie *alle* kennen sollten, müssen Sie nicht verzweifeln. Viele meiner Klienten, die sich mit diesem Problem herumschlagen, erzählen mir, dass sie es mit allen fünf dieser Manöver zu tun haben. Man darf nicht vergessen, dass der Narzisst nicht nur sehr hohe Standards an sich selbst anlegt, sondern auch an alle, die ihn in seiner überirdischen Großartigkeit umkreisen. Wie bereits erwähnt, haben Narzissten ein extrem starkes Bedürfnis nach Anerkennung, Zustimmung, Kontrolle, Triumph und ständiger Bestätigung ihrer Ungewöhnlichkeit. Sie haben diese Bedürfnisse aufgrund einer reißenden inneren Flut von Schamgefühlen, emotionaler Einsamkeit und Misstrauen – ihr selbstgerechtes Verhalten ist lediglich ein schwacher Versuch, diese Flut an Emotionen zurückzuhalten.

Typische emotionale Reaktionen

Es liegt auf der Hand, dass der Narzisst sich nicht an die Regeln gebunden fühlt, die für den Rest der Menschheit gelten. Die eben beschriebenen Lockvogelmanöver sind unfair und unaufrichtig, und was noch schlimmer ist: Die Persönlichkeitsstruktur des Narzissten erlaubt es ihm nicht, sich zu öffnen, um das betreffende Verhalten infrage zu stellen oder über eine Lösung zu verhandeln. Wenn es an fairer Kommunikation und Verhandlungsbereitschaft fehlt, ist häufig zu beobachten, dass ein jedes dieser Manöver eine bestimmte Reaktion hervorruft:

Unsicherheit. Wenn der Narzisst wie von Zauberhand verschwindet, können seine Stimmungsschwankungen und seine häufige Abwesenheit dazu führen, dass Sie sich alleingelassen und unsicher fühlen. Diese Gefühle gehen manchmal auf Erinnerungen an unsichere Beziehungen in Ihrer Kindheit zurück.

Einschüchterung. Der Bluff des Narzissten kann ausgesprochen einschüchternd wirken, als würden Sie sanft dazu gedrängt, den großen Zeh ins Wasser zu tauchen, nur um dann von einem Piranha gebissen zu werden. Dieses Manöver kann in vielen Fällen Kindheitsszenarien gleichen – so zum Beispiel, wenn Ihre Eltern Sie beim Essen in einem Restaurant aufforderten, sich etwas Schönes von der Speisekarte auszusuchen, Sie dann aber wegen der getroffenen Wahl kritisierten. Als Reaktion auf solche Erlebnisse haben Sie gelernt, zwischen den Zeilen zu lesen, um die „richtige" Antwort zu finden – auch dann, wenn es nicht unbedingt Ihre eigene war.

Groll. Wenn der Narzisst sich aus dem netten Dr. Jekyll in den abscheulichen Mr Hyde verwandelt, wächst Ihr Groll auf seine Überlegenheit, Selbstsucht und Unfähigkeit zu Kompromissen – vor allem, wenn er Sie noch eine Viertelstunde zuvor heldenhaft verteidigt hat. Dann überkommt Sie plötzlich das Gefühl, dass es bei seiner Unterstützung und seinen heroischen Bemühungen überhaupt nicht um Sie geht. Das kann sich anfühlen wie jene seltenen Gelegenheiten, als Ihre Mutter Sie aus Ihrem Zimmer zu sich rief und Sie einlud, am großen Esstisch Platz zu nehmen, wo sie sich mit Freunden unterhielt. Es war schön, sich einbezogen und gemocht zu fühlen, aber sehr bald wurde Ihnen klar, dass es sich dabei lediglich um einen Trick handelte, durch den sich Ihre Mutter an den bewundernden „Aahs" und „Oohs" ihrer Gäste ergötzen wollte, die voll des Lobes waren, welch wohlgeratene Tochter sie mit Ihnen herangezogen hatte. Wieder einmal wurden Sie darauf reduziert, pflichtschuldigst den Scheinwerfer auf ihre „Mutter-des-Jahres"-Show zu richten.

Provokation. Wie schafft es der Narzisst nur, so charmant zu sein, obwohl er dabei immer wieder nicht nur beleidigend, sondern auch verletzend wird? Und warum fallen Sie jedes Mal wieder darauf herein? Nicht etwa, weil Sie zu unbedarft wären, sondern weil es einfach ein gutes Gefühl ist, sich umsorgt zu fühlen und Momente zu genießen, in denen man zuvorkommend behandelt wird. Sie lassen sich auf das Risiko ein, die Schmeicheleien des Narzissten zu genießen, um dann festzustellen, dass der charmante Prinz, den Sie zu küssen glaubten, in Wirklichkeit ein Frosch ist. Sie ärgern sich, dass Sie sich wieder einmal haben einlullen lassen von diesen winzigen Augenblicken des Zaubers – und nun gezwungen sind, dafür all die Warzen in Kauf zu nehmen. Das mag Sie an eine Dynamik mit Ihren Eltern erinnern: Vielleicht genossen Sie die nur allzu seltenen Momente der liebevollen Aufmerksamkeit, mit der Ihre Mutter Sie überhäufte, wenn Sie einmal krank waren – nur, um sich dann schuldig zu fühlen, weil sie nicht durchschlafen konnte, wenn sie sich um Sie kümmerte.

Machtlosigkeit. Wenn er „des Teufels Advokat" spielt, hat das hauptsächlich den Zweck, das Ungewöhnliche dessen herauszustellen, worüber er sich gerade auslässt, aber Sie fühlen sich dadurch machtlos und erschöpft. Sie empfinden die Situation als ausweglos; wenn Sie keine Zugeständnisse machen, wird er Sie die ganze Nacht wach halten, sein Statement endlos wiederholen und sich am Klang der eigenen Stimme berauschen. Das kann sich in manchen Fällen wie die Machtlosigkeit eines Kindes anfühlen – vor allem, wenn Ihnen beigebracht wurde, gegenüber einer Bezugsperson den Mund zu halten, die darauf bestand, dass Sie Ihre Ideen und Meinungen für sich behalten und ihre Ansicht als unumstößlich respektieren.

In all diesen Szenarien versuchen Sie instinktiv, sich zu schützen, fühlen sich aber letzten Endes provoziert, unsicher, eingeschüchtert, wütend oder machtlos – und ironischerweise ziemlich schutzlos. Warum ist das so? Um das zu verstehen, müssen wir uns noch einmal damit beschäftigen, wie das Gehirn funktioniert. Wenn Sie einem Grizzlybären gegenüberstehen, ist die Zahl der Überlebensmechanismen, die Ihnen in dieser Situation zur Verfügung stehen, überschaubar. Sie können versuchen, vor dem Bären davonzulaufen, ihn zu verjagen, oder einfach dastehen, erstarrt vor Angst und außerstande, sich vom Fleck zu rühren – die typischen *Fight-Flight-or-Freeze*-Reaktionen („Kampf, Flucht oder Erstarren"). Im Kontext der Schematherapie bezeichnen wir diese drei Überlebensmechanismen als Gegenangriff, Vermeiden und Aufgeben. Bei manchen Menschen hängt ihre Reaktion von der Art der Bedrohung ab; bei anderen scheint sie immer gleich zu sein, also unabhängig von der Art der Bedrohung.

Der „kleine Dienstweg“

In meinen Gesprächen mit Dan Siegel hat er mir folgende Zusammenhänge erklärt: Wenn das Gehirn eine Bedrohung wahrnimmt, werden die unteren subkortikalen (unterhalb der Hirnrinde liegenden) Bereiche (der Hirnstamm und das limbische System) aktiviert. Sobald das Signal einer Bedrohung von diesen subkortikalen Regionen – zum Beispiel der Amygdala (Mandelkern) – empfangen wird, werden Botschaften an den Körper ausgesendet, um Stress zu erzeugen und Sie darauf vorzubereiten, aktiv zu werden. Bestandteil dieser Reaktion ist die Ausschüttung von Reizhormonen, zum Beispiel Adrenalin. All das geschieht sehr schnell. In diesem festverdrahteten System vollzieht sich eine *Fight-Flight-or-Freeze*-Reaktion, die bei den meisten Tieren (also auch beim Menschen) für das Überleben von unschätzbarem Wert ist, wenn sie mit einer echten Gefahr oder lebensbedrohlichen Situation konfrontiert werden.

Dan Siegel hat dafür den Ausdruck „kleiner Dienstweg“ *(low road)* der Funktion geprägt, über den eine Bedrohung die höheren Funktionen des präfrontalen Kortex (Teil des Frontallappens der Großhirnrinde) ausschalten kann. Der präfrontale Kortex ist sozusagen das ausführende Organ des Gehirns, das dafür zuständig ist, den Verstand zu beruhigen, körperliche Funktionen zu steuern, logisch zu denken und klar und wissend darüber zu reflektieren, was sich gerade abspielt. Wenn der „kleine Dienstweg“ eingeschlagen wird, stehen diese Exekutivfunktionen nicht mehr zur Verfügung. Ohne solche Reflektion im präfrontalen Kortex könnten Sie zum Beispiel außerstande sein zu erkennen, dass ein nächtliches Geräusch nicht etwa ein Einbrecher ist, der die Treppe hinaufschleicht, sondern einfach ein Kollern in den Heizungsrohren. Siegels Arbeit eröffnet die Möglichkeit, solches auf dem „kleinen Dienstweg“ entstandenes Erleben von Ereignissen sowohl zu verstehen als auch zu beherrschen (Siegel, 2001, 2007; Siegel & Hartzell, 2004).

Im Umgang mit einem Narzissten kann es passieren, dass sowohl die Wahrnehmung einer Bedrohung entsteht als auch der „kleine Dienstweg“ aktiviert wird. Mithilfe von Reflektion können Sie jedoch mit dem Narzissten umgehen, ohne sich auf sein Spiel einzulassen. Dadurch können Sie also die Lage mit Selbstvertrauen, Selbstwertgefühl und Authentizität meistern, statt in seiner Gesellschaft Schweißausbrüche, Kopfschmerzen und einen trockenen Mund zu bekommen, weil Sie schon wieder mit einer Konfrontation rechnen müssen, bei der Sie niedergewalzt werden wie bei einem Frontalzusammenstoß mit einem Autobus.

Jenseits von *Fight, Flight, or Freeze*

Wenn Sie bei Ihren Interaktionen mit einem Narzissten effektive Ergebnisse erzielen wollen, müssen Sie die Choreografie Ihres Überlebenssystems ändern. Um Ihnen zu helfen, Ihre inneren Alarmsignale entsprechend zu justieren, wollen wir einige typische *Fight-Flight-or-Freeze*-Reaktionen etwas genauer betrachten. Lassen Sie uns darüber hinaus untersuchen, wie sich solche Reaktionen verändern lassen und wie Sie aufgrund dieser neuen Erkenntnisse am effektivsten kommunizieren können.

Gegenangriff (die *Fight*-Reaktion): Falls Sie dazu neigen, sich zu wehren, wenn Sie ignoriert oder verbal attackiert werden, lautet Ihr innerer Dialog: *Dir werd' ich's schon zeigen.* Das führt natürlich in den meisten Fällen zu ermüdenden Streitereien, noch heftigeren Verbalattacken oder zu verstärkten Rückzugstendenzen des Gegenübers.

Modifikation: Kämpfer müssen nicht aufhören zu kämpfen. Sie müssen nur Ihre Stellung halten, ohne anzugreifen. So könnte sich zum Beispiel Ihr innerer Dialog von *Dir werd' ich's schon zeigen* in *Auch ich habe Rechte verwandeln.*

Kommunikation: Ihr neuer Ansatz könnte sich zum Beispiel so anhören: „Obwohl es wahrscheinlich nicht deine Absicht ist, fühle ich mich durch dein Verhalten und dein Reden herabgesetzt. Ich werde es nicht länger hinnehmen, so respektlos behandelt zu werden. Wenn du ein Problem mit mir hast, kannst du mir das sagen, ohne mich niederzumachen oder mich zu ignorieren. Du hast gewisse Rechte, aber ich auch. Ich würde es gut finden, wenn du etwas rücksichtsvoller mit mir umgehen würdest, und ich werde es mit dir genauso halten."

Vermeidung (die *Flight*-Reaktion): Falls Sie dazu neigen wegzulaufen, wenn es schwierig wird, lautet Ihr innerer Dialog: *Ich bin dann mal weg – tschüs.* Aber je mehr Sie ausweichen, desto heftiger wird Ihr Gegenüber Ihnen zusetzen, noch mehr fordern und stur bleiben. Letzten Endes werden Sie sich in die Enge getrieben, außer Gefecht gesetzt und von Ihrer eigenen Stimme verlassen fühlen.

Modifikation: Falls Sie ein Mensch sind, der Abstand von heftigen Streitereien braucht, ist das völlig in Ordnung. Um jedoch einen Konflikt lösen zu können, müssen Sie über kurz oder lang wieder an den Verhandlungstisch zurückkehren. Ihr innerer Dialog könnte von einem *Ich bin dann mal weg* zu einem *Ich brauche eine Auszeit* werden.

Kommunikation: Ihr neuer Ansatz könnte zum Beispiel sein: „Ich weiß, dass dir diese Sache sehr wichtig ist. Sie ist mir auch wichtig, aber im Moment wird mir das alles zu viel. Ich brauche ein bisschen Zeit für mich, um meine Gedanken zu sammeln und neu zu sortieren, damit unser Gespräch wieder produktiv werden kann. Vielleicht würde auch dir das nützen."

Aufgeben (die *Freeze*-Reaktion): Falls Sie dazu neigen, bei Interaktionen, die sich bedrohlich anfühlen, zu erstarren, ist Ihre einzige Möglichkeit, um sich aus der aufdringlichen Umklammerung des Narzissten zu befreien, die Schuld auf sich zu nehmen und ihm zuzustimmen. Ihr innerer Dialog könnte sein: *Du hast ja recht; es ist alles meine Schuld.* Leider führt das häufig zu weiteren Vorwürfen wegen Ihrer unsicheren und inadäquaten Art.

Modifikation: Falls Sie reflexhaft mit Erstarren reagieren, könnte es hilfreich sein, eine bevorstehende Begegnung vorher zu proben. Ihr innerer Dialog könnte sich von einem *Es ist alles meine Schuld* in ein *Ich habe Fehler, aber es ist nicht alles meine Schuld* verwandeln.

Kommunikation: Ihr neuer Ansatz könnte sich zum Beispiel so anhören: „Anscheinend bist du sauer auf mich, und wenn ich das merke, neige ich dazu, aufzugeben und nachzugeben. Ich weiß, dass du dadurch nur noch wütender wirst, aber das ist nicht meine Absicht. Wenn wir uns streiten, falle ich immer wieder in diese Verhaltensmuster zurück, aber ich arbeite daran, selbstsicherer zu werden. Immerhin hast du auch eine gewisse Verantwortung in dieser Beziehung."

Schlussbemerkungen

Sie haben gesehen, dass die Ereignisse in Ihrem Leben und Ihre biologische Ausstattung für die Schemata und Reaktionen verantwortlich sind, die Sie daran hindern, effektiv mit dem Narzissten umzugehen. Sie haben geübt, Ihr inneres Radar zu aktivieren, um vorgewarnt zu werden, wenn Sie in alte Gewohnheiten zurückfallen wollen, und Sie haben begonnen zu lernen, auf sensorische Informationen zu achten. Der Mensch ist zwar mit reflexhaften Überlebensreaktionen ausgestattet, aber er ist auch extrem flexibel. Sie haben begonnen zu erkennen, wie Sie in schwierigen Beziehungen für Ihre Interessen einstehen und Ihre Authentizität stärken können, indem Sie Ihre inneren Dialoge verändern und sich neue Kommunikationsansätze zu eigen machen; so können Sie auch auf Veränderungen in solchen Beziehungen hinwirken.

In Kapitel 5 werden Sie Gelegenheit bekommen, Ihre Fertigkeiten, auf sensorische Informationen zu achten, weiter zu verbessern. Sie werden erfahren, wie nützlich achtsame Aufmerksamkeit sein kann, um neue Gewohnheiten zu entwickeln und in Ihrer Kommunikation flexibler zu werden. Außerdem werden Sie Anregungen erhalten, wie Sie neue Skripte entwickeln können, um zwischenmenschliche Interaktionen mit einer authentischen Stimme zu steuern.

5. Aufmerksam sein: sich schwierigen Begegnungen mit einem Narzissten stellen

Was immer wir auch sehen, es ist nur ein Schatten –
geworfen von etwas, das wir nicht sehen.
(Martin Luther King jr.)

Bei der bisherigen Arbeit mit diesem Buch haben Sie viel Zeit und Mühe darauf verwendet, Ihre Lebensgeschichte besser zu verstehen, Ihre verschiedenen Lebensthemen zu untersuchen und herauszufinden, wie Ihre früheren Erfahrungen Ihre manchmal fröhliche und manchmal düstere Stimmung beeinflussen. Sie haben die Zusammenhänge zwischen Ihren Erfahrungen, Neigungen und Schemata genauer betrachtet. Sie haben ein Gefühl dafür entwickelt, warum es für Sie besonders schwierig ist, mit einem Narzissten umzugehen, warum Sie sich zu solchen Menschen hingezogen fühlen und sich von ihnen vereinnahmen lassen. Sie können besser vorhersehen und erkennen, wie und warum Ihre Schemata ausgelöst werden, und Sie haben sich eine Reihe von Fertigkeiten erarbeitet, um sich selbst und den Narzissten besser zu verstehen und allmählich effektiver und authentischer zu kommunizieren.

Der nächste Schritt ist, dass Sie sich vollständig im Hier und Jetzt verankern. Zweifellos kennen Sie die Redewendung „zum einen Ohr herein, zum anderen wieder hinaus". Dieser Ausdruck ist ein schönes Beispiel für die Macht des „teflonbeschichteten" Gehirns – manchmal scheinen gewisse Dinge dem Bewusstsein einfach zu entgleiten. Hin und wieder kann das geradezu befreiend wirken, weil es uns erlaubt, dem kakophonen Zusammenspiel von Verstand und Gedächtnis vorübergehend zu entkommen. Wenn also Madame „Weiß alles besser und hat nie die Schuld" Ihnen mit einem ihrer achtlos hingeworfenen Kommentare zu einem schwierigen persönlichen Problem in Ihrem Leben auf die Nerven geht oder vom Thema abkommt und wieder einmal – nur notdürftig durch scheinheilige Bescheidenheit bemäntelt – erzählt, wie wunderbar sie ist, greifen Sie auf die teflonbeschichtete Funktion Ihres Gehirns zurück. Sie drücken auf Ihren internen *Mute*-Knopf, deaktivieren Ihre Schemata und atmen erst einmal tief und unaufgeregt durch. Wenn es in der gegebenen Situation passend ist, stellen Sie die Narzisstin souverän zur Rede, oder Sie ignorieren ihre Äußerung, weil es sich nicht lohnt, sich damit aufzuhalten. In einer Situation, in der Sie bei früheren Gelegenheiten durch Ihren „lärmenden" Verstand nervös und wütend geworden wären und sich unsicher und hilflos gefühlt hätten, gleitet Ihr Ärger diesmal mühelos davon – wie ein lockeres Omelett aus einer gut vorbereiteten Teflonpfanne.

Befreien Sie sich von Ihren eingefahrenen Gewohnheiten

Ein tief empfundenes Bewusstsein dessen, wer Sie sind und wie Sie so geworden sind, ist ein sehr nützliches Werkzeug, um positive Ergebnisse zu ermöglichen. Um jedoch dieses Werkzeug möglichst wirkungsvoll einsetzen zu können, sollten Sie einige unterstützende Fertigkeiten entwickeln. Die wichtigste davon ist die Fähigkeit, ungesunde Gewohnheiten zu erkennen und darauf zu achten, wann immer Sie sich solchen Gewohnheiten hingeben – dies ist der Schlüssel, mit dem Sie sich neue Möglichkeiten erschließen können, um auf den Narzissten in Ihrem Leben zu reagieren und effektiver mit ihm umzugehen.

Es ist ein Teil Ihres menschlichen Wesens, dazu prädisponiert zu sein, stets das Vertraute zu suchen und mit erlernten, entwickelten und angeborenen, gewohnheitsmäßigen Verhaltensweisen zu reagieren. Zwar sind manche dieser Gewohnheiten gesund und adaptiv, aber andere sperren Sie in das Gefängnis emotional und körperlich qualvoller Schemata. Darum ist es entscheidend, dass Sie sich ein klares Bild von Ihrem inneren Erleben machen und eine tief empfundene Sensibilität dafür entwickeln – vor allem für die verletzlichen Bereiche Ihres Innenlebens. Außerdem ist es wichtig, dass Sie Selbstmitgefühl entwickeln – das versetzt Sie in die Lage, Ihren Fokus und Ihre Reaktionen zu verlagern, wenn Sie Ihre Verletzlichkeit spüren. Anstatt zu versuchen, belastende Situationen mit den immer gleichen, alten Botschaften zu bewältigen – *Ich bin nicht liebenswert; Niemand kann meine Bedürfnisse erfüllen; Ich habe keine Rechte; Ich bin dafür verantwortlich, andere Menschen glücklich zu machen* und Ähnlichem mehr –, können Sie sich auf realistischere Einschätzungen der Lage konzentrieren und so Geist und Körper von den Belastungen befreien, die mit diesen seit Langem anhaltenden und unrealistischen Themen assoziiert sind. Sobald Sie solche schädlichen Gedankenmuster zerlegt und revidiert haben, sollten Sie Ihre neue, wirklichkeitsgetreuere Realität parat halten, um Ihre Schemata und die Umstände, von denen sie ausgelöst werden – vor allem Begegnungen mit narzisstischen Menschen – abzuwehren.

Wie können Sie sich also von jenem alten Gefängnis fernhalten? Sie wissen ja inzwischen, welche Macht das Gedächtnis im Gehirn entfalten kann. Und solange Sie ein Gedächtnis haben, werden Sie es auch mit Schemata zu tun haben, die Sie in den Griff bekommen sollten. Sobald jedoch Ihre neu erarbeitete, kluge und liebevolle innere Stimme als Ihr aufmerksamer und besonnener Anwalt fungiert, werden Sie feststellen, dass Ihre Schemata viel seltener ausgelöst werden – und wenn es doch einmal passiert, wird das daraus entstehende Erleben weniger intensiv sein und Sie werden sich viel rascher wieder davon erholen können. Das ist wohl das beste Ergebnis, das Sie erwarten können. Und wenn man es recht bedenkt, ist das gar nicht einmal so schlecht – vor allem, da Sie nicht erwarten können, ständig auf der Hut sein zu können. Manchmal werden Sie wieder in Ihre alten Gewohnheiten zurückfallen und sich in jener vertrauten Gefängniszelle wiederfinden – darum bittend, gehört zu werden, ins Kopfkissen weinend oder wie betäubt an die Wand starrend. Aber dann sollten Sie daran denken, dass es sich dabei lediglich um einen Ausrutscher handelt und nicht etwa um ein Zeichen, dass Sie von Haus aus unzulänglich oder zum Versagen verdammt sind. Wenn Sie sich diese Perspektive zu eigen machen, werden Sie bald feststellen, dass Sie sich aus jener alten Zelle heraus- und in den aktuellen Moment zurückhieven können.

Lassen Sie uns das anhand eines Beispiels näher betrachten. Stellen Sie sich vor, Sie wären auf einer Party und träfen dort „Mr-Partylöwe-wie-war-doch-gleich-Ihr-Name?“. Sie schlüpfen daraufhin in Ihren altbekannten eingeschüchterten Modus, nach dem Motto: *Ich habe hier nichts zu melden, also werde ich einfach den Mund halten.* Sie spüren, wie nervös Sie sind, weil sich ein Knoten in Ihrer Magengrube zusammenzieht. Das ist Ihr Hinweis: Sie erkennen, wie vertraut dieses Gefühl und die damit verknüpften Überzeugungen sind. Nehmen Sie sich einen Moment Zeit und richten Sie einen freundlichen und beruhigenden Fokus auf Ihr Innenleben, vielleicht in Form einer sanften, diskreten Stretchingübung oder ein paar leichten Atemzügen, und lauschen Sie den Worten Ihres inneren Anwalts, den Sie so meisterhaft erschaffen haben – die innere Stimme, die Ihnen die Wahrheit sagen kann, wann immer Sie Gefahr laufen, in Ihre alten Gewohnheiten zurückzufallen. Denken Sie daran, dass Sie völlig in Ordnung sind und dass Ihre Reaktion sich einfach aus alten, nagenden Erinnerungen nährt. Denken Sie daran, dass Sie Rechte und eine eigene Meinung haben und dass es Ihnen zusteht, die Party zu genießen, ohne das Ego von „Mr Nervensäge“ füttern zu müssen. Wenn Sie Ihr Innenleben wieder in den Griff bekommen haben, können Sie ihm klugerweise aus dem Weg gehen, soweit das möglich ist – und wenn Sie ihm doch einmal über den Weg laufen, können Sie Ihre Stimme und Integrität bewahren.

Einem meiner Klienten ist eine clevere Metapher eingefallen, als er dabei war, an seinen Problemen mit verdecktem Narzissmus zu arbeiten; gleichzeitig wollte er auch seine Essgewohnheiten ändern. Wir sprachen über sein Bedürfnis, Anerkennung zu bekommen, und die Nervosität, die sich bei ihm einstellte, wann immer sein sehr beliebter (und narzisstischer) Kollege Joe in der Nähe war: „Joe ist der Cheeseburger, den ich unbedingt haben *will.* Wenn er mich nur in seinen inneren Kreis aufnehmen würde, dann könnte ich das Gefühl haben, ein ganz besonderer Mensch zu sein.

Aber andererseits weiß ich: Was ich tatsächlich brauche – und wirklich genieße – ist der *Chicken-Wrap,* denn ich bin ja sowieso ein besonderer Mensch, und die beste Art, mich um mich selbst zu kümmern, besteht darin, gesündere Leute in mein Leben zu bringen. Meine Mutter wusste nicht, wie sie mir vermitteln konnte, mich geborgen und geliebt und um meiner selbst willen als besonderer Mensch akzeptiert zu fühlen. Der einzige Grund, warum ich mich danach sehne, dass Joe mich akzeptiert, ist mein Schema – es gibt mir das Gefühl, nicht gut genug zu sein und etwas Besonderes sein zu müssen; durch dieses Schema habe ich das Gefühl, mit den beliebten Typen abhängen zu müssen, um dazuzugehören. Joe ist ein Betäubungsmittel gegen den Schmerz meiner durch das Schema ausgelösten Gefühle. Aber in Wirklichkeit haben Joe und ich keine Gemeinsamkeiten; also kann er für mich bestenfalls eine Krücke sein. Aber ich brauche keine Krücken – ich brauche echte Freunde."

Die Macht der Achtsamkeit

Um sich selbst ebenso klar sehen zu können wie dieser Klient von mir und um zu vermeiden, Ihren Schemata in die Falle zu gehen und in alte Gewohnheiten zurückzufallen, ist es wichtig, achtsame Bewusstheit zu entwickeln. Einen Eindruck davon haben Sie bereits in einigen der Übungen im vorigen Kapitel bekommen. Jetzt wollen wir uns darauf konzentrieren, diese Fertigkeit weiterzuentwickeln. Vereinfacht gesagt bedeutet achtsame Bewusstheit, dass Sie genau auf Ihr äußeres und inneres Erleben und die dabei auftretenden Empfindungen achten und sich darauf einstimmen. Sie versetzen gezielt Ihr sensorisches System in Bereitschaft und richten Ihre Wahrnehmung nach Belieben auf das, was Ihnen gerade wichtig erscheint. Meine Freundin Laura Fortgang, hervorragende Autorin und renommierter Coach in beruflichen Fragen, beschreibt es so: „Achtsamkeit bedeutet, sich zwar über alles bewusst, aber über nichts sicher zu sein." Mir gefällt diese Definition sehr gut, denn sobald Gewissheit ins Spiel kommt, bleiben andere Möglichkeiten auf der Strecke. Die Möglichkeit, die Dinge durch eine ganz neue sensorische Brille zu sehen und zu empfinden, ist der Lohn eines flexiblen Geistes. Durch Bewusstheit und Flexibilität eröffnen Sie sich die Möglichkeit, Ihre Innenwelt und die Welt um Sie herum in völliger Klarheit und ihrer ganzen Tiefe, Farbe und Bewegung zu sehen. Denken Sie zum Beispiel einmal an das Meer – mit achtsamer Aufmerksamkeit können Sie das Rauschen der Brandung viel intensiver in seiner Räumlichkeit wahrnehmen. Auch die Empfindungen, die der warme Meeresdunst und das strahlende Sonnenlicht auf Ihrem Gesicht auslösen, werden intensiver. Sie können den Salzgehalt der Luft riechen und sogar schmecken. Wenn Sie sich ganz auf Ihre Sinne einstimmen, können Sie den aktuellen Moment in seinem ganzen Facettenreichtum erleben.

Üben ist wichtig

Wenn man ein achtsames Gehirn entwickeln will, muss man regelmäßig üben. Wie bei allem, was Sie lernen oder meistern wollen, sind Zielstrebigkeit und Wiederholung notwendig. Denken Sie nur daran, wie es war, Fahrrad- oder Autofahren zu lernen – bevor Sie die Landschaft genießen konnten, mussten Sie genau über die notwendigen Verrichtungen mit Händen und Füßen nachdenken, über Ihre Körperhaltung, wohin Sie steuern, die Geschwindigkeit und visuelle Hinweise.

Vor vielen Jahren bot mir ein Freund an, mir zu zeigen, wie man ein Auto mit manueller Gangschaltung fährt. Er dirigierte mich zu einer steil ansteigenden Straße, und das auch noch mitten im Berufsverkehr – er sagte, ich müsse mich von vornherein an die schwierigsten Situationen gewöhnen. Obwohl ich bereits acht Jahre Erfahrung als Autofahrerin hatte, fühlte ich, wie meine verschwitzten Hände das Lenkrad umklammerten, mein Rücken sich steif gegen den Sitz drückte und meine Blicke immer wieder unwillkürlich zum Rückspiegel wanderten, weil der Wagen hinter mir für meinen Geschmack viel zu dicht auffuhr. Mein Herz schien im Takt eines stummen Refrains zu schlagen: *Mit dem linken Fuß die Kupplung treten. Bremse lösen. Mit dem rechten Fuß Gas geben. Mit dem linken Fuß vorsichtig die Kupplung kommen lassen. Und bloß keinen Unfall mit dem neuen Auto deines Freundes bauen!*

Es erforderte intensive Konzentration und Anstrengung, diese neue Fertigkeit zu erlernen. Aber schon bald darauf fuhr ich mein neu angeschafftes Auto mit manueller Gangschaltung bei dichtem Verkehr steil bergauf, während ich Radio hörte, mir die Gegend ansah und an die Prüfung dachte, die mir bevorstand. Dabei fiel mir auf, dass ich mich beim Fahren nicht mehr auf die Einzelheiten konzentrieren musste – zumindest nicht mehr so gezielt und intensiv wie vorher. Fahren mit manueller Gangschaltung war zu einer aus dem Gedächtnis abrufbaren Sequenz choreografierter Bewegungen geworden. Wenn man sein Auto zumindest hin und wieder fährt, übt man dabei natürlich jedes Mal – und durch solches Üben wird diese Fertigkeit immer wieder aufs Neue gefestigt.

Vielleicht fällt Ihnen eine ähnliche eigene Erfahrung ein, aus Erinnerungen daran, wie Sie verschiedene Fertigkeiten erlernt haben. Probieren Sie einmal Folgendes:

1. Rufen Sie sich in Erinnerung, wie Sie das erste Mal eine Fertigkeit erlernten, die Ihre totale Konzentration und Aufmerksamkeit erforderte.
2. Achten Sie darauf, wie viele Sinne Sie in die Erinnerung an diese Erfahrung einbeziehen können: Wie es sich anfühlte, wie es aussah, klang, roch und schmeckte, in Verbindung mit den Gedanken und Emotionen, die Sie dabei ganz am Anfang hatten.

dauerte es, bis Sie sich bei dieser Aktivität nicht mehr so aufmerksam eren mussten, bis Sie wieder empfänglich waren für andere Sinnesein-

Falls Ihre Erinnerung Sie zu einer artistischen oder sportlichen Aktivität zurückführt – zum Beispiel Tennisspielen –, könnten Sie denken, dass Sie in Ihrer intensiven Konzentration nie nachlassen durften, wenn Sie gut spielen wollten. Aber vielleicht können Sie sich daran erinnern, wie sehr sich Ihre ersten Schlagübungen auf dem Tennisplatz von dem ersten echten Match unterschieden, bei dem Sie sich nicht nur auf das Schlagen des Balls konzentrieren, sondern sich dabei auch schon auf den nächsten Schlag des Gegners vorbereiten konnten.

Wir alle kennen die Redewendung „Übung macht den Meister“. Selbst wenn man es nicht zur wahren Meisterschaft bringen sollte, ist Üben – etwas immer wieder zu wiederholen, sei es mit Trainer oder ohne – der Schlüssel, um sich bestimmte Informationen oder Verhaltensweisen ins Gedächtnis einzuprägen. Ob Sie nun Ihre Tennis-Rückhand üben, Ihr Klavierspiel oder die Kunst, sich nicht vor einer einschüchternden Person zu ducken – Sie sind dabei ganz gezielt damit beschäftigt, eine bestimmte Aktivität immer wieder zu wiederholen. Dabei könnten Sie etliche Ziele verfolgen:

- neue Gewohnheiten zu entwickeln;
- sich unerwünschte Gewohnheiten abzugewöhnen;
- ausreichende oder bessere Leistungen zu ermöglichen;
- all dies ins Gedächtnis einzuprägen und vielleicht das Gefühl zu entwickeln, die betreffende Fertigkeit gut zu beherrschen.

Wie Achtsamkeit Ihnen beim Umgang mit dem Narzissten hilft

Um den Umgang mit Narzissten zu erleichtern, ist es wichtig, die Kunst zu üben, aufmerksam zu sein. Wenn Sie sich zum Beispiel Ihrer hängenden Schultern in achtsamer Weise bewusst sind, wenn Sie resigniert einer bevorstehenden Interaktion mit dem Narzissten entgegensehen, wird es Ihnen leichter möglich sein, positive Veränderungen herbeizuführen. So könnten Sie zum Beispiel feststellen, dass Ihre Körperhaltung auf einer eingefahrenen Gewohnheit beruht – nämlich, dass Ihr Verstand die übliche Niederlage erwartet. Aufgrund dieser klaren Erkenntnis treffen Sie die Entscheidung, sich in einer starken und selbstsicheren Haltung zu zeigen, mit erhobenem Kinn und durchgedrückten Schultern. Außerdem beschließen Sie, Ihre Achtsamkeit auf Gesicht, Hände und körperliche Präsenz Ihres Gegenübers zu lenken und daran zu denken, dass auch er nur ein Mitglied der faszinierenden und unvollkommenen Spezies Mensch ist. Wenn Sie sich auf diese Weise geistig und körperlich eingestimmt haben und dadurch die Situation achtsamer und realistischer einschätzen können, befreien Sie sich von all den inneren Imperativen und Zwängen – und von der Macht Ihrer Schemata. Und dann wissen Sie nicht nur, dass Sie völlig in Ordnung sind, sondern Sie können es sogar fühlen.

Bewusstheit fördert Entdeckergeist, der wiederum freies Denken fördert. Und diese Freiheit des Denkens ermöglicht es Ihnen, Verantwortung dafür zu übernehmen, wie Sie sich der Welt zeigen. Anstatt dem Narzissten wie gewohnt die schuldbewusste, unterdrückte oder machtlose Seite Ihres Selbst zu zeigen, können Sie sich in Ihrem authentischen, gesunden und erwachsenen Selbst verankern. Sie sind gewappnet mit Ihrer festen Verankerung im aktuellen Moment. Dem Narzissten sind Sie durch Empathie für seine unbewussten Gefühle von Scham und Unzulänglichkeit verbunden, die er so angestrengt zu kaschieren versucht, und so werden Sie die Selbstsicherheit haben, ihn taktvoll in seine Schranken zu weisen, wenn er Ihre Grenzen überschreitet. Indem Sie sich Ihrer automatischen Reaktionen bewusst werden, können Sie mehrere wichtige Fakten erkennen:

- Plötzliches Unbehagen kann die Aktivierung eines Schemas anzeigen.
- Die Gedanken und Gefühle, die von Ihren Erinnerungen ausgelöst werden, müssen in der aktuellen Situation nicht unbedingt relevant sein.
- Sie haben Alternativen in der aktuellen Situation.
- Sie müssen nichts beweisen und nichts verstecken.
- Auch Sie haben Rechte.

Sobald Sie Ihr achtsames Gehirn entwickelt haben, können Sie Ihre Gedanken, Überzeugungen und Erwartungen spielen lassen wie Muskeln, die Sie durch engagiertes und diszipliniertes Training und Üben konditioniert haben. Und wenn Sie sich in der Gegenwart verankern wollen, ist – ebenso wie beim Konditionieren von Muskeln – regelmäßiges Üben erforderlich, und zwar auch, wenn es manchmal schmerzhaft sein sollte. Da Sie durch Entwickeln von Achtsamkeit so viel zu gewinnen und nichts zu verlieren haben, wollen Sie wahrscheinlich möglichst schnell damit anfangen. Die folgende Übung beschreibt eine einfache Methode, um Ihre Bewusstheit durch Achtsamkeit zu schärfen.

ÜBUNG

So setzen Sie Ihr achtsames Gehirn ein

Wie bereits beschrieben, ist es von entscheidender Bedeutung, dass man regelmäßig übt, wenn man neue Fertigkeiten entwickeln will. Nehmen Sie sich vor, für die folgende Übung zweimal täglich fünf Minuten zu reservieren. Eine Anleitung für diese Übung, die Sie ausdrucken und bei sich tragen können, finden Sie im Internet unter ↗ http://www.junfermann.de/titel-1-1/mit_narzissten_leben-10221/. Wenn Sie für diese Übung jeweils etwas mehr Zeit reservieren, wird der Lernerfolg besser sein und Ihre neu entwickelte Achtsamkeit wird Ihnen umso schneller in Fleisch und Blut übergehen. Für diese Übung brauchen Sie sich kein ruhiges Plätzchen zu suchen; Sie können sie eigentlich überall durchführen. Allerdings sollten Sie darauf achten, dass Sie dabei nicht gestört werden, zum Beispiel durch jemanden, der Sie anspricht.

Sie können diese Übung mit offenen oder geschlossenen Augen durchführen. Wenn Sie dabei die Augen schließen, fördern Sie dadurch eine intensivere Begegnung mit Ihren Sinnen, aber Sie können die Augen auch offen halten, falls das notwendig sein sollte. Lesen Sie sich die Anleitung mehrmals durch, um sich mit den einzelnen Schritten vertraut zu machen. Vielleicht werden Sie es nützlich finden, eine Tonaufnahme der Anleitung zu machen, die Sie abspielen können, bis Sie diese Achtsamkeitsübung im Schlaf beherrschen. Beziehen Sie im Verlauf der Übung alle Sinne mit ein.

1. Konzentrieren Sie sich auf Ihre Atmung und achten Sie dabei reihum auf die folgenden Aspekte, ohne irgendetwas zu erzwingen:
   - Achten Sie beim ersten Atemzug auf das Heben und Senken der Bauchdecke.
   - Konzentrieren Sie sich beim zweiten Atemzug auf das Ausdehnen und Zusammenziehen der Lungenflügel.
   - Achten Sie beim dritten Atemzug darauf, wie die kühle Luft beim Einatmen durch die Nasenlöcher eintritt und spüren Sie dann die Wärme der Luft, die Sie ausatmen.
2. Wiederholen Sie diese Sequenz dreimal und achten Sie dabei auf das Heben und Senken der Bauchdecke, das Ausdehnen und Zusammenziehen der Lunge und auf die Temperatur der Luft, die Sie ein- und wieder ausatmen.
3. Falls Ihre Augen geöffnet sind, lassen Sie den Raum, in dem Sie sich befinden, visuell auf sich wirken. Falls die Augen geschlossen sind, rufen Sie sich diesen Eindruck in Erinnerung. Beschreiben Sie das, was Sie sehen: die Farben, Größen, Formen, Ausdehnungen und Bewegungen von allem, was um Sie herum ist.
4. Achten Sie auf die Geräusche in Ihrer Umgebung. Lassen Sie diese Geräusche unverfälscht und unvoreingenommen in Ihre akustische Wahrnehmung dringen. Beschreiben Sie ein jedes davon, vom lärmenden Rattern des Rasenmähers, das durch die Fensterscheiben dringt, über das fröhliche Durcheinander der Stimmen spielender Kinder bis hin zu den sanftesten Geräuschen: dem Rauschen der Luft im Belüftungsschacht, dem leisen Ticken der Wanduhr oder dem gedämpften Surren des Notebooks auf dem Schreibtisch.

5. Beziehen Sie auch den Geruchssinn in die Übung mit ein und versuchen Sie, die in der Luft liegenden Düfte auseinanderzuhalten.
6. Richten Sie dann Ihre Aufmerksamkeit auf den Geschmackssinn. Während Sie langsam und tief ein- und wieder ausatmen, stellen Sie fest und beschreiben Sie, was Sie dabei schmecken können.
7. Konzentrieren Sie sich dann darauf, wie Sie die Dinge spüren, die Sie körperlich berühren. Achten Sie auf die Kleidung auf der Haut, auf einen Luftzug, der um die Wangen streicht, das Material oder die Festigkeit des Polsters, auf dem Sie sitzen, das Gefühl des Bodens unter den Fußsohlen oder des Sandes zwischen den Zehen.
8. Richten Sie dann Ihre Aufmerksamkeit auf Ihre Innenwelt, auf die Welt unter der Haut. Machen Sie nach Möglichkeit ein paar einfache Stretching-Übungen und atmen Sie dabei tief durch. Fangen Sie mit der Oberseite des Kopfes an und nehmen Sie dann allmählich den gesamten Körper wahr, von Kopf bis Fuß, das Gesicht, den Hals, die Gliedmaßen, Finger und Zehen. Achten Sie auf Ihre Empfindungen in der Muskulatur und den Eingeweiden, so zum Beispiel Energie, Erschöpfung, Anspannungen, Kribbeln, Schmerzen, Taubheit, Übelkeit oder Schwächegefühle. Spüren Sie einfach Ihren Empfindungen nach. Werden Sie sich der emotionalen Reaktionen bewusst, die sich in Ihrem Inneren entfalten. So könnten Sie zum Beispiel feststellen, dass Ihre inneren Empfindungen sich als Reaktionen auf Traurigkeit, Furcht oder Wut bemerkbar machen. Stellen Sie das einfach fest, beschreiben Sie es und lassen Sie zu, dass Ihre Aufmerksamkeit still darauf verweilt, während Sie beobachten, ohne zu werten.

Versuchen Sie bei dieser Übung, sich eine offene und gleichmütige Haltung zu bewahren – das heißt, sie durchzuführen, ohne dass Erwartungen und Vorlieben Ihre Konzentration stören. Ihre Gedanken *werden* versuchen, Sie von der Übung wegzulocken. Falls das passieren sollte, achten Sie auf solche Gedanken, beschreiben Sie sie, akzeptieren Sie sie und lassen Sie ihnen ihren Lauf. Falls sich zum Beispiel ein Gedanke wie *Das ist ja albern. Wie soll sich durch diese Übung irgendwas ändern?* einstellen, nehmen Sie einfach zur Kenntnis, dass Sie diesen Gedanken haben und dass es sich dabei um ein Werturteil handelt. Sagen Sie sich einfach, *Okay, ich hab's begriffen,* lassen Sie dann den Gedanken los und kehren Sie zu der Übung zurück.

Falls Ihnen auf einem Schema beruhende Gedanken kommen (zum Beispiel *Nichts kann mir jemals helfen, meine Bedürfnisse erfüllt zu bekommen; ich bin dazu verdammt, emotional einsam und frustriert zu bleiben*), nutzen Sie den in Kapitel 4 beschriebenen Prozess „Beobachten – Einschätzen – Identifizieren – Differenzieren"; S. 95 ff.). Stellen Sie fest, dass Sie einen altbekannten Gedanken haben und schätzen Sie ein, ob er etwas mit einem alten Lebensthema oder Schema zu tun haben könnte. Sollte das der Fall sein, identifizieren oder beschreiben Sie ihn oder stellen Sie fest, dass Sie wissen, woher er kommt. (Zum Beispiel: *Okay, ich hab's begriffen. Ich weiß, dass es mein Schema „emotionale Entbehrung“ ist, das mich das traurige und einsame kleine Mädchen in mir spüren lässt, dass nie die Zuneigung und Empathie bekam, die es brauchte. Dieses Schema gibt mir das Gefühl, dass ich meine Bedürfnisse nie erfüllt bekommen werde.*) Differenzieren Sie, indem Sie sich sagen: *Aber das war damals, und dies ist jetzt.* Lassen Sie dann den Gedanken los und kehren Sie zu der Übung zurück.

Manche Gedanken – vor allem solche, die auf Schemata beruhen – können hartnäckig und zermürbend sein; dann kann Ihre Atmung Ihnen Halt bieten. Das Atmen bringt Sie in die Übung zurück, wenn Sie durch den Sog des Gedankenflusses davongetragen werden. Falls Sie feststellen sollten, dass Sie sehr abgelenkt sind, konzentrieren Sie sich wieder auf Ihre Atmung, wie es am Anfang der Übung beschrieben wurde – achten Sie auf das Heben und Senken der Bauchdecke, das Ausdehnen und Zusammenziehen der Lunge und die Temperatur der Luft, die Sie ein- und ausatmen.

Der Lohn der Achtsamkeit

Wenn Sie sich angewöhnen, gezielte Achtsamkeit zu praktizieren und Ihrem Entdeckergeist freien Lauf zu lassen, können Sie sich wunderbare neue Erfahrungen erschließen, die Sie bereichern werden. Allerdings kommt dabei auch Unerwünschtes zum Vorschein. Denken Sie daran, dass Erinnerungen in Gehirn und Körper gespeichert werden und durch eine unendliche Vielzahl sensorischer Reize hervorgerufen werden können. Allerdings werden Sie auch, wenn Ihre Achtsamkeit nach und nach immer besser eingestimmt und bewusster wird, besser zwischen Wahrheit und Fiktion unterscheiden können und zwischen dem, was alt ist, und dem, was zum Jetzt gehört. Genau das ist es, was Sie brauchen, um mit den schwierigsten Menschen in Ihrem Leben souverän umgehen zu können.

Im Rahmen seiner unermüdlichen Arbeit, die majestätische Qualität des Gehirns zu erforschen und zu kommunizieren, erklärt uns Dan Siegel, dass das Gehirn im aufmerksamen Zustand in der Lage ist, eine reflektierende Bewusstheit an den Tag zu legen, die es ermöglicht, Gefühle, Gedanken und Wahrnehmungen zu differenzieren, sie dann aber auch wieder zu der Gesamtheit von Körper und Geist zu integrieren. Ohne Achtsamkeit agieren Sie aus dem Normalzustand des Gehirns heraus, der durch automatische mentale Aktivitäten geprägt ist. Das Gehirn ist von Natur aus reaktiv, also nicht unbedingt rezeptiv (Siegel, 2007).

Wie bereits erwähnt, ist es allerdings nicht möglich, ständig in einem Zustand aufmerksamer Bewusstheit zu bleiben – vor allem auch in Anbetracht unserer biologisch bedingten Dispositionen und des geschäftigen Alltags, in dem wir heute leben. Wollten wir jederzeit völlig bewusst sein, würde dadurch unsere notwendige automatische Funktionalität außer Kraft gesetzt. Es ist eine bewusste Entscheidung und es erfordert Disziplin, aufmerksam zu sein. Wenn Sie auf Ihren körperlichen Zustand achtgeben, indem Sie sich bewusst ernähren und Sport treiben, könnten Sie dafür durch hervorragende Gesundheit, mehr Energie und ein längeres Leben belohnt werden; ebenso zahlt es sich aus, gezielt auf die eigenen Gedanken, Gefühle und Empfindungen achtzugeben, weil Sie dadurch die erfreulichen, erinnernswerten Momente im Leben aufmerksamer wahrnehmen – aber auch die aufdringlichen Störungen, die Sie besser vergessen sollten, vor allem, wenn Sie es mit dem Narzissten in Ihrem Leben zu tun haben.

Die vier häufigsten Masken des Narzissten und wie Sie am besten mit ihnen fertigwerden

Mittlerweile wissen Sie etwas mehr über Narzissmus und das individuelle Profil des Narzissten in Ihrem Leben. Sie verfügen über ein gut entwickeltes Inventar Ihrer eigenen Schemata und Bewältigungsstile, und Sie sind besser in der Lage, die Vorzüge Ihres aufmerksamen und flexiblen Gehirns zu nutzen. Damit sind die Voraussetzungen geschaffen, spezifische Strategien zu entwickeln, um besser mit den vier Masken fertigzuwerden, mit denen Sie es wahrscheinlich beim Umgang mit dem Narzissten in Ihrem Leben zu tun haben werden: der Angeberin, dem Tyrannen, der Anmaßenden und dem suchtanfälligen Selbstberuhiger.

Die Angeberin

Wenn Sie es mit einer Angeberin zu tun haben, sollten Sie sich vor Augen führen, dass es sich um eine Person handelt, die danach lechzt, von anderen bewundert und beneidet zu werden. Sie könnte offen überheblich oder verdeckt charmant und zurückhaltend sein. Sie leidet darunter, sich unfähig und unerwünscht zu fühlen, ist sich dessen aber vielleicht nicht bewusst. Sie hat gelernt, dass sie für eine Weile ihren Hunger stillen und ihre Schamgefühle unterdrücken kann, wenn es ihr gelingt, Sie zu beeindrucken. Sie findet in Ihrem Beifall ihr Spiegelbild. Abgesehen von dem Lob und der Bewunderung, die Sie ihr bieten können, zeigt sie wenig Interesse an Ihnen.

Durch Ihre feste Verankerung im gegenwärtigen Moment können Sie ihr offensichtliches Werben ignorieren und stattdessen positiv auf die einfachen und normalen Nettigkeiten im Umgang miteinander reagieren. Nehmen wir zum Beispiel an, bei der Narzisstin würde es sich um Ihre Freundin Vanessa handeln. Anstatt ihr – wie Sie es normalerweise tun – zu sagen: „Ach, Vanessa, ich weiß wirklich nicht, wie du das alles schaffst. Du bist eine so tolle Frau!“, könnten Sie eher alltägliche Dinge betonen: „Vanessa, ich weiß es wirklich zu schätzen, dass du mich gefragt hast, ob wir zusammen essen gehen wollen. Es ist schön, wenn jemand an einen denkt.“ Konzentrieren Sie sich auf zuvorkommende, unverbrämte Nettigkeiten anstatt auf die außergewöhnlichen, übertrieben glanzvollen Bilder und Taten, die sie Ihnen präsentiert, um von Ihnen bewundert zu werden. Vielleicht schaffen Sie es, selbst unter Vanessas hervorragenden Leistungen und ihrer modischen Überlegenheit ein bisschen Normalität aufzuspüren, der Sie Ihre ehrliche, aber zurückhaltende Anerkennung zollen können.

Nehmen wir an, sie sei gerade gebeten worden, bei der jährlichen Spendengala des örtlichen Krankenhauses die Moderation zu übernehmen. Es ist der gesellschaftliche Spitzenevent des Jahres, auf dem sich alles blicken lässt, was Rang und Namen hat, um Gemeinschaftssinn zur Schau zu stellen. Nachdem Vanessa Ihnen in aller Ausführlichkeit geschildert hat, warum sie für diese verantwortungsvolle Aufgabe auserkoren wurde – nämlich aufgrund ihres makellosen Rufes, ihrer eleganten Erscheinung und ihres beispiellosen PR-Know-hows –, könnten Sie ihr zum Beispiel antworten: „Wie schön für dich, Vanessa, dass du bei etwas mitwirken darfst, was den Bedürftigen zugute kommen wird, die von den Spenden an das Krankenhaus profitieren werden. Ich wünsche dir viel Erfolg dabei.“

Offen und souverän vermeiden Sie die Fallen, die Ihre Schemata Ihnen in den Weg stellen, und Sie lassen es nicht zu, vom Glanz des hochkarätigen Egos von Vanessa geblendet zu werden. Und während Sie beharrlich an Ihrer eigenen Klarheit festhalten, wissen Sie, dass Ihre freimütigen Antworten vielleicht sogar den Teil von Vanessas Persönlichkeit erreichen können, der sich danach sehnt, akzeptiert zu werden – und zwar auch ohne die Last, sich immer wieder aufs Neue großspurig beweisen zu müssen.

Der Tyrann

Wenn Sie es mit einem Tyrannen zu tun haben, sollten Sie sich vor Augen führen, dass es sich um einen Menschen handelt, der anderen Menschen und ihren Motiven zutiefst misstraut. Er hat die Angst, dass andere Menschen stets versuchen wollen, ihn zu dominieren, zu blamieren oder auszunutzen. Er glaubt angesichts seiner Geschichte emotionaler Leere und seiner tief sitzenden Gefühle von Scham und Unzulänglichkeit, dass er niemandem wirklich am Herzen liegt. Er schützt sich, indem er sich übertrieben kritisch gibt und versucht, andere zu dominieren. Um das von ihm ersehnte Gefühl von Wichtigkeit und Autorität zu erreichen, muss er dafür sorgen, dass Sie sich schwach, hilflos und vielleicht sogar dumm vorkommen.

Durch Ihre feste Verankerung im gegenwärtigen Moment und Ihre neu gewonnenen Erkenntnisse ruhen Sie selbstbewusst in sich selbst. Sie sehen dem Tyrannen fest ins Auge und erklären ihm dann genau, wie Sie sich durch seine Worte und Taten fühlen. Nehmen wir zum Beispiel an, der Narzisst sei Ihr Kollege Brad, der wegen eines Projekts, an dem Sie gearbeitet haben, unzufrieden ist. Sie könnten ihm zum Beispiel sagen: „Weißt du, Brad, es ist sehr schwierig – und eigentlich nicht hinnehmbar – für mich, wenn du in diesem Ton zu mir sprichst und meine Arbeit kritisierst, weil sie nicht deinen Erwartungen entspricht. Ich kann ja verstehen, dass du enttäuscht und vielleicht sogar frustriert bist. Vielleicht gefällt mir deine Kritik nicht, aber ich kann sie durchaus annehmen, sofern sie berechtigt ist. Aber das ist noch lange kein Grund, unfair zu werden. Ich glaube nicht, dass du mich kränken wolltest, aber manchmal hast du einfach so eine Art, übertrieben kritisch zu sein. Das ist nicht nur ärgerlich, sondern auch nicht gerade hilfreich."

Oder sagen wir, der Narzisst sei Ihr Lebenspartner Joe, der gerade in seinen Schikaniermodus umgeschaltet hat, weil er findet, dass Sie ihn auf einer Party zu wenig beachten. In dieser Situation könnten Sie sagen: „Joe, es ist mir wichtig, wie du dich fühlst, und ich will dir bestimmt nicht das Gefühl vermitteln, ich würde dich ignorieren. Ich kann ja verstehen, dass es dich ärgert, wenn ich abgelenkt bin, und dass du dir wünschst, ich würde mich mehr um dich kümmern. Aber du bist dafür verantwortlich, mir das in vernünftiger Form zu sagen, ohne mich zu beschimpfen oder zu beleidigen. Ich kann mich nicht um dich oder deine Gefühle kümmern, wenn du so zu mir redest. Es ist nicht hilfreich für uns, und für mich ist es ganz einfach inakzeptabel."

In beiden Szenarien haben Sie es vermieden, Ihrer früheren Neigung nachzugeben, sich zu entschuldigen, einen Gegenangriff zu starten oder weinend davonzulaufen. Mit dem beruhigenden Rückhalt Ihres standfesten inneren Anwalts sind Sie couragiert und integer geblieben.

Die Anmaßende

Wenn Sie es mit der Anmaßenden zu tun haben, sollten Sie sich vor Augen führen, dass es sich um eine Person handelt, die meint, sie könne ihre eigenen Regeln aufstellen und stets bekommen, was sie will und wann immer sie es will. Sie benimmt sich, als sei sie allen anderen überlegen, und sie ist davon überzeugt, eine bevorzugte Behandlung verdient zu haben. Das normale menschliche Gefühl von Geben und Nehmen ist ihr fremd. Sie hat Schwierigkeiten, „Nein" als Antwort gelten zu lassen, und scheint ihr häufig aufdringliches und forderndes Verhalten nie zu bereuen. Die Gefühle anderer Menschen interessieren sie nicht, und den Wert von Empathie kann sie nicht würdigen oder verstehen.

Durch Ihre feste Verankerung im gegenwärtigen Moment befreien Sie sich sanft von der Wut, die in Ihnen aufsteigt, atmen einmal tief durch, beruhigen Ihre Nerven und erklären ihr, wie die Dinge tatsächlich liegen. Nehmen wir zum Beispiel an, bei der Narzisstin würde es sich um Ihre Freundin Leanne handeln, mit der Sie zum Dinner verabredet sind. In gewohnter Manier erscheint sie mit 35 Minuten Verspätung, ohne Sie telefonisch darüber informiert zu haben. In dem betreffenden Restaurant gilt die Regel, dass Sie erst einen Tisch zugewiesen bekommen, wenn alle Mitglieder Ihrer Gruppe eingetroffen sind; darum warten Sie an der Bar und beobachten, wie ein Tisch nach dem anderen besetzt wird. Leanne stolziert herein, ohne Entschuldigung oder Erklärung, und als ihr gesagt wird, es würde eine Weile dauern, bis ein Zweiertisch frei werde, zitiert Sie sehr verärgert den Manager herbei, um sich über diese „lächerliche" Regel zu beschweren. Das lautstarke und selbstgerechte Gehabe, das sie in dieser Szene zum Besten gibt, ist Ihnen äußerst peinlich, und Sie sind verärgert über ihren völlig fehlenden Respekt für Sie und Ihre Zeit.

Dies ist nicht das erste Mal, dass Sie am liebsten in den Erdboden versinken würden, wenn Leanne eine ihrer üblichen, von Anspruchshaltung und Überheblichkeit geprägten Tiraden vom Stapel lässt. Ihre typische Reaktion bei solchen Gelegenheiten war bis dahin, sich zurückzuhalten und angesichts ihres rüden und peinlichen Verhaltens schüchtern und entschuldigend zu lächeln, gefolgt von einem Augenrollen und dem stillen Gedanken: *Na ja, so ist sie nun mal.* Aber dieses Mal nehmen Sie sie beiseite und sagen: „Leanne, dein Verhalten ist unangenehm und peinlich. Außerdem bin ich enttäuscht, weil du anscheinend auf meine Gefühle nicht viel Rücksicht nimmst und so tust, als ob es völlig in Ordnung wäre, wenn du machst, was du willst – sogar dann, wenn das ein schlechtes Licht auf mich wirft. Ich weiß, dass du es gewohnt bist, dass alles nach deiner Pfeife tanzt, und dass du darauf sogar stolz bist. In bestimmten Situationen ist es vielleicht sogar nützlich, solche Chuzpe zu haben. Aber es ist nicht in Ordnung, dass du meine Rechte und Gefühle völlig missachtest. Wahrscheinlich bist du jetzt zu sehr in Rage, um in Ruhe darüber zu reden, und

deswegen schlage ich vor, dass wir unser Dinner verschieben. V
rüber sprechen, nachdem du Gelegenheit hattest, dich wieder z

Bravo. Sie haben sich nicht geduckt, sich nicht für sie entsch
schon wieder ihr ungehöriges Verhalten durchgehen lassen.

Der suchtanfällige Selbstberuhiger

Wenn Sie es mit dem suchtanfälligen Selbstberuhiger zu tun haben, sollten Sie sich vor Augen führen, dass es sich um einen Menschen handelt, der sich im Zustand unwissentlicher Vermeidung befindet. Das unerträgliche Unbehagen, das mit seiner nicht erkannten Einsamkeit, Scham und Haltlosigkeit einhergeht, wenn er nicht im beruhigenden Glanz des Rampenlichts steht, treibt ihn immer wieder dazu, sich hinter seiner Fassade zu verschanzen. Vielleicht ist er in suchtartiges Verhalten verstrickt – Workaholismus, Saufgelage, ausgedehnte Shoppingtouren oder endloses Internet-Surfen. Manchmal lässt er noch einen weiteren seiner ermüdenden Monologe über irgendein esoterisches oder kontroverses Thema vom Stapel – nicht unbedingt, weil er Aufmerksamkeit sucht, sondern weil er versucht, dem nagenden Pochen seiner Einsamkeit und Unsicherheit zu entgehen. Sie können anklopfen, aber er kommt nicht zum Vorschein. Er kann es nicht riskieren, schutzlos dazustehen, mit all seinen Emotionen, Bedürfnissen und Sehnsüchten entblößt. Von Ihnen erwartet er, dass Sie sein selektives emotionales Verschwinden tolerieren und nicht von ihm verlangen, für Sie da zu sein – ungeachtet des hohen emotionalen Preises, den Sie dafür zahlen müssen.

Durch Ihre feste Verankerung im gegenwärtigen Moment erinnern Sie sich daran, dass er diese Maske nicht mit Absicht anlegt und dass es keineswegs Ihre Schuld ist, wenn er sich so häufig total distanziert verhält. Sie handeln aus einem Gefühl der Verantwortung heraus, gegenüber sich selbst und gegenüber Ihrer Rolle in der Beziehung – vor allem, wenn es eine für Sie wichtige Beziehung ist. Nehmen wir zum Beispiel an, bei dem Narzissten würde es sich um Ihren Mann Al handeln, der sich wieder einmal in eine seiner Workaholic-Episoden vergraben hat. Sie stellen ihn einfühlsam zur Rede und sagen: „Ich weiß, wie wichtig dir deine Arbeit ist, Al, und ich weiß, dass dein Ehrgeiz und deine Arbeit uns finanzielle Sicherheit und großartige Möglichkeiten bieten. Aber du fehlst mir, und ich mache mir Sorgen, dass du dich überarbeitest, ohne dass es notwendig wäre. Es fällt mir schwer, einfach die Hände in den Schoß zu legen und dich so zu sehen, ohne dir meine Sorge und mein Gefühl von Verlust mitzuteilen. Ich möchte gern mit dir darüber reden und versuchen, ob wir nicht einen Kompromiss finden können. Ich möchte dich bitten, mich nicht abzuweisen oder mir wieder einmal zu sagen, davon würde ich nichts verstehen. Diese che ist mir sehr wichtig. Falls wir keine Lösung finden können, die den Bedürfnissen von uns beiden gerecht wird, möchte ich, dass wir uns professionelle Hilfe suchen."

Sie werfen nicht länger das Handtuch und entschuldigen sich auch nicht mehr, weil Sie angeblich von seiner Karriere nichts verstehen; entschieden, aber einfühlsam strecken Sie ihm die Hand hin, um ihn aus der Finsternis der Einöde, die er bewohnt, herauszuziehen.

Schlussbemerkungen

Sie sind hellwach und einsatzbereit. Sie schöpfen neue Kraft aus einer neu entwickelten Sprache von Emotionen, Empfindungen und Gedanken, die Sie beherrschen gelernt haben. Sie haben erkannt, wie wichtig achtsame Bewusstheit ist auf Ihrem Weg, möglichst effektiv zu werden – vor allem im Umgang mit dem Narzissten in Ihrem Leben.

Das übernächste Kapitel 7 wird Ihnen zeigen, was sich entwickeln kann, wenn Sie Ihre geschärfte Bewusstheit mit fundiertem Wissen über die Gehirnstruktur des Narzissten untermauern. Sie werden erfahren, wie Sie dem Narzissten mit Empathie begegnen können, ohne ihn dabei aus seiner Verantwortung zu entlassen. In vielen Fällen ist das ein vielversprechender Ansatz, aber verschiedene Narzissten präsentieren sich auf einem breitgefächerten Verhaltensspektrum. Viele von ihnen sind einfach nur lästig; andere sind dagegen wirklich gefährlich und liegen möglicherweise außerhalb Ihrer Einflussmöglichkeiten. Falls Sie es mit einem solchen Menschen zu tun haben sollten, kann Ihre neu entwickelte Achtsamkeit Ihnen vielleicht helfen, zu erkennen, dass die Beziehung zu zerstörerisch ist, um sie fortzusetzen. Daher geht es im folgenden Kapitel 6 um schwerwiegende und gefährliche Probleme, die aus Narzissmus entstehen können – und darum, wie Sie sich aus einer solchen Beziehung lösen können, ohne sich in Gefahr zu bringen.

6. Den Rückzug antreten: Wie man gefährlichem Narzissmus entkommt

Meine Träume breite ich aus vor deinen Füßen;
schreite also vorsichtig voran, denn du trittst auf meinen Träumen.

(William Butler Yeats)

Unter bestimmten Umständen lohnt es sich nicht, darum zu kämpfen, eine enge Beziehung zu einem Narzissten fortzusetzen – und zwar selbst dann nicht, wenn Sie den nötigen Veränderungseinfluss haben. Der Narzisst könnte sogar eine Bedrohung für Ihre Sicherheit und Stabilität (und die Ihrer Kinder) darstellen. Die ganz überwiegende Mehrzahl solcher gefährlichen Narzissten ist männlichen Geschlechts. Als mögliche Erklärungen für dieses Ungleichgewicht sind vorgeschlagen worden: das Temperament von Männern und ihre stärker ausgeprägte Neigung zu aggressivem Verhalten; von primären männlichen Vorbildern oder durch sozial oder kulturell bedingte Verstärkung erlernte Verhaltensweisen sowie biologisch bedingte Neigungen bei Reaktionen auf Stress und Frustration infolge aktivierter Schemata. Gefährliche Narzissten zeigen niemals Reue, und in manchen Fällen scheint ihnen ein moralischer Kompass völlig zu fehlen. In extremen Fällen kann ihre selbstgerechte Starrköpfigkeit sogar den Eigenschaften von Soziopathen ähneln (die heute unter der Bezeichnung „antisoziale Persönlichkeitsstörung" zusammengefasst werden). Dieser Typus von Narzisst zeigt häufig eine völlige Missachtung oder gar Verachtung für andere Menschen und typisch menschliches, angeborenes Erleben. Falls Sie es mit einem solchen Narzissten zu tun haben, sollten Sie ernsthaft überlegen, Vorsorge für Ihre persönliche Sicherheit zu treffen und nach einem Ausweg aus dieser Beziehung zu suchen.

Wie erkennt man gefährlichen Narzissmus?

Es folgen einige für gefährliche Narzissten typische Verhaltensweisen. Lesen Sie die folgenden Listen sorgfältig durch und überlegen Sie, ob der Narzisst in Ihrem Leben solche Verhaltensweisen zeigt. Berücksichtigen Sie dabei auch, wie oft und in welchem Ausmaß er solches Verhalten zeigt. Falls der Narzisst in Ihrem Leben nur einige dieser Verhaltensweisen an den Tag legt und das auch nur hin und wieder, kann es unter Umständen möglich sein, die Beziehung zu retten. Wenn allerdings diese Verhaltensweisen häufig und umfassend auftreten, wird es wahrscheinlich das

Beste sein, wenn Sie einen Ausweg aus der Beziehung suchen. Falls Sie nicht wissen, wo Sie Hilfe finden können, sollten Sie sich an die nächste Polizeidienststelle oder an das landesweite Notruftelefon für häusliche Gewalt wenden, das (für Deutschland) rund um die Uhr unter der Telefonnummer 1-800-799-7233 zu erreichen ist. Zudem können Sie sich an das Hilfetelefon des Bundesamtes für Familie wenden (08000-116-016).

In der Schweiz wäre eine erste Anlaufstelle die Organisation „Die dargebotene Hand“ (Notrufnummer: 143). In Österreich erreichen Sie die Notrufzentrale unter der Nummer 02742-249-1310. Weitere aktuelle Informationen erhalten Sie über das Internet.

Gefahren für die finanzielle und rechtliche Sicherheit anderer

- Ist spielsüchtig;
- gibt extrem viel Geld aus;
- weigert sich, einer geregelten Arbeit nachzugehen;
- meint, es stehe ihm zu, betrunken zu fahren;
- kauft, konsumiert oder verkauft illegale Drogen;
- konsumiert Kinderpornografie;
- geht zu Prostituierten;
- hinterzieht Steuern;
- begeht korrupte und betrügerische Akte;
- stiehlt.

Gefahren für die körperliche oder emotionale Sicherheit anderer

- begeht körperliche oder verbale Misshandlungen;
- bedroht Sie, Ihre Kinder, andere Menschen oder möglicherweise sich selbst;
- setzt Sie und Ihre Kinder öffentlich herab;
- zerstört fremdes Eigentum; wirft mit Gegenständen, droht, Ihnen die Kinder zu entziehen oder Sie mittellos zurückzulassen oder lebt seine Aggressionen an Haustieren aus;
- lässt sich nicht davon abbringen, unter Drogeneinfluss zu fahren, selbst wenn Sie oder Ihre Kinder im Auto sind.

Gefahren für die Stabilität Ihrer Beziehung oder der sozialen Gemeinschaft

- geht fremd oder geht anderen promiskuitiven oder riskanten sexuellen Verhaltensweisen nach, geht zum Beispiel zu Prostituierten oder in Striplokale, konsumiert in problematischer Weise Pornografie oder frequentiert Internet-Chatrooms für Erwachsene;
- setzt Kinder achtlos Materialien, Sprache oder Verhaltensweisen aus, die ungeeignet für sie sind;
- ist ein notorischer Lügner;
- gerät in Streitigkeiten mit Nachbarn und anderen Mitgliedern der sozialen Gemeinschaft;
- lässt es – trotz Ermahnungen von staatlicher Seite – an nachbarschaftlichem Verhalten fehlen, indem er zum Beispiel zu laut Musik spielt, fremdes Eigentum beschmutzt, andere durch Lärm belästigt oder sich exhibitionistisch verhält.

In den vergangenen Jahren habe ich von vielen Klientinnen Geschichten über solches Verhalten gehört. Diese Frauen waren niedergedrückt von ihren Sorgen, schwierigen Fragen und Ängsten um die Zukunft ihrer Beziehung und wegen möglicher Folgen einer Trennung für ihre Kinder. In vielen Fällen begannen sie schon wenige Minuten, nachdem sie in meiner Praxis erschienen waren, unter Tränen von vielerlei Belegen für die sexuellen Ausschweifungen ihres Partners zu berichten, von ständiger Untreue über zwanghaften Konsum von Pornografie (manchmal von grauenhaft gewalttätigem Material) und Frequentieren von einschlägigen Internet-Chatrooms bis hin zu Aufenthalten bei Prostituierten und in Stripclub-Séparées. Ihre Partner hatten in vielen Fällen unzählige Stunden und Tausende von Dollar dafür aufgewendet, solchen sexuellen Gelüsten nachzugehen.

Da dieses Profil so häufig anzutreffen ist und da es solchen Frauen in vielen Fällen sehr peinlich ist zu enthüllen, dass ihr Partner solchen Aktivitäten nachgeht, wird es in diesem Kapitel um solche sexuell verirrten Übeltäter gehen. Falls Sie in einer Beziehung zu einem Narzissten leben, der zu körperlich aggressiven Ausbrüchen oder anderen Verhaltensweisen neigt, die Ihre Sicherheit bedrohen, sollten Sie unbedingt sofort externe Hilfe suchen. Desgleichen empfehle ich Ihnen dringend, einen Plan zu entwickeln, um sich und Ihre Kinder zu schützen, falls das Verhalten des Narzissten Ihre finanzielle oder rechtliche Sicherheit gefährdet. Alternativ sollten Sie überlegen, sich aus dieser Beziehung zu befreien – unter Umständen auch mit der Hilfe eines entsprechend geschulten Psychologen oder Therapeuten, falls es nicht anders geht.

Ausreden über Ausreden

Sobald sein Verhalten aufgedeckt wurde, streitet der Narzisst typischerweise jegliches Fehlverhalten ab, oder er versucht sich in Schadensbegrenzung, indem er seine Übertretungen bagatellisiert. Normalerweise ist er schnell mit der Ausrede bei der Hand, er sei lediglich so wie alle anderen Männer auch, oder er gibt seiner Partnerin die Schuld, weil sie zu dick, langweilig, prüde oder zu sehr mit den Kindern, ihrem Job oder anderweitig beschäftigt sei. Natürlich hat der Narzisst ohnehin kaum ein Interesse daran, wie seine Partnerin sich fühlt – und schon gar nicht, über solche Probleme zu sprechen, sein Verhalten infrage zu stellen oder daran zu arbeiten, es zu ändern.

Und dann kommt immer wieder die Behauptung, solches Verhalten gehöre zu einer ganz normalen männlichen Sexualität. Für den narzisstischen Mann mit seiner Anspruchshaltung und seiner Unfähigkeit, Gefühle von Isoliertheit oder emotionales Unbehagen zu tolerieren, ist das die perfekte Ausrede. Wie praktisch, einem Geschlecht anzugehören, als dessen Mitglied er das absolute Recht zu haben glaubt, sich außerhalb seiner Beziehung sexuell zu betätigen. Wie praktisch, zu behaupten, er habe nichts zu sagen, wenn es um die Ansprüche seines alles beherrschenden Phallus geht. (Und wie seltsam, dass es die einzige Ausnahme von der allumfassenden Überlegenheit des Narzissten bildet, von einem Teil seines eigenen Körpers als Geisel gehalten zu werden.) Aber man bedenke dabei Folgendes: Wenn es denn wirklich so wäre, dass sein schädliches Sexualverhalten lediglich Teil einer normalen Männlichkeit ist, warum geht er ihm dann heimlich nach? Und warum reagiert er mit Leugnen und Schuldzuweisungen, wenn er dabei ertappt wird?

Dessen ungeachtet spielt die Natur durchaus eine Rolle, wenn das Gehirn eines Mannes in Geiselhaft genommen wird, sobald er sexuell vermintes Gelände betritt. Der Autor und Philosoph Roger Scruton hat darauf hingewiesen, dass ein Mensch, sobald er durch seine Pornosucht dazu gebracht wird, „Sexualität so instrumentalisiert zu sehen, wie sie in Pornofilmen dargestellt wird, das Vertrauen in die eigene Fähigkeit verliert, Sex anders zu genießen als in Form von Fantasien." (2010, S. 157).

Das Gehirn kann durch sexuelle Stimulation gekapert werden, in ganz ähnlicher Weise, wie es auf Zucker reagiert. Gewisse Erkenntnisse über die Funktion des Gehirns legen den Schluss nahe, dass der erwünschte, suchterzeugende und erregende Kick, der durch Pornografie und andere sexuelle Aktivitäten außerhalb der Partnerschaft erzeugt wird, den Genuss verdrängen kann, der vormals von der Endorphine freisetzenden Befriedigung einer sexuellen Begegnung mit dem eigenen Partner ausgelöst wurde. Das bestärkt den Bewältigungsstil des Narzissten, der das chronische Bedürfnis hat, seine aus tiefstem Innern hervorbrechenden Anfälle von Einsamkeit und Leere abzuwehren – Gefühle, die er als Langeweile empfinden mag. Seine Suche nach distanzierter Selbststimulation, wenn er nicht gerade mit anderen Ablenkungen beschäftigt ist oder Hof hält, kann dazu führen, dass er den schnellen Kick sucht, der sich über kurz oder lang zu einer anhaltenden – womöglich auch sexuellen – Sucht auswachsen kann. Doch dieses unersättliche Verlangen nach Stimulation ist lediglich eine Ablenkung von dem zugrunde liegenden (und unerträglichen) emotionalen Hunger, der ihn quält und der unerfüllt bleibt.

Dabei kann es nicht schaden, dass ein so großer Teil der leicht zugänglichen Welt von Pornografie im Internet, Telefonsexdiensten und Ähnlichem mehr darauf ausgelegt ist, das männliche Ego zu streicheln und so den Narzissten auf das Podest zu heben, auf das er seiner Überzeugung nach ohnehin gehört. Außerdem erfordern sexuelle Erlebnisse durch Pornografie oder mit Prostituierten keine Intimität, wodurch der Narzisst zu einem schnellen Kick kommen kann, ohne dass Reziprozität erforderlich wäre. Da Narzissten nicht sehr gut darin sind, auf emotionaler Ebene etwas zurückzugeben, kommt es ihm sehr gelegen, dass dabei keine Erwartungen gestellt werden, dass es niemanden gibt, mit dem er authentisch sprechen oder umgehen müsste, und dass auf die Bedürfnisse anderer keine Rücksicht genommen werden muss. Und es kommt noch besser: In vielen Fällen gibt das Objekt seiner Fantasie vor, ihn absolut unwiderstehlich zu finden und gibt sich sehr erregt durch seine „Standfestigkeit" und die Größe seines … Geldbeutels. Welch ein verlockendes Festmahl für den unersättlich nach Bewunderung lechzenden Narzissten.

Die Grenze ziehen

So schädlich solche Verhaltensweisen auch sein mögen, so gehört doch nicht jeder Narzisst, der ihnen nachgeht, in die Kategorie des „gefährlichen Narzissten". Daher ist es wichtig für Sie, herauszufinden, wo auf dem Verhaltensspektrum Ihr Narzisst anzusiedeln ist. Wenn die heimlichen Aktivitäten eines moderaten Narzissten aufgedeckt werden, entwickelt sich seine Reaktion wahrscheinlich schnell von unsicherem Stottern über Wut bis hin zu Schuldzuweisungen, und am Ende wird er Sie als „albern" hinstellen, weil Sie sich an seinem „typisch männlichen" Verhalten stören. Der mächtige Hengst fühlt sich im Recht und nimmt für sich in Anspruch, das tun zu dürfen, was „alle Männer tun".

Der gefährliche Narzisst wird zwar ähnlich reagieren, aber noch heftigere Wut und Impulsivität zeigen, in Verbindung mit völliger Reuelosigkeit, Schamlosigkeit und der fehlenden Bereitschaft, sich zu ändern. Vielleicht wird er auch aggressiv, oder er wird in seinem sexuellen Umgang mit Ihnen immer aggressiver. Es kann auch passieren, dass er Ihnen mit totalem sexuellem Desinteresse begegnet.

Die Entscheidung: Bleiben oder gehen?

Falls Sie es mit einem gefährlichen Narzissten zu tun haben, sollte Ihre Sicherheit Ihnen am wichtigsten sein – zumal dann, wenn seine Impulsivität, Gewalttätigkeit oder Drohungen zunehmen, wenn er beharrlich und reuelos verbale oder emotionale Misshandlungen begeht oder wenn er auf Ihre Verärgerung mit Verachtung oder Hass reagiert, über den ohnehin ständig fehlenden Respekt und die gewohnte schlechte Behandlung hinaus.

Viele betroffene Frauen schildern solche bedrohlichen Verhaltensweisen als die herzzerreißendsten und beängstigendsten Erlebnisse in ihrer Beziehung. Selbst wenn sie um des lieben Friedens für sich selbst und die Kinder willen in ausgesprochen rücksichtsvollen Formulierungen und sehr nettem Ton mit dem Narzissten sprechen, wird er daraufhin in vielen Fällen noch hartherziger und bedrohlicher. Auch das ist ein Signal für Sie, Ihrer Sicherheit höchste Priorität einzuräumen und über einen Weg aus der Beziehung nachzudenken. Da jedoch viele Narzissten selbst in solchen extrem schwierigen Phasen immer wieder die Maske des „Prince Charming" anlegen, kann es schwierig zu beurteilen sein, wie eingefahren sein bedrohliches Verhalten bereits ist. Die folgenden Fallbeispiele zeigen, wie der gefährliche Narzisst in dem Versuch, sich von ungeheuerlichen Verfehlungen reinzuwaschen, die Wahrheit verdreht.

Die Geschichte von Samantha und Todd

Samantha und Todd sind seit 18 Jahren verheiratet. Sie haben zwei Kinder im Grundschulalter. Nachdem sie jahrelang vor dem übergroßen Ego ihres Mannes gekuscht hat, entdeckt Samantha eines Tages, dass Todd regelmäßig im Internet Porno-Websites und einschlägige Chatrooms besucht hat. Zuerst leugnet er, aber Samantha konfrontiert ihn mit den Belegen, die sie gefunden hat und die zeigen, dass es sich bei diesem Verhalten um eine seit Langem bestehende Gewohnheit handelt. Todd schaltet auf Verteidigung um und schreit: „Na und? Das machen alle Männer, warum machst du also so ein Theater?" Ausnahmsweise gibt Samantha dieses Mal aber nicht nach. Sie verlangt eine Erklärung und sagt, dass sie solches Verhalten nicht tolerieren werde. Als Todd wütend wird, beginnt sein gefährlicher Narzissmus, sich zu zeigen. Er baut sich mit geballten Fäusten über ihr auf und sagt: „Es wäre besser für dich, Samantha, wenn du mir damit nicht mehr auf die Nerven gehst, das kannst du mir glauben!"

Dennoch schafft Samantha es irgendwie, ihren Mut zu bewahren – sie fordert erneut eine Erklärung und sagt ihm, wie verletzt und betrogen sie sich fühlt. Wie zu erwarten war, schiebt Todd ihr die Verantwortung für sein Verhalten zu, gibt ihr auf grausam und unfaire Weise die Schuld und sagt: „Vielleicht, wenn du nicht so viel nörgeln würdest ... wenn du ein bisschen besser auf deine fette Figur achten würdest und ein bisschen mehr Spaß am Sex hättest ... vielleicht würde ich mir dann keine Pornos ansehen!"

Samantha ist völlig am Boden zerstört, starrt ihn ungläubig an und fängt an zu weinen. Todd beugt sich ganz dicht über ihr Gesicht und verhöhnt sie: „Auf deine Tränen falle ich nicht rein, Sam. Reiß dich zusammen! Du hast ein Problem, nicht ich. Hör auf, so verklemmt zu sein, und lass dir helfen. Du bist verrückt! Wenn du mir weiter auf die Nerven gehst, wirst du es bereuen." Samantha, die darum kämpft, von Todd „gefühlt" zu werden, ist völlig aufgelöst vor Wut und Schmerz, wiederholt ihre Vorwürfe und verlangt von ihm, sich zu erklären und zu versprechen, sein Verhalten einzustellen.

Aber Todd zeigt keinerlei Schuldbewusstsein, bleibt unzugänglich und verkündet: „Ich hab die Schnauze voll von diesem Quatsch und von dir!" Er tritt einen Stuhl quer durch die Küche und schleudert eine Kaffeetasse in die Spüle, wo sie in tausend Stücke zersplittert. Dann stürmt er aus dem Haus und knallt die Tür hinter sich zu.

Samantha bricht auf dem Fußboden zusammen, allein und am Boden zerstört, und weint sich die Seele aus dem Leib. Die Kinder im Zimmer nebenan haben alles mitbekommen. Sie sitzen wie gelähmt auf dem Fußboden, klammern sich aneinander fest und weinen.

Irgendwann taucht Todd wieder auf. Es folgt ein stummer und lauernder Waffenstillstand. Zuerst fühlt Samantha sich wie gelähmt, weil sie Angst davor hat, allein zu sein; sie befürchtet, dass Todd sich rächen könnte, falls sie die Scheidung verlangt, und dass ihm dann das gemeinsame Sorgerecht für die Kinder zugesprochen werden könnte. Ein flaues Gefühl von Aussichts- und Hilflosigkeit rumort unablässig in ihrem Bauch. Aber Samantha hat etwas Wichtiges über Todds Charakter erfahren, und dieses Wissen nutzt sie, um ihre Entschlossenheit darauf aufzubauen. Im Laufe der folgenden Wochen und Monate lässt sie sich diskret rechtlich beraten. Mit der Unterstützung von Freunden, Familienmitgliedern und einer Therapie stärkt sie ihre Entschlossenheit und Zuversicht, fasst sich ein Herz und geht in die gefürchtete juristische Schlacht mit Todd.

Nach der Scheidung sind gewisse Aspekte ihres Lebens schwieriger als vorher. Todd hält sich oft nicht an die vereinbarten Besuchszeiten, weil sie „mit meiner Arbeit nicht vereinbar sind" – oder, was wahrscheinlicher ist, mit seinem neuen Leben als Partyboy. Wenn die Kinder ihn doch einmal besuchen, sagt er ihnen, sie könnten tun und lassen, was sie wollen, solange sie ihn und seinen Computer in Ruhe lassen. Danach versucht Samantha regelmäßig, den von Todd angerichteten Schaden zu reparieren, und lässt die Kinder spüren, dass sie ein Anrecht darauf haben, verletzt und verwirrt zu sein, und dass ihr Vater Probleme hat, die er in den Griff bekommen muss – ohne jedoch schlecht über ihn zu reden.

Todd zahlt den Unterhalt für Samantha und die Kinder praktisch jedes Mal zu spät, was dazu führt, dass Samantha häufig Überstunden machen muss. Sie findet es schade, dass sie dadurch weniger Zeit mit den Kindern hat, aber sie ist dankbar dafür, dass sie es geschafft hat, sich nicht verrückt machen zu lassen und für ihre Sicherheit zu sorgen. Sie weiß, dass dies für die Kinder auf lange Sicht das Wichtigste ist.

rziehen des moderaten Narzissten

um Glück zählen die meisten Narzissten nicht zu dieser gefährlichen Kategorie. ılls Sie sich, aus welchen Gründen auch immer, dazu entschlossen haben, in der ɜziehung zu bleiben, oder wenn Sie wirklich davon überzeugt sind, dass Ihr Partner :h ändern kann, müssen Sie sich nicht damit abfinden, von ihm ständig schlecht handelt zu werden. Mit professioneller Hilfe kann normalerweise erreicht werden, ss der moderate Narzisst sich über kurz oder lang entschuldigt und verspricht, n Verhalten zu ändern. Vielleicht gelingt es ihm sogar, die Wirkung seiner sexuen Verirrungen auf Sie, Ihre Gefühle ihm gegenüber und Ihre sexuelle Beziehung einander zu verstehen. Aber ohne Hilfe ist kaum zu hoffen, dass sich solche Än- rungen einstellen oder von Dauer sein werden. Um nach einem solchen Bruch ɜder Vertrauen aufzubauen, bedarf es einer dreifachen Anstrengung:

Die verletzte Partnerin muss sich verstanden fühlen.

Die verletzte Partnerin muss sich darüber klarwerden, was sie braucht, um sich sicher zu fühlen, und einen Weg finden, um das zu äußern – um dem anderen wieder vertrauen und Intimität zulassen zu können.

Die verletzte Partnerin muss sich sicher genug fühlen, um Änderungen im Ver- ıalten des Narzissten wahrhaben zu können und jede Äußerung von Empathie, lie er zeigt (sei es nach entsprechender Aufforderung oder spontan), würdigen zu önnen.

den ersten Blick mag es so aussehen, als würden diese drei Anforderungen voll- dig der Verantwortung der betrogenen Partnerin zur Last fallen. Wenn man al- ngs etwas genauer hinschaut, zeigt sich schnell, dass alle drei davon abhängen, der Narzisst bereit ist, sich zu ändern.

sich verstanden fühlen zu können, müssen Sie das Gefühl bekommen, dass Ihr ıer sie versteht – den Kern Ihrer Persönlichkeit. Um das zu können, muss er n, empathisch sensibel zu werden. Dabei wird er Hilfe brauchen – jemanden, ım die Fertigkeiten beibringt, mit deren Hilfe er es vermeiden kann, spontan ne defensiven und aufbrausend-wütenden Reaktionen zurückzufallen, die ihm fen haben, Schamgefühle zu vermeiden. Ohne diese Fertigkeiten müssen seine hungen scheitern.

muss Ihr Partner den Mut finden, um den Sprung ins kalte Wasser zu wagen as versunkene Schiff zu erkunden, in dem seine frühen Erfahrungen ruhen. ıss bereit sein, zu ergründen, warum er die Neigung entwickelt hat, sucht- enden, selbststimulierenden und letztlich selbstschädigenden Verhaltenswei- chzugehen. Dies ist notwendig, wenn er Ihnen ohne Groll die Bestätigung und parenz bieten soll, die erforderlich sind, um Ihr Vertrauen wiederherzustellen. dem wird er dadurch besser in der Lage sein, Sie daran teilhaben zu lassen, was ihn auf diesen abschüssigen Pfad geführt hat; und das wird wiederum sehr hilfreich sein, um Rückfälle in sein altes Verhalten zu verhindern.

Die dritte Anforderung – Verhaltensänderungen wahrzuhaben und Zeichen von Empathie zu würdigen – mag als die schwierigste erscheinen. Dies zu tun, kann sich anfühlen, als würde man sagen: „Inzwischen ist alles besser geworden. Du kannst jetzt wieder in dein altes Verhalten zurückfallen." Denken Sie einfach daran, dass Ihr Gefühl der Sicherheit eine notwendige Voraussetzung dafür ist, diese Anforderung umzusetzen, und dass dieses Gefühl sich nur einstellen wird, wenn der Narzisst sich wirklich verändert. Außerdem muss er geduldig sein und verstehen, dass das Maß Ihres Vertrauens schwanken wird – vor allem, wenn bestimmte Auslösereize, etwa der Jahrestag eines Betrugs, schmerzliche Emotionen auslösen. Außerdem muss er Ihnen versprechen, sich an all diese Bedingungen zu halten, und auch weiterhin einräumen und akzeptieren, dass er für den Graben zwischen Ihnen verantwortlich ist. Nach und nach mögen Ihre Wunden verheilen und Sie sich wieder fest mit Ihrem Selbstwertgefühl verbunden fühlen, wodurch Sie sich ihm gegenüber wieder verletzlich zeigen können – und vielleicht letzten Endes Reziprozität, Großzügigkeit und Versöhnlichkeit in Ihre Beziehung integrieren können.

All das mag schwer vorstellbar erscheinen, und in der Tat gelingt es selten. Aber mit Engagement, Geduld und dem geeigneten Veränderungseinfluss kann es tatsächlich erreicht werden. Ich hatte das Privileg, diesen Transformationsprozess mitzuerleben, bei dem beide Beteiligten versuchen, den richtigen Weg zu finden, den Konflikt zu verstehen, den Bedürfnissen des anderen gerecht zu werden, und sich letzten Endes eine Beziehung aufbauen, die besser, aufrichtiger und befriedigender ist als je zuvor – selbst in der Zeit vor seinen sexuellen Verfehlungen.

Der Heilungsprozess verläuft langsam und lässt zahlreiche quälende Gefühle zutage treten: Wut, Traurigkeit, Angst und Trauer über ein unschönes Kapitel in der Geschichte des gemeinsamen Lebens. Paare, die sich in diesem Prozess befinden, fragen mich häufig, wie sie mit der hässlichen Realität dieses Teils ihrer Beziehung umgehen können. Sobald sie die akute Phase voller Unglauben, Wut und Qual hinter sich gelassen und sich auf einen Weg geeinigt haben, um Sicherheit und Vertrauen wiederherzustellen, bitte ich sie, sich ein schönes Bauwerk vorzustellen, ein architektonisches Meisterwerk. Dann weise ich sie darauf hin, dass die Gründe, warum ein solches Bauwerk das Auge des Betrachters erfreut, in der Regel nicht in perfektem Mauerwerk, einheitlicher Farbgebung oder glänzend poliertem Marmor zu finden sind, sondern vielmehr in kleinen Makeln: ein angestoßener Ziegel hier, ein Potpourri von Farben oder verwitterte Steine mit rauen Kanten dort. Das Ensemble insgesamt und seine Gegensätze sind es, die eine reichhaltige und schöne Architektur ausmachen. Solche Bauwerke haben die Jahrhunderte überdauert, den Naturgewalten getrotzt und womöglich sogar Kriegen standgehalten, und sie wurden gepflegt von Menschen, denen sie am Herzen lagen. Dies ist eine passende Metapher für eine beständige Beziehung zwischen zwei Menschen: eine Beziehung, die trotz der Herausforderungen für ihre Fundamente stabil ist, reich mit Farben gesegnet, die Glanz wie Kummer getreulich abbilden, mit gewissen Makeln, die Charakter verleihen – und vor allem liebevoll gepflegt wird von denen, die sie überdauern sehen wollen.

Falls Sie und der Narzisst Kinder haben, können die Liebe und Fürsorge, die sie für sie empfinden, eine enorme Triebfeder für beide Eltern sein, um hart daran zu arbeiten, enttäuschtes Vertrauen wiederherzustellen und den Schaden zu reparieren, den der Narzisst in ihrer Beziehung angerichtet hat. Leider wächst Kindern aus ihrem intensiven Bedürfnis, sich geborgen zu fühlen, in vielen Fällen die Rolle eines ehelichen Mittlers zu. Sie sollten vermeiden, sie in diese Rolle zu drängen, und es nicht zulassen, dass sie diese Funktion übernehmen. Und wie Sie bereits in früheren Kapiteln erfahren haben, können narzisstische Wut, Anspruchshaltung und Verachtung verheerende Auswirkungen auf Kinder haben. Viele Kinder ahmen das Verhalten eines narzisstischen Elternteils nach und verinnerlichen dessen Denk- und Interaktionsstil. Oder es kann passieren, dass ein Kind problematische Eigenschaften und Bewältigungsstile eines nichtnarzisstischen Elternteils übernimmt, der sich passiv und aufopfernd verhält oder dem Kind nicht ausreichend Schutz bietet.

Schlussbemerkungen

Falls Sie in einer Beziehung zu einem gefährlichen Narzissten leben, kann ich gar nicht genug betonen, wie wichtig es ist, für Ihre eigene Sicherheit und die Ihrer Kinder – falls Sie welche haben – zu sorgen. Dessen ungeachtet kann die außergewöhnliche Fähigkeit des Narzissten, seinen Charme einzusetzen, es Ihnen erschweren, festzustellen, ob er wirklich ein hoffnungsloser Fall ist. Beobachten Sie ihn sorgfältig und achtsam – aber nicht etwa durch die Brille Ihrer eigenen Vergangenheit, sondern im Hier und Jetzt geerdet. Falls Sie glauben, dass Sie zu ihm vordringen können und er vielleicht in der Lage sein wird, sich zu ändern, nutzen Sie die in diesem Buch beschriebenen Kommunikationsfertigkeiten, um den verletzten, geschädigten Menschen in seinem Innern zu erreichen. Falls Sie eine seit Langem bestehende Beziehung zu ihm haben, kann sich das lohnen, so schwierig es auch sein mag.

Falls Sie sich entscheiden, bei ihm zu bleiben und zu versuchen, die Beziehung zu retten, kann Empathie eines der effektivsten Hilfsmittel sein, um Änderungen seines Verhaltens zu bewirken. Zu diesem Zweck beschreibt Kapitel 7 eine Strategie, mit der Sie Empathie nutzen können, während Sie gleichzeitig darauf achten, dass Ihre eigenen Bedürfnisse erfüllt werden.

7. Empathische Konfrontation: eine erfolgreiche Strategie für zwischenmenschliche Effektivität

Wenn wir die geheime Geschichte unserer Feinde lesen könnten, würden wir im Leben dieser Menschen so viel Leid und Leiden finden, daß unsere Feindseligkeit dahinschmelzen würde.

(Henry Wadsworth Longfellow)

Selbst wenn Sie zu dem Schluss gekommen sind, dass „Ihr" Narzisst nicht zu der gefährlichen Kategorie zählt, kann sich seine Gesellschaft wie der Zusammenstoß mit einem Feind anfühlen, wenn er sich gerade in seinem wenig charmanten „Mr-Hyde-Modus" befindet. Dabei werden Schemata ausgelöst, wodurch Sie sich verwirrt, sprachlos oder verzweifelt fühlen. Solche Menschen scheinen die Fähigkeit zu besitzen, den gesamten Sauerstoff aus dem Raum zu saugen. Durch Ihre Wut auf ihn bekommen Sie vorübergehend ein dickes Fell für sein erniedrigendes Verhalten – zumindest scheint es so. Aber wenn Sie ständig Ihren Ärger mit sich herumtragen, kann das auf die Dauer ziemlich erschöpfend wirken. Ehe Sie sichs versehen, kann diese Erschöpfung dazu führen, dass Sie sich wieder verletzt und machtlos fühlen. Dann hören Sie auf, sich gegen die aggressiven Manöver des Narzissten zur Wehr zu setzen und hoffen, dass er über kurz oder lang wieder in seinen charmanten und großzügigen Modus zurückkehrt.

Aber mit Ihren neu gewonnenen Achtsamkeits- und Kommunikationsfertigkeiten muss es nicht so kommen. Sie können standhaft bleiben, wie ein Fels in der Brandung. Sie brauchen Ihre Überzeugungen und Integrität angesichts der Forderungen des Narzissten nicht aufzugeben. Letztendlich haben Sie gewisse Rechte, berechtigte Bedürfnisse und Wünsche und sind ein vollwertiger Mensch – es lohnt sich, dafür einzustehen!

Um jedoch Ihre zwischenmenschliche Effektivität zu verbessern und befriedigendere Ergebnisse zu erzielen, werden Sie mehr brauchen als einen wachen Verstand und innere Weisheit; Sie müssen wirklich begreifen, wie der Narzisst tatsächlich ist. Sie brauchen mehr als nur intellektuelles Wissen über seine Probleme und seine Lebensgeschichte; Sie müssen seine innere Welt auch auf der emotionalen Ebene verstehen lernen. Das bedeutet, dass Sie nachfühlen müssen, wie er die Welt erlebt. Man könnte sagen, Sie müssen sein Bewusstsein innerhalb Ihres eigenen nachempfinden (was Sie allerdings nicht versuchen sollten, wenn Sie es mit einem gefährlichen Narzissten zu tun haben). Dabei geht es nicht um Gedankenlesen, sondern vielmehr um das, was man als Empathie bezeichnet.

Ein wichtiger Hinweis, bevor Sie weiterlesen: Dieser Ansatz ist nicht geeignet im Umgang mit einem Menschen, in dessen Gegenwart Sie sich nicht sicher oder misshandelt fühlen. Solche Fälle erfordern ein ganz anderes Vorgehen, das häufig darauf abzielen sollte, die Beziehung zu beenden und Vorkehrungen für Ihre persönliche Sicherheit zu treffen. Falls der Narzisst in Ihrem Leben gewalttätig ist, Sie misshandelt oder in irgendeiner Weise Ihre Sicherheit bedroht, sollten Sie sofort Hilfe suchen. Falls Sie nicht wissen, wo Sie Hilfe finden können, sollten Sie sich an die nächste Polizeidienststelle oder an das landesweite Notruftelefon für häusliche Gewalt wenden, das rund um die Uhr unter der Telefonnummer 1-800-799-7233 zu erreichen ist. Zudem können Sie sich an das Hilfetelefon des Bundesamtes für Familie wenden (08000-116-016).

In der Schweiz wäre eine erste Anlaufstelle die Organisation „Die dargebotene Hand“ (Notrufnummer: 143). In Österreich erreichen Sie die Notrufzentrale unter der Nummer 02742-249-1310. Weitere aktuelle Informationen erhalten Sie über das Internet.

Der Unterschied zwischen Empathie und Mitgefühl

Es scheint erhebliche Verwirrung über die Bedeutung des Begriffs „Empathie“ zu bestehen. Viele Menschen glauben, Empathie sei das Gleiche wie Mitgefühl. Zwar können beide zusammen auftreten, wenn man zum Zeugen des Leids oder der Freude eines anderen Menschen wird, aber dennoch bestehen erhebliche Unterschiede zwischen den beiden Begriffen, die auch und gerade zum Tragen kommen, wenn es um Narzissmus geht.

Viele meiner Klientinnen sind erstaunt, wenn sie hören, dass ich dafür plädiere, im Umgang mit Narzissten Empathie einzusetzen. Sie missverstehen, was ich damit sagen will, und denken, ich fordere sie auf, für den ungehobelten Tyrannen, der sie immer wieder gequält hat, Mitleid zu empfinden. Lassen Sie uns also einen Moment darauf verwenden, den Unterschied zwischen Empathie und Mitgefühl herauszuarbeiten.

Empathie ist die Fähigkeit, das Erleben eines anderen Menschen wirklich und wahrhaftig *nachzuempfinden* – emotional, mental und manchmal sogar körperlich. Das bedeutet keineswegs, dass Sie unbedingt mit den Gefühlen und Verhaltensweisen dieses Menschen einverstanden sein, sie verzeihen oder unterstützen müssten, sondern lediglich, dass Sie sie in einer „gefühlten" Weise verstehen. In einem empathischen Zustand empfinden Sie die Gedanken, Gefühle und Wahrnehmungen des anderen Menschen in Ihrem eigenen Bewusstsein und Körper. Es ist gewissermaßen so, als würde das Erleben des anderen in Ihnen mitschwingen – Sie sind ganz auf diesen Menschen eingestimmt.

Ein Beispiel: Nehmen wir an, eine Arbeitskollegin, mit der Sie gut befreundet sind, erscheint sichtlich aufgelöst und verstört zur Arbeit. Sie berichtet Ihnen, dass sie auf dem Weg zur Arbeit beinahe einen Autounfall gehabt hätte. Sie sieht immer noch den Lastwagen vor sich, der auf sie zukommt und dem sie gerade noch ausweichen kann, indem sie reflexartig ihren Wagen nach rechts auf den Seitenstreifen steuert. Dann erzählt sie, wie sie ausstieg, um einem anderen Autofahrer zu helfen, der weniger Glück hatte und von dem LKW erfasst worden war. Ihr kommen die Tränen, als sie sich vorstellt, was alles hätte passieren können, und erzählt, wie glücklich sie ist, mit dem Leben davongekommen und unverletzt zu sein. Sie lacht nervös und sagt: „Ich hätte nie gedacht, dass ich einmal so froh sein würde, an einem Montagmorgen zur Arbeit im Büro anzukommen." Sie sagen ihr, wie froh auch Sie sind, dass es ihr gut geht, und dass Sie sich vorstellen können, wie entsetzlich ihr Erlebnis gewesen sein muss.

Sie stellen sich die Situation vor, während Ihre Freundin sie Ihnen beschreibt. Sie erfassen das Szenario mit ihrem Bewusstsein, mitsamt allem, was hätte passieren können. Sie spüren, wie sich Ihr eigener Körper zusammenkrümmt, als sie das panische Hupen und den Zusammenstoß mit dem anderen Auto beschreibt, nur wenige Zentimeter von ihrem eigenen Fahrzeug entfernt. Sie fühlen, wie Ihr Puls sich beschleunigt, als Sie sich vorstellen, einen Anruf zu bekommen, bei dem Ihnen gesagt wird, dass Ihre Freundin schwer verletzt oder getötet worden sei. Vielleicht erinnern Sie sich sogar an ein ähnliches Erlebnis, dass Sie selbst einmal hatten. Als Ihre Freundin sagt, sie würde sich schnell wieder fangen und bräuchte nur einen Moment Ruhe, um tief durchzuatmen und einen Kaffee zu trinken, können Sie ihr Bedürfnis nach Ruhe und Entspannung sehr gut nachvollziehen; Ihnen selbst geht es ähnlich. Sie verstehen ihre Gefühle. Das ist Empathie.

Mitgefühl setzt zwar diese Art von empathischem Bewusstsein oder Verstehen voraus, geht aber darüber hinaus. Mitgefühl ist ein nach außen gerichtetes Bedürfnis, einen anderen Menschen zu trösten, ihm seinen Schmerz und sein Leiden zu erleichtern. Es wurzelt in der tief empfundenen empathischen Wahrnehmung des Erlebens dieses anderen Menschen, gefolgt von Mitleid (was definiert ist als Traurigkeit als Reaktion auf die eigene empathische Wahrnehmung) für sein Unglück. Mitgefühl ist die Tendenz, über Empathie für das Leiden eines anderen hinauszugehen; es bedeutet, dem anderen etwas Gutes tun zu wollen, sein Leiden zu lindern, ihm Erlösung oder Heilung zu bringen.

In Bezug auf das vorstehende Beispiel bedeutet Mitgefühl, dass Sie vielleicht Ihre Freundin in den Arm nehmen, um sie zu trösten, und ihr sagen würden: „Ich hole dir einen Kaffee. Warum machst du dich nicht ein bisschen frisch, und dann kannst du dich für eine Weile hier hinsetzen und dich wieder beruhigen. Ich sorge dafür, dass du in Ruhe gelassen wirst. Und sage mir, ob ich sonst noch etwas für dich tun kann, und sei es nur, dass du reden willst." Wenn Mitgefühl im Spiel ist, kann man nicht einfach zur Tagesordnung übergehen, ohne etwas zu wünschen, zu überlegen oder zu tun, was dem anderen seine Situation erleichtern könnte.

Wenn es darum geht, Empathie und Mitgefühl in Ihrer Beziehung zu einem Narzissten zu nutzen, kann sich das sehr schwierig gestalten, da ein Narzisst sich nur sehr selten verletzlich zeigt. Dennoch ist die Fähigkeit, diesem schwierigen und gestörten Menschen Empathie und vielleicht sogar Mitgefühl entgegenzubringen, genau das, was Sie brauchen, um in Ihren Interaktionen mit ihm zu befriedigenderen Ergebnissen – und hoffentlich auch einer insgesamt befriedigenderen Beziehung – zu kommen.

Sich „gefühlt" fühlen

Das gesunde Heranwachsen eines Kindes zu einem erwachsenen Menschen erfordert, dass mindestens eine Bezugsperson ihm eine emotional eingestimmte Bindung bietet – mit anderen Worten: Empathie. Wenn ein Kind seiner Mutter in die Augen sieht, weil es Trost oder Zustimmung sucht, reflektiert die Mutter ganz bewusst zurück, dass sie versteht, was das Kind erlebt – sei es Freude, Angst, Verwirrung oder Kummer. Sie akzeptiert und bejaht die Gefühle oder Bedürfnisse des Kindes und hilft ihm zu verstehen, was sich in ihm abspielt: „Natürlich, mein Schatz, ich weiß doch, dass du Angst kriegst, wenn du die Monster an der Wand siehst, und dass du nicht mit ihnen allein sein willst. Komm, wir kucken mal nach, ob das nicht vielleicht wieder nur die doofen Schatten sind, die im Mondlicht tanzen und sich schon wieder in dein Zimmer geschlichen haben."

Wenn dieses Bedürfnis nach einer eingestimmten Bindung nicht adäquat erfüllt wird, fühlt sich das Kind nicht verstanden, unsichtbar, bedeutungslos, einsam, oder es schämt sich sogar, sich nach einer Bindung zu sehnen. Solche Gefühle können dann zu schmerzlichen Selbsteinschätzungen führen, etwa „schwach", „dumm" oder „nicht liebenswert" zu sein, und zu selbstschädigenden Lebensmustern, zum Beispiel Bindungsunfähigkeit, Vermeidung oder schikanierendem Verhalten. Das Gefühl zu haben, von anderen verstanden zu werden, ist ein stark unterschätztes menschliches Bedürfnis und eine entscheidende Voraussetzung für das Kultivieren empathischer

Bewusstheit, die wiederum unerlässlich für eine gesunde emotionale und zwischenmenschliche Entwicklung ist.

Ein Schlüsselaspekt von Narzissmus ist das Bestreben, sich sichtbar zu fühlen, das aber auf maladaptive Weise umgesetzt wird. Wenn sie sich nicht „gefühlt" fühlen, suchen Narzissten nach Zustimmung, hauptsächlich in Bezug auf ihre Leistungen. Sie kämpfen darum, besondere Anrechte gewährt zu bekommen, als Beweis ihres Erfolges und ihrer Außergewöhnlichkeit. Außerdem versuchen sie, sich totale Kontrolle zu bewahren, und sie fordern sich selbst emotionale Autonomie ab, weil es ihnen ein Gefühl der Macht gibt, auf niemanden angewiesen zu sein. Hinter ihrem unterdrückten, aber sehr menschlichen Bedürfnis, verstanden, wahrgenommen, geliebt und akzeptiert zu werden, liegt eine tiefe Quelle von Schamgefühlen. Ihr unerfülltes Bedürfnis nach emotional eingestimmten Bindungen und ihr nicht entwickeltes Verstehen der eigenen Geschichte verwehren ihnen den Zugang zu Gefühlen der Empathie mit anderen.

Anstatt sich auf andere einzustimmen, bleibt der Narzisst in seinem ablenkenden Streben nach Zustimmung gefangen: *Wie bin ich? Sie mag mich wirklich. Das habe ich aber sauber hingekriegt. Ich glaube, ich habe ihn beeindruckt. Ich frage mich, ob sie gut finden, was ich gerade gesagt habe. Ach je, ich glaube, ich bin in Schwierigkeiten. Ich werd's ihnen zeigen.* Diese unbeirrbare „Alles-dreht-sich-um-mich"-Fixiertheit hindert den Narzissten daran, sich auf zwischenmenschliche Interaktionen auch wirklich einzulassen – geschweige denn, Empathie empfinden oder zeigen zu können. Daher fühlen sich die Menschen, mit denen er umgeht, einsam, leer und frustriert.

Allerdings besitzen fast alle Menschen (mit Ausnahme von Patienten, die unter bestimmten Formen von Hirnschädigungen leiden) die Fähigkeit, Empathie zu empfinden. Es ist keine unmögliche Mission, bei einem Narzissten Empathie zu fördern – aber es ist eine Herausforderung. Es erfordert kompetente professionelle Hilfe von einem Experten, der sich mit Narzissmus auskennt und qualifiziert ist, mit solchen Menschen zu arbeiten. Leider ist es in den meisten Fällen schwierig, einen Narzissten dazu zu bewegen, sich in eine Therapie zu begeben. Es erfordert den angemessenen Ansatzpunkt oder Veränderungseinfluss – das heißt, dass man spürbare Konsequenzen ankündigt, zum Beispiel, dass er einen wichtigen Menschen oder Besitz verlieren wird, und diese Konsequenzen auch durchsetzt, falls er sich weiterhin weigert, sich helfen zu lassen.

Wie schon erwähnt, bedeutet Empathie nicht unbedingt, mit einem anderen Menschen einverstanden zu sein oder sein Verhalten zu verzeihen; sie erfordert ganz einfach, ihn zu verstehen. Zu diesem Zweck stellen wir uns mental und emotional ein inneres Bild, eine Geschichte oder eine körperliche Empfindung vor, wodurch wir in die Lage versetzt werden, das Erleben oder die Absichten des anderen nachzuempfinden. Wir engagieren uns emotional, mental und körperlich, um zu verstehen, was wir sehen und hören, sei es eine Figur in einem Spielfilm, ein geliebter Mensch, der vor uns steht, oder vielleicht sogar die Person, die wir im Spiegel sehen. So eröffnet sich ein Weg zur eigentlichen Bedeutung, und es befreit uns von der Last ungerechtfertigterweise angenommener Verantwortung, Schuldzuweisungen, toxischer Wut, Schamgefühle, Hilflosigkeit und Schuld. Wir müssen Zugang zu unserer verletzlichen Seite haben, um die Schmerzen oder Freuden eines anderen Menschen nachempfinden zu können. In vielen Fällen ist dieses Unterfangen für den Narzissten eine Sackgasse.

Darüber hinaus schafft Empathie Klarheit und ein besseres Bewusstsein dessen, was real ist, und befreit uns daher von den verzerrten Wahrnehmungen, die durch die Filter unserer Schemata entstehen. Dieser Prozess öffnet die Tür zur emotionalen Befreiung von voreingenommenen Überzeugungen und unnötigen Selbstrechtfertigungen, und er ebnet den Weg zur Fortentwicklung des Selbst.

Dieser Zustand des „Wissens", von emotionaler und mentaler Empfindsamkeit, sorgt für die dringend notwendige Ausgeglichenheit im Umgang mit einem Narzissten. Seine Art, sich zu verhalten und mit anderen umzugehen, hat große Macht, alte schemabedingte Überzeugungen und Gefühle heraufzubeschwören, die Sie zweifeln lassen können, wer Sie wirklich sind, welchen Wert Sie haben und vielleicht sogar, ob Sie überhaupt in der Lage sind, eine Beziehung zu führen. Dadurch könnten Sie den Mut verlieren, Ihre Meinung zu sagen, oder Sie könnten sich beschämt oder minderwertig fühlen, wenn Ihre Ideen nicht so „mutig" oder „clever" sind wie seine. Da Empathie Sie in die Lage versetzt, die Persönlichkeit des Narzissten – und warum er so ist – fundamental zu verstehen, ist sie das perfekte Gegenmittel, das Ihnen die Kraft gibt, sich zu behaupten, ihn zur Verantwortung zu ziehen und sich nicht selbst für seine Probleme verantwortlich zu fühlen. Darüber hinaus können Sie durch Empathie mit ihm umgehen, ohne dass kräftezehrende Wut, Defensivität oder Unterwürfigkeit Sie belastet. Sie verstehen ihn. Vielleicht leiden Sie sogar mit ihm, und vielleicht sagen Sie ihm das sogar – ohne jedoch nachzugeben und ohne Ihre Rechte aufzugeben.

Im Laufe der Zeit mag Ihre Empathie – Ihr Mitempfinden seines Leidens – sich sogar vertiefen und zu Mitleid entwickeln. Das geschieht freilich nicht immer, und natürlich hängt es davon ab, wie sehr Ihr Herz gebrochen wurde, als Sie die rauen und unerbittlichen Stürme seines narzisstischen Verhaltens abwettern mussten. Wenn der angerichtete Schaden nicht zu groß ist, werden Sie vielleicht feststellen, dass Sie ihm helfen, ihn trösten und akzeptieren, ihm vielleicht sogar verzeihen wollen. In manchen Fällen ist das völlig angemessen, und vielleicht ist es sogar das, was gebraucht wird – solange es nicht gegen Ihre fundamentalen und unverhandelbaren Rechte und Bedürfnisse verstößt.

Ein kurzer Blick auf die wissenschaftliche Forschung über Empathie

In den 1980er- und 90er-Jahren entdeckten Neurowissenschaftler eine faszinierende Art von Neuronen, die nicht nur aktiviert werden, wenn wir bestimmte Handlungen ausführen – zum Beispiel, wenn wir nach einer Tasse oder Gabel greifen oder auch nur lächeln oder die Stirn runzeln –, sondern auch, wenn wir jemanden beobachten, der die gleiche Handlung ausführt (Iacoboni, 2009). Es ist beinahe so, als reagiere das Gehirn in einer Weise, als würden wir das eigene Spiegelbild in einem Spiegel beobachten. Daher werden solche Nervenzellen als „Spiegelneuronen" bezeichnet.

Jüngere neurowissenschaftliche Forschungen über Empathie anhand von Mustern, die in Gehirnscans (Kernspintomogrammen) beobachtet wurden, lassen vermuten, dass der Kontext und die individuelle Disposition – darunter biologische Ausstattung, Persönlichkeitseigenschaften und emotionale Zustände – eine Rolle spielen, wenn man verstehen will, in welchem Maße ein Individuum einen Zugang zu empathischer Bewusstheit hat. Anscheinend werden verbindende und eingestimmte Reaktionen (prosoziale Reaktionen) manchmal von dem Drang überlagert, Rache zu nehmen oder zu bestrafen, und zwar vor allem dann, wenn bei dem Betreffenden der subjektive Eindruck besteht, unfair behandelt oder gezielt geschädigt worden zu sein.

Was sagt uns das über den Narzissten? Vielleicht ist es sein Bedürfnis, sich selbst zu schützen, das ihn von schmerzlich verstörenden Emotionen abschirmt – vor allem von solchen, die ihm das Gefühl geben, er würde Ihren Bedürfnissen nicht gerecht werden. Wenn Sie unter Tränen über Ihre Schmerzen und Einsamkeit klagen, wirken seine Verärgerung, seine Schemata und sein abgeschotteter emotionaler Zustand so, als seien ihm die Augen verbunden worden. Unfähig, Ihre Gefühle zu sehen und zu empfinden, bleibt es ihm erspart, seine eigene Verletzlichkeit spüren zu müssen. Stattdessen schaltet er sofort in seinen selbstgerechten Modus verärgerter Seufzer und abqualifizierender Erwiderungen um. Vielleicht werden Sie sogar zum Ziel einer aggressiven Reaktion, die aus seinem Eindruck heraus entsteht, Sie wollten ihm absichtlich das Gefühl geben, sich wegen sich selbst schlecht zu fühlen.

Die Geschichte von Sue und Don

Don hat soeben von seiner Stiefschwester erfahren, dass sein Vater im Sterben liegt. Seine lebenslange, quälende Beziehung zu diesem fordernden und nie zufriedenen Mann, der Don noch nie gesagt hat, dass er ihn liebe, geht zu Ende. Dons Frau Sue beobachtet ihn, als er sich am Telefon räuspert, verärgert aussieht und mit den Augen rollt, während ihm seine Stiefschwester sagt, wie traurig sie ist, und ihm ihr Beileid bekundet.

Seit Jahren hat Sue beobachtet, mit welcher Kälte Don reagiert, wann immer jemand – auch sie selbst – ihm eine fürsorgliche oder besorgte Emotion zeigt. Sie ärgerte sich immer wieder über Dons Kälte und fühlte sich manchmal dadurch verletzt, aber inzwischen ist ihr klargeworden, dass es Dons Problem ist, nicht ihr eigenes. Sie versteht, dass ihr Mann in diesem Moment verzweifelt darum kämpft, den unerträglichen Schmerz nicht spüren zu müssen, unter dem er leidet, weil er nun die Fantasie aufgeben muss, dass sein Vater eines Tages zur Besinnung kommen und Don sagen wird, dass er ihn immer geliebt habe und stolz auf ihn sei. Sue weiß, dass es Don ohne professionelle Hilfe nicht gelingen wird, sich einzugestehen, dass dieser Wunsch immer nur eine Fantasie war, oder die Realität seines Verlustes zu akzeptieren. Für ihn ist es zu beschämend, zuzugeben, dass er seinen Vater – oder überhaupt irgendeinen anderen Menschen – braucht.

Sue sieht seinen Gesichtsausdruck, hört sein abfälliges Grummeln und erkennt darin ein vertrautes Muster. Außerdem empfindet sie eine empathische Resonanz mit den eigenen Gefühlen; sie erinnert sich an die häufigen Begebenheiten in ihrer Kindheit, wenn ihr Vater spätabends und sehr betrunken nach Hause zu kommen pflegte. Sie erinnert sich, wie er dann in ihr Zimmer gepoltert kam, um sie zu wecken und wegen eines belanglosen oder eingebildeten Fehlverhaltens anzubrüllen, während ihre Mutter im Nachbarzimmer stumm darauf wartete, wegen ihrer eigenen Unvollkommenheit des Tages getadelt zu werden. Da sie niemanden hatte, der sie hätte beschützen können, musste Sue stark sein und ihre Angst und die aufsteigenden Tränen niederkämpfen, wenn sie hörte, wie ihr Vater nebenan herumbrüllte und mit Gegenständen warf. Sobald der Sturm sich gelegt hatte, pflegte Sues ältere Schwester sich auf Zehenspitzen in ihr Zimmer zu schleichen, um sie daran zu erinnern, dass sie nur leise sein müsse und ein braves Mädchen. Dann pflegte sie zu sagen: „Mach dir keine Sorgen, auch morgen wird die Sonne wieder aufgehen." Sue erinnert sich an ihre eigene stille Wut, wenn ihre Schwester wieder verschwand: *Ja und? Es wird sich nichts ändern, nie! Nein, nein, warte – ich werde mir mehr Mühe geben, ja wirklich. Ich versprech's dir.*

Obwohl ihre persönliche Erfahrung sich erheblich von Dons unterschied, ließ sie eine Resonanz anklingen, die es Sue ermöglichte, den Gesichtsausdruck ihres Mannes zu verstehen. Und sie konnte auch verstehen, dass er verhindern wollte, dass die tief in seinem Innern vergrabenen Ängste und Wunden entblößt wurden. Sein Tonfall, seine Körperhaltung, seine Gesten und sein Gesichtsausdruck vermittelten ihr ein sinnliches Nachempfinden seines stoischen Gefühls, in einer Falle zu sitzen. Und obwohl sie den Impuls spürte, Don zu trösten, wusste sie, dass er sie abweisen würde. Aber das nahm sie nicht persönlich. Sie hatte schon viel an sich gearbeitet, und es war ihr klargeworden, dass es keineswegs ein Zeichen von Dummheit, Rührseligkeit oder Ignoranz ist, seinen Gefühlen ihren Lauf zu lassen – obwohl Don das immer wieder behauptet hatte, wenn sie ihre Gefühle, Ängste und Verletzlichkeit gezeigt hatte.

Sue hatte es auch geschafft, Don dazu zu bewegen, verächtliche Äußerungen zu unterlassen. Mit Mut, Geduld und Empathie hatte sie ihm geholfen, die Ursachen seines Verhaltens in all den Jahren, die er mit seinem fordernden und abweisenden Vater gelebt hatte, zu erkennen. Außerdem hatte sie ausdrücklich jede Interaktion abgebrochen, sobald Don anfing, sie verächtlich zu machen. Aber nach wie vor brachte er sein Unbehagen lebhaft zum Ausdruck, wenn auch auf nonverbale Weise. Da Sue inzwischen wusste, dass es dabei gar nicht um sie ging und sie Dons Emotionen in Beziehung zu ihren eigenen schmerzlichen Kindheitserlebnissen setzen konnte, fand sie solche Äußerungen von ihm sogar nützlich, da sie – auf gefühlte Weise – zeigten, dass Don mit sich kämpfte. Wie gewohnt versuchte Don, diesen inneren Konflikt hinter seinem undurchdringlichen Schutzwall zu verbergen. Da er sich entschieden hatte, jeglicher kritischen Selbstprüfung und jeder Form von Therapie aus dem Weg zu gehen, blieb er ein Gefangener seiner Erinnerungen und ein willfähriger Diener seines Bewältigungsstils – nämlich, sich hart und unabhängig zu geben und eifrig zu versuchen, jegliche verstörende Emotion zu verbergen.

Dennoch glich Dons Verlangen, seine Emotionen zu verdrängen, dem Versuch, ein Kleinkind zur Ruhe zu bringen, während man telefoniert. Das Kind zupft und weint und quengelt unaufhörlich, bis man es und seinen Kummer beachtet und sich ihm zuwendet. Als Vater oder Mutter hat man in einer solchen Situation mehrere Möglichkeiten: Man kann versuchen, das Kind durch Einschüchterung oder Drohungen zu zwingen, ruhig zu sein, und nach ein paar Versuchen mag das sogar Erfolg haben. Bedauerlicherweise ist das Ergebnis ein Kind, das in einen jämmerlichen Zustand der Resignation verfällt und seinen Kummer verdrängt. Alternativ könnten Sie sich das Kind auf den Schoß setzen und es beruhigen, während Sie Ihr Telefongespräch fortsetzen. Oder Sie könnten, falls der Kummer allzu groß ist, auflegen und sich liebevoll um das Kind kümmern.

Don, der als Kind den ersten Erziehungsstil erlebte, hat schon früh gelernt, seine Gefühle zu verdrängen und sich durch Ablenkung zu beruhigen. Heute, als Erwachsener, zeigt er allerlei selbstberuhigende Verhaltensweisen, indem er zum Beispiel zu viel trinkt, endlose Stunden im Internet surft und viel zu viele elektronische und technische Spielereien kauft – und das alles nur in dem Versuch, seine quälenden Emotionen zum Schweigen zu bringen und sie seinem Willen zu unterwerfen.

Sue bringt Dons Reaktionen und Äußerungen eine tief empfundene Empathie entgegen, obwohl sie sie nicht mag und sie im Kontext ihrer Beziehung nicht gerade hilfreich findet. In der Tat sind diese Verhaltensweisen auch für ihre intime, sexuelle Beziehung schädlich. Da es Don an Empathie fehlt – nicht nur für Sue, sondern auch für sich selbst –, bleiben seine zerstörerischen und distanzierten Bewältigungsgewohnheiten fest verankert. Die Mauern, die er baut, führen dazu, dass Sue sich immer mehr ausgesperrt fühlt, und es fällt ihr schwer, sich zu ihm hingezogen zu fühlen, wenn er sie spielerisch zu einem sexuellen Intermezzo einlädt. Don fühlt sich natürlich abgelehnt, wenn Sue solche Initiativen zurückweist – dann rollt er mit den Augen, grummelt und dreht sich auf die andere Seite, wodurch dieses Muster chronifiziert und vertieft wird. Diese Situation kann nicht aufgelöst werden, bevor Don eine gewisse Empathie für die Wirkung seiner Distanziertheit auf Sue entwickelt und versteht, wie einsam sie sich fühlt. Seine fehlende Bewusstheit liegt nicht daran, dass Sue sich keine Mühe gibt. Unzählige Male hat sie versucht, Don verständlich zu machen, wie ausgesperrt und allein sie sich fühlt und dass sie nicht einfach von einer Sekunde auf die andere in einen spontanen und sexuell erregten Zustand umschalten kann, wenn er es an emotionaler Intimität und Zuneigung fehlen lässt. Sie hat das Bedürfnis, ihn zu verstehen, und sie will das Gefühl haben, dass er sie versteht.

Den anderen spiegeln

Gemeinsame Erfahrungen eröffnen die Möglichkeit, klüger zu werden, und Klugheit eröffnet wiederum die Möglichkeit, sich aus dem Gefängnis von falschen Überzeugungen, Ablenkungen und selbstschädigendem Verhalten zu befreien. Sobald unsere mentale Sicht klar ist, können wir die Stärken und Schwächen, die andere erleben, erkennen und nachempfinden. Wenn diese Klarheit und die dazugehörige Empathie in eine Beziehung treten, werden die Beteiligten zu Spiegeln für den jeweils anderen. Wir alle streben danach, ein zutreffendes Bild von uns selbst in Geist und Herzen des Partners reflektiert und geborgen zu sehen – und zwar auch dann, wenn wir nicht immer seinen Standpunkt teilen. Wir alle wollen uns verstanden fühlen – nicht beurteilt, ignoriert oder herabgesetzt – als der Mensch, der man ist, ganz gleich, wie man die Welt erlebt und auf sie reagiert, selbst wenn das hin und wieder ein bisschen albern wirken mag. Dies ist es, woraus ein Fundament erwächst, das solide genug ist, um den machtvollen und quälenden Auslösern standzuhalten, mit denen wir stets in unseren wichtigsten Beziehungen konfrontiert sind.

Stellen wir uns zum Beispiel einmal vor, was passieren könnte, wenn Don einen sexuellen Annäherungsversuch macht und Sue daraufhin sagt: „Tut mir leid, aber mir ist nicht danach. Ich weiß, dass dich das ärgert, aber es fällt mir schwer, mich sexuell erregt zu fühlen, wenn ich mich so lange allein gefühlt habe. Wenn du dich in deine eigene Welt einsperrst, fühle ich mich total ausgeschlossen und von dir getrennt. Ich würde mir wünschen, dass ich mich ein bisschen mehr einbezogen fühlen könnte. Wenn ich nicht spüren kann, wie du dich fühlst oder was du denkst, dann wird es sehr einsam für mich."

Das wird wahrscheinlich dazu führen, dass Don diese Aussage durch seinen „Unzulänglichkeits-Filter“ hört, ungefähr so: *Du bist ein Arschloch, das nur an sich selbst denkt, und als Partner bist du ein totaler Versager.* Was wäre aber, wenn er Sues Konflikt empathisch wahrnehmen und die bei ihm ausgelösten Gefühle von Unzulänglichkeit und Hilflosigkeit umgehen könnte? Das könnte die Tür zu einer anderen Reaktion aufstoßen: „Ich weiß ja, Sue, ich verstehe dich. Wenn ich zurückgezogen und distanziert bin, fühlst du dich dadurch sehr allein, und das macht es dir schwer, mir sexuell nahezukommen. Ich weiß, dass es dir sehr wichtig ist, dass ich dich mehr an meinen Gefühlen teilhaben lasse und mehr Interesse an dir zeige. Ich weiß, dass wir sehr verschieden damit umgehen, wenn wir uns geärgert haben, und dass es für dich – oder uns – nicht gut funktioniert, wenn ich dichtmache. Vielleicht begreife ich dich nicht immer, aber ich kann den Konflikt in dir spüren, und ich verstehe das noch viel besser, wenn ich mir dessen bewusst bin. Ich weiß, wie viel Leid du schon durch deinen Vater ertragen musstest, der eigentlich für dich hätte da sein sollen.“

Ich weiß, dass Sie jetzt wahrscheinlich denken: *Ja, sicher … Der Narzisst in meinem Leben würde nie so reagieren.* Damit haben Sie wahrscheinlich völlig recht; eine solche Reaktion ist sehr unwahrscheinlich ohne professionelle Hilfe oder spürbaren Veränderungseinfluss, der auf den Narzissten wirkt, weil er Konsequenzen zu tragen hat, wenn er sich nicht redlich Mühe gibt, sich mit dem Problem auseinanderzusetzen. Leider kann sich eine solche Transformation selbst mit professioneller Hilfe als unmöglich erweisen; nur allzu häufig enden die Beziehungen von Narzissten erstarrt in einem erodierten, zerfallenden äußeren Rahmen, der einfach nicht mehr repariert werden kann.

Wenn aber noch Hoffnung besteht und der Narzisst sich auf eine Therapie oder kritische Selbstprüfung einlässt, könnten Sie sich fragen, wie Sie seine Anstrengungen würdigen, dabei aber so viel Einfluss aufrechterhalten können, dass er nicht etwa auf die Idee kommt, jetzt sei wieder alles in Ordnung – um dann die Behandlung vorzeitig abzubrechen. Die Lösung dieses Problems besteht darin, einen ausgewogenen Ansatz zu finden, bei dem Sie kleine Erfolge in Form von aufkeimender Bewusstheit und Verhaltensänderungen auf eine direkte Art würdigen, indem Sie zum Beispiel so reagieren: „Ich sehe durchaus, dass du dir Mühe gibst, mehr Rücksicht auf meine Gefühle und Meinungen zu nehmen. [Beschreiben Sie an dieser Stelle ein konkretes Beispiel.] Das weiß ich zu schätzen, und dadurch fühle ich mich dir näher. Aber ich weiß nicht genau, wie ich dir das sagen soll, ohne dass es sich so anhört, als wäre jetzt alles wieder in Ordnung. Ich will deine Anstrengungen nicht ignorieren, ich will dir aber auch nicht den Eindruck vermitteln, dass alles wieder okay ist. Ich muss sicher sein, dass du das begreifst und mein Dilemma verstehst.“

Wie ist es, in der Haut eines Narzissten zu stecken?

Nehmen Sie Ihren ganzen Mut zusammen, denn jetzt kommt die *echte* Herausforderung. Viele meiner Klienten, die eine Beziehung zu einem Narzissten führen, haben von mir die Aussage gehört: „Sie müssen die Fackel anzünden und ihn führen, wenn Sie Veränderungen erreichen wollen." Damit will ich sagen, dass Sie Empathie geben müssen, um Empathie zu empfangen. Aber ich sage auch, dass Sie diese Fackel nicht unbegrenzt lange tragen müssen; der Narzisst muss Ihr Bemühen erwidern und empfänglicher werden. Und dabei sollten Sie ständig seine Fortschritte genau beobachten, bewerten und entscheiden, ob Sie genug haben. Sie haben stets das Recht, Ihre Meinung zu ändern und sich anders zu entscheiden.

Ich weiß, das ist ganz schön viel verlangt. Aber denken Sie einmal darüber nach: Wenn der Narzisst ein Mensch ist, der in Ihrem Leben eine wichtige Rolle spielt, könnte sich der Versuch lohnen, die Beziehung zu ihm zu reparieren – oder zumindest sicher zu sein, alles dafür getan zu haben, bevor Sie aufgeben. Und jetzt, da Sie sich entschieden haben, in der Bibliothek Ihrer Emotionen die Gänge mit den biografischen und autobiografischen Bänden aufzusuchen – statt des Gangs, in dem die schemagetriebenen Romane stehen –, können Sie die Disposition des Narzissten und ihre eigene besser verstehen und sich besonnen an die Wahrheit halten.

Wenn Sie sich in den Narzissten hineinversetzen, bedeutet das, zu versuchen, seine innere Welt wirklich und wahrhaftig nachzuempfinden. Es gibt bestimmte Techniken, die Ihnen dabei helfen können. Wenn zum Beispiel der Narzisst anfängt, Sie verbal zu attackieren, könnten Sie das Gesicht des erwachsenen Mannes, der vor Ihnen steht, vor Ihrem geistigen Auge durch das Gesicht eines einsamen und ungeliebten Jungen ersetzen. Während Sie das Gesicht dieses Kindes sehen, versuchen Sie, sich seine Erfahrungen vorzustellen: seine quälenden Gefühle von Unzulänglichkeit und Scham, seine Einsamkeit und emotionale Leere, die unmöglichen, aber unausweichlichen Bedingungen, die er zu erfüllen versuchen musste, um Aufmerksamkeit, Liebe oder Zustimmung zu erlangen – vielleicht manchmal auf verwirrende Weise vermengt mit der Botschaft, er sei der beste, großartigste und perfekteste Junge der Welt. Sie bieten all Ihre Empathie auf und umarmen diesen Jungen, den bewusst zu fühlen der vor Ihnen stehende Mann nicht ertragen kann.

Diese brillante Strategie ist ein Geschenk, das mein teurer Freund Jeffrey Young mir machte, als ich lernte, wie man für Klienten mit Problemen, die auf Narzissmus beruhen, aufs Neue die Elternschaft übernehmen, sie sozusagen – mit gewissen Einschränkungen – „neu beeltern" (engl. *to reparent*) kann. Wenn man einen Narzissten neu beeltert, konzentriert man sich darauf, dem in seinem Inneren verborgenen, einsamen und vernachlässigten Kind Zuwendung angedeihen zu lassen – fürsorglich, aber auch führend. Zum eingeschränkten Neu-Beeltern gehört es, dem „imaginierten“ Kind Empathie entgegenzubringen und ihm Grenzen zu setzen – Erfahrungen, die der Narzisst als Kind nicht gemacht hat und die ihm zeigen, wie er diesen Teil seines Selbst nähren und für ihn sorgen kann. Durch diesen Prozess werden destruktive Schemata geheilt und die Art und Weise, wie das Kind in der Erinnerung gehalten wird, neu organisiert.

Sie werden sehen, dass es ein sehr nützliches Hilfsmittel ist, Empathie – und vielleicht sogar Mitleid – für das Kind im Narzissten aufzubringen, um das Boot aufrecht zu halten, wenn es anfängt, es in Schieflage zu bringen. Versuchen Sie, mit Ihrem geistigen Auge einen Schnappschuss von dem verletzlichen Kind in ihm zu machen und sich dieses Bild einzuprägen, sodass Sie es hervorrufen können, wann immer der vor Ihnen stehende Erwachsene sich wieder einmal achtlos über dieses oder jenes ereifert. Das wird Sie mit dem Wissen erfüllen, dass die typische Triebfeder hinter diesem Drama sein Verlangen ist, die Gefühle des kleinen Jungen hinter den Kulissen zu meiden – die Verletzlichkeit, die er als jämmerlich und inadäquat betrachtet. Sie können dieses Kind als schlichtweg angsterfüllt, traurig und emotional vernachlässigt ansehen und erleben, selbst wenn es manchmal auch verwöhnt wurde.

In William Wordsworths Gedicht *My Heart Leaps Up* („Mein Herz springt auf“) gibt es eine wunderbare Zeile, die da lautet: „Das Kind ist Vater des Mannes“ (1892, S. 200). Vielleicht meinte der Dichter damit die Stimme des inneren Kindes, das über das Bewusstsein des erwachsenen Mannes herrscht, ganz ähnlich wie ein Schema oder ein überholter Lebensentwurf. Ohne eine urteilsfähige Bewusstheit werden dem erwachsenen Narzissten seine Einsätze vom inneren Kind gegeben – dem Kind mit der riesigen Sammlung an schmerzlichen frühen Erfahrungen, die seine zwischenmenschlichen Beziehungen im Hier und Jetzt beeinträchtigen.

Ein hilfreicher Tipp: Versuchen Sie, ein Foto des Narzissten als Kind zu bekommen – das kann sehr nützlich sein, um Empathie oder Mitgefühl aufzubauen. Außerdem empfiehlt es sich, dass Sie auch ein Foto von sich selbst als Kind haben, um sich daran zu erinnern, dass Ihre verletzliche Seite ebenfalls Mitgefühl und Fürsorge braucht. Manche meiner Klienten haben ihr Kinderfoto laminiert und tragen es immer bei sich, um es in dieser Phase des Wandels als visuelle Erinnerungshilfe zu nutzen.

Lassen Sie den Narzissten nicht vom Haken

Dass Sie Ihr emotionales Reservoir mit Empathie und Mitgefühl füllen, bedeutet keineswegs, den Narzissten vom Haken zu lassen, wenn er sich schlecht benimmt. Zwar ist es notwendig, Ihr Verständnis und Ihre emotionale Großzügigkeit einzuspannen, doch ebenso notwendig ist es, den Narzissten zur Rechenschaft zu ziehen, wenn er sich herablassend, egoistisch, tyrannisch oder einfach nur gemein aufführt. Was Sie im Wesentlichen erreichen wollen, ist die Konfrontation aus einer empathischen Einstellung heraus. Die folgenden fünf Fallbeispiele sollen zeigen, wie Sie empathische Konfrontation im Umgang mit dem Narzissten in Ihrem Leben einsetzen können. Natürlich können Sie statt des hier beschriebenen Narzissten einen Freund, Ehepartner, Chef, Kollegen, Bruder, Ihre Schwester oder ein anderes Familienmitglied einsetzen, je nach Ihrer persönlichen Situation. In jedem der folgenden Szenarien geht es um eine andere Fertigkeit, die Ihnen helfen kann, befriedigendere und authentische Ergebnisse zu erzielen:

- zwischen Schuld und Verantwortlichkeit unterscheiden;
- Grenzen setzen;
- Regeln der Reziprozität festlegen;
- optimale Bewusstheit durch positives Feedback fördern;
- Ihre optimalen Werkzeuge einsetzen: Mitgefühl und die schlichte Wahrheit.

Zwischen Fehlern und Verantwortlichkeit unterscheiden

Ihr Mann Steven holt Sie mit 20 Minuten Verspätung vom Bahnhof ab. Ohne Gruß, Erklärung oder Entschuldigung fängt er an, auf Sie einzureden, dass er sich nie wieder auf so etwas einlassen werde: „Ich sage dir, Sharon, fang gar nicht erst an. Ich musste meine Partner im *Country Club* stehen lassen, wo ich außerdem mein Handy vergessen habe, dann musste ich einen grauenhaften Stau ertragen und jetzt, wie erwartet, mir deinen sauren Gesichtsausdruck ansehen. Ich habe die Schnauze gestrichen voll!“

Sie ziehen ihm die Handtasche über den Schädel, springen aus dem Auto und setzen sich wieder in den Zug – auf Nimmerwiedersehen, Steve! Okay, haben Sie diese Fantasie hinreichend ausgekostet? Dann wollen wir uns jetzt einer etwas produktiveren Strategie zuwenden.

Sie bleiben einen Moment ruhig sitzen, wodurch Steven die Gelegenheit bekommt, die Töne seiner hässlichen Tirade von der Windschutzscheibe abprallen zu hören, während Sie sich sammeln. Sie rufen sich in Erinnerung, dass es hier gerade überhaupt nicht um Sie geht. Steven steht sich wieder einmal selbst im Weg. Sie sehen kurz zu ihm hinüber – gerade lang genug, um einen Blick auf den verlorenen kleinen Jungen zu erhaschen, der hinter Stevens fieser und wütender Fassade steckt. Sie atmen einmal leicht ein und wieder aus, aktivieren Ihre Empathie und sagen: „Ich verstehe ja, wie wichtig es dir ist, dich davor zu schützen, dass du dich vor deinen Partnern blamierst, und vor der grässlichen Vorstellung, mich zu versetzen. Ja, ich habe mich geärgert – und mir auch ein bisschen Sorgen gemacht. Ich kann mir vorstellen, wie es dich frustriert haben muss, dass du dein Telefon nicht dabeihattest, denn sonst hättest du mich ja anrufen können. Ich weiß, dass du jetzt davon ausgehst, dass ich sauer auf dich bin, weil du dich verspätet hast, weil es mir nicht immer so gut gelingt, meine Enttäuschung zum Ausdruck zu bringen. Mir sind all deine Gefühle wichtig, auch dein Ärger, wenn du im Stau steckst. Aber es fällt mir schwer, dir zärtliche Gefühle entgegenzubringen, wenn du mich so heruntermachst und anfeindest. Ich würde mich dir gerne verbunden fühlen, aber damit ich das kann, müsstest du in deinen Äußerungen etwas mehr Rücksicht auf meine Gefühle – und auch auf deine – zeigen. Apropos Gefühle: Wenn du dich wieder ein bisschen beruhigt hast, würde ich es zu schätzen wissen, wenn du dich bei mir entschuldigst."

Die dann einsetzende Stille scheint neue Denkprozesse in Gang zu setzen. Entdecken Sie vielleicht einen ernüchterten Ausdruck in seinem Gesicht? Ja, tatsächlich, aber dieser kurze Moment ist schnell vorbei, und dann sagt er: „Also komm, erspar' mir dieses Psycho-Geschwafel über meine Gefühle. Ich bin wütend, weil ich wusste, dass es so laufen würde, und ich wusste auch, dass du sauer wärst, wenn ich nicht bereit gewesen wäre, dich abzuholen. Das ist alles. Und versuch' jetzt nicht schon wieder, mir die Schuld in die Schuhe zu schieben. Ich hatte heute schon genug Generve – es reicht."

Vielleicht geben Sie sich inzwischen wieder Ihrer Fantasie hin, in der Sie ihm die Tasche auf den Schädel knallen. Aber stattdessen machen Sie ihn erneut verantwortlich, ohne ihm Vorwürfe zu machen: „Also, Steven, ich weiß es ja durchaus zu schätzen, dass du mich heute vom Bahnhof abholst. Ich gebe dir nicht die Schuld an den Umständen, auf die du keinen Einfluss hattest, als du versucht hast, es rechtzeitig hierher zu schaffen. Es ist nicht deine Schuld, dass du jetzt wütend bist. Allerdings bist du dafür verantwortlich, dir zu überlegen, wie du diese Gefühle äußern kannst, ohne mir die Schuld zu geben oder mich niederzumachen. Alles andere ist schlichtweg inakzeptabel. Dein Verhalten tut mir weh und schadet unserer Ehe."

Er sagt nichts und nickt dann langsam. Eine Pause im Sturm? Er fährt los und murmelt leise: „Na gut, okay." Na, immerhin – das ist ja schon mal ein Anfang.

In dieser Szene befinden Sie sich im schemasicheren Schutzraum Ihres klugen, unbeirrbaren und scharfsichtigen Verstandes. Sie haben gelernt, den Auslösereiz zu beherrschen, der Sie früher stumm hätte dasitzen lassen, hilflos und wütend. Sie spüren gewisse schemagetriebene Reflexe in Ihrer fantasierten Reaktion, aber Ihr neu erworbenes Verständnis der Probleme Stevens, die Liebe, die Sie nach wie vor für ihn empfinden, und Ihr mitfühlendes Eintreten für sich selbst haben Sie in die Lage versetzt, ein neues Skript für diese Interaktion zu entwickeln. Sie nehmen Verantwortlichkeit wichtiger als Vorwürfe, Sie machen auf die Berechtigung Ihrer eigenen Bedürfnisse aufmerksam und Sie bieten dem kleinen Jungen, der gemocht und geschätzt werden will, Verständnis und Nachsicht. Denn immerhin hatten Sie zu diesem Zeitpunkt ja bereits beschlossen, zu versuchen, an der Rettung Ihrer Ehe zu arbeiten.

Das ist wieder einmal harte Arbeit. Obwohl Sie sich wahrscheinlich mit einem Szenario wie diesem identifizieren können, neigen Sie vielleicht eher dazu, ein etwas weniger hoffnungsvolles Ende vorherzusagen. Und vielleicht ist das Ergebnis noch nicht gut, aber es ist ein Anfang. Denken Sie daran, dass Gewohnheiten schwer zu ändern sind – sowohl für Sie als auch den Narzissten. Das Gehirn ist ein veränderliches Organ, aber normalerweise erfordert es Zeit, Wiederholungen und beharrliches Bemühen, um bleibende Veränderungen herbeizuführen. Damit sich etwas ändern kann, müssen Sie sich vergegenwärtigen, wie lang Sie schon erfolglos versuchen, in Ihrer Beziehung voranzukommen. Manchmal müssen Sie eine andere Strategie wählen. Neue Skripte und neue Formen des Kommunizierens können sich zunächst etwas bemüht anfühlen, aber nach und nach können sie zu Ihrem im Gedächtnis abgelegten Erkennungstext werden, wenn Sie Ihre kluge und feste Stimme reflektieren. Die Macht, in Ihrem besonnenen und zentrierten Verstand zu ruhen, kann Ihnen – mit den Worten eines Klienten – das Gefühl vermitteln, „aus einer tiefen Ohnmacht aufzuwachen“, womit er meinte, dass er sich erleben fühlen konnte, was im Moment gerade geschah. Mithilfe von Achtsamkeit war er nicht durch die verzerrten, von seinen alten, maladaptiven Schemata stammenden Überzeugungen abgestumpft worden.

Grenzen setzen

Ihre Tochter ist noch im Säuglingsalter, als eines Tages Ihr Chef Sie anruft und Ihnen mitteilt, dass Sie geschäftlich verreisen müssen, in eine andere Stadt. Dies ist das erste Mal, dass Sie über Nacht von Ihrer Tochter getrennt sein werden, und Sie werden von Schuldgefühlen und Sorgen geplagt. Da Ihr Mann über Nacht arbeitet und Sie nicht genug Zeit haben, um einen Babysitter zu organisieren, nehmen Sie widerstrebend das Angebot Ihrer Schwiegermutter an, auf das Baby aufzupassen, während Sie verreist sind. Als Sie jedoch am Abend zu Hause anrufen, um sich zu vergewissern, dass alles in Ordnung ist, bombardiert die Schwiegermutter Sie mit einer endlosen Tirade von Empfehlungen, Ratschlägen und Anordnungen. Wenn es nicht eine solche Unverschämtheit wäre, könnte man sich köstlich darüber amüsieren, dass die Schwiegermutter tatsächlich Kommode und Nachttisch aus dem Zimmer des Babys geschoben hat, weil sie dort, wo sie standen, ein ungünstiges Feng-Shui hatten.

So verstörend diese Begebenheit auch sein mag – sie motiviert Sie, zu lernen, wie Sie Ihrer narzisstischen Schwiegermutter unter Anwendung von empathischer Konfrontation Grenzen setzen können. Sie könnten zum Beispiel damit anfangen, dass Sie versuchen, ihr Verhalten und dessen Ursachen in ihrer Vergangenheit zu verstehen. Dann sollten Sie sie für ihre Taten im Hier und Jetzt zur Verantwortung ziehen. Als Sie nach Hause kommen, bedanken Sie sich zuallererst für ihre Hilfe, denn auch sie musste dafür in letzter Minute ihre Termine ändern. Dann sprechen Sie ihr ärgerliches Verhalten an: „Ich weiß es durchaus zu schätzen, dass du darauf achtest, bestimmte Standards zu halten, und ich bewundere, wie du dein Zuhause eingerichtet hast. Aber dennoch würden wir uns freuen, wenn du nicht versuchen würdest, auch in diesem Haushalt deine Standards einzuführen. Außerdem freue ich mich, dass du und das Baby eine Beziehung aufbaut, aber bitte respektiere unsere Entscheidungen in Bezug auf die Kindererziehung und Einrichtung – und zwar auch dann, wenn du damit nicht einverstanden bist. Wenn du dir manchmal über irgendetwas nicht ganz sicher bist, frag uns einfach. So können wir vermeiden, dass unsere Beziehung gefährdet wird, weil sich Ressentiments einschleichen."

Jetzt werden Sie vielleicht denken: *Willst du mich veräppeln? Wenn ich so etwas zu der Narzisstin in meinem Leben sagen würde, dann würde sie mich einfach ignorieren, zusammenstauchen oder den Dritten Weltkrieg vom Zaun brechen.* Aber selbst wenn sie tatsächlich so reagieren sollte, können Sie ihr weiterhin Grenzen setzen, ihr dabei aber auch so empathisch wie möglich begegnen. Falls die Narzisstin Sie ignoriert oder herablassend behandelt, können Sie sie ruhig darauf ansprechen, zum Beispiel so: „Ich weiß, dass du es nicht gewohnt bist, dass man dir widerspricht, und ich will mich nicht mit dir streiten. Ich möchte dir nur mit allem gebotenen Respekt mitteilen, dass ich über diesen Punkt nicht verhandeln werde. Tut mir leid, wenn dir das nicht gefällt; es liegt keineswegs in meiner Absicht, dich zu ärgern." Wenn sie darauf wütend oder aggressiv reagiert, machen Sie ihr klar, dass Sie solche Behandlung nicht mehr hinnehmen werden. Bleiben Sie ganz ruhig und sagen Sie einfach: „Ich werde dieses Gespräch abbrechen, wenn du so zu mir sprichst." Falls sie weitermacht, legen Sie auf oder lassen Sie sie stehen. Zumindest werden Sie dann wissen, dass Sie sich redlich bemüht haben, die Beziehung zu verbessern, indem Sie nicht nur für sich selbst eingetreten, sondern auch der Narzisstin mit Empathie begegnet sind. Falls es sich bei der betreffenden Person um Ihre Schwiegermutter oder den Schwiegervater handelt, werden Sie natürlich auch die Unterstützung Ihres Partners brauchen. Sie beide werden eine geschlossene Front bilden müssen, wenn Sie erfolgreich Grenzen setzen und durchsetzen wollen.

Regeln der Reziprozität festlegen

Es ist Samstagabend, und Ihr Partner Chris hat soeben verkündet, dass Sie beide in seinem Lieblingsrestaurant dinieren werden – wieder einmal. Sie sind meistens bei solchen vorhersehbaren Ereignissen klaglos mitgekommen, weil Sie nicht als Spielverderber dastehen wollten. Sie wissen, wie schwierig Chris werden kann, wenn es um die Qualität von Speisen und Service geht, und wie sehr er es genießt, als Star behandelt zu werden, wenn er zur Tür hereinkommt – vor allem in diesem Restaurant, wo er stets vom Manager sehr herzlich begrüßt wird und sofort einen Tisch zugewiesen bekommt. Sie selbst senken dagegen oftmals peinlich berührt den Kopf, wenn Sie am Personal des Restaurants vorbeikommen, das Sie kühl fixiert.

Gerade ist Ihnen der Gedanke gekommen, dass es ja vielleicht eine interessante Abwechslung sein könnte, ein neues Restaurant auszuprobieren. Als Sie diesen Vorschlag machen, verzieht Chris schon nach den ersten Worten das Gesicht und fällt Ihnen ins Wort: „Ich werde nicht das Versuchskaninchen spielen in einem gerade neu eröffneten Lokal, wo wir wahrscheinlich warten müssen, bis uns ein Tisch zugewiesen wird – und außerdem weiß man nicht, wie das Essen da ist. Vergiss es." Er lehnt den Vorschlag ab und verkündet, um welche Uhrzeit Sie fertig sein sollen, um „wie besprochen" in besagtes Restaurant zu fahren.

Sie beobachten ihn, als er hinter seiner Zeitung verschwindet. Sie halten einen Moment inne, um sich das Bild von Chris als Kind vorzustellen, das Sie – zusammen mit Ihrem eigenen – in Ihrer Brieftasche tragen. Nachdenklich stellen Sie sich den kleinen Chris vor, dem nie gezeigt wurde, wie man etwas teilt, sich fair verhält und gibt und nimmt – der Junge, der von seinem Vater unterdrückt und von seiner Mutter erdrückt wurde. Der kleine Chris war sehr verwirrt und verängstigt, wenn es um zwischenmenschliche Beziehungen ging und darum, sich anzupassen. Sie denken noch einen Moment über das Kinderbild von sich selbst nach. Das kleine Mädchen hatte ständig Angst davor, wegen der einen oder anderen Missetat angebrüllt zu werden. Es gab sein Bestes, um es allen recht zu machen und so zu vermeiden, irgendjemanden zu enttäuschen oder Schuldgefühle zu bekommen. Es wusste nicht, was es sonst hätte tun können.

Sie lächeln innerlich über den kleinen Chris und das kleine Mädchen, das Sie einmal waren, atmen tief durch, um sich zu beruhigen, und sagen: „Chris, ich glaube, wir sollten über das, was gerade geschehen ist, sprechen. Ich weiß ja, wie gern du ins

Royal Café essen gehst. Und ich verstehe ja, wie viel es dir bedeutet, zuvorkommend bedient zu werden und dein Lieblingsessen genau so serviert zu bekommen, wie du es am liebsten magst. Mal abgesehen davon, dass es mir manchmal ein bisschen peinlich ist, wenn wir außer der Reihe einen Tisch bekommen und andere deswegen länger warten müssen, fand ich es dort eigentlich immer sehr nett mit dir. Aber als ich jetzt mal zur Abwechslung etwas anderes vorgeschlagen habe, hättest du mir auch deine Gefühle erklären können, anstatt mir über den Mund zu fahren und die Idee einfach vom Tisch zu wischen – das mag ich nämlich gar nicht. Wahrscheinlich hast du recht, dass das neu eröffnete Restaurant so kurzfristig nicht die beste Wahl ist. Aber können wir nicht auch mal ein bisschen abenteuerlustiger sein? Vielleicht können wir uns ja etwas einfallen lassen, wo wir beide Spaß dran haben – was meinst du?"

Chris, der bis jetzt keinen Augenkontakt zu Ihnen gesucht hat, peilt über den Rand seiner Zeitung hervor und sagt etwas zynisch: „Wenn du so gut weißt, wie schön ich unser normales Prozedere finde, warum brauche ich dann ein neues Abenteuer?" Er vertieft sich wieder in seine Zeitung.

Ohne sich aus der Ruhe bringen zu lassen, antworten Sie: „Chris, es wäre schön, wenn du mich ansehen würdest, wenn du mit mir sprichst, so wie ich es mit dir auch mache. Ich möchte, dass du mich ebenso höflich behandelst, wie du es von mir erwartest." Chris sieht Sie an. Sie reden weiter: „Danke. Ich nehme gern auf deine Wünsche Rücksicht, aber das wünsche ich mir auch von dir – dies ist keine Einbahnstraße. Ich schlage ja nur einen Kompromiss vor – ein bisschen Geben und Nehmen, wenn es darum geht, wie wir unsere gemeinsame Zeit gestalten. Wenn diese Beziehung funktionieren soll, müssen wir beide das Gefühl haben, dass jeder von uns etwas zu sagen hat und dass unsere Gefühle, Meinungen und Wünsche vom anderen gehört und berücksichtigt werden. Ich habe manchmal das Gefühl, dass für dich ganz andere Regeln gelten als für mich, und das ist nicht akzeptabel."

Ganz ruhig sagt Chris: „Okay, ich verstehe, was du meinst. Wir können gern darüber reden, aber bitte nicht dieses Wochenende. Ich verspreche dir, dass wir nächstes Mal was Neues ausprobieren können, aber heute Abend bin ich darauf wirklich nicht vorbereitet." Sie bedanken sich, dass er Sie angehört hat. Ob er es nun wirklich begriffen hat oder nicht – Sie werden auf jeden Fall darauf bestehen, dass er sein Versprechen hält.

In dieser Szene entschuldigt er sich nicht wirklich. Er bestätigt lediglich, Sie gehört zu haben, und er macht ein Versprechen. Sie können nicht sicher sein, dass er wirklich begriffen hat, was Sie meinen. Aber immerhin unterlässt er seinen Zynismus und ist in der Lage, etwas freundlicher und mit Augenkontakt zu antworten. Hier geht es hauptsächlich um Ihren Vorschlag, fair miteinander umzugehen, aufeinander einzugehen und sich abzuwechseln. Die Messlatte, an der Sie einige Zeit nach dieser Szene seinen Erfolg beurteilen können, ist, ob er sein Versprechen hält, ohne deswegen schlechte Laune zu bekommen und sie an Ihnen auszulassen. Vielleicht werden Sie ihn an sein Versprechen erinnern und noch einmal erklären müssen, wie wichtig es Ihnen ist, Ihre Bedürfnisse innerhalb der Beziehung erfüllt zu bekommen. Falls er sein Versprechen vergisst und in sein automatisches, selbstsüchtiges Verhalten zurückfällt, sollten Sie ihm zeigen, wie enttäuscht Sie darüber sind.

Optimale Bewusstheit durch positives Feedback fördern

Während Sie dabei sind, das traditionelle Weihnachtsessen zuzubereiten, zu dem Sie alljährlich bei sich zu Hause einladen, klingelt das Telefon – Ihr narzisstischer Bruder Rick ist dran. Er ruft an, um Ihnen frohe Weihnachten zu wünschen und Ihnen zu sagen, dass er sich wegen unerwarteter Probleme etwas verspäten wird. Normalerweise ist er nicht gerade höflich, wenn er sich verspätet – entweder ruft er gar nicht an oder er ruft an, sagt dann aber etwas wie: „Hör zu, ich bin ein bisschen spät dran. Ich weiß nicht, warum du das Abendessen immer so früh ansetzen musst. Du bist zu verkrampft, entspann dich einfach mal, Susan." Klick – aufgelegt. Aber dieses Mal sagt er: „Hi, Susan. Ich weiß, was ich jetzt sage, wird dir wahrscheinlich bekannt vorkommen – es tut mir leid, das Dinner für alle aufzuhalten, aber ich werde wohl 20 Minuten später kommen, weil ich hier zu Hause ein paar unerwartete Probleme habe. Soll ich irgendwas mitbringen?"

Sie denken sofort: *Nanu, ist da jemand falsch verbunden?* Aber dann reißen Sie sich zusammen und sagen: „Ja, danke, Rick. Ich hoffe, dass es nichts Ernstes ist. Ich weiß es zu schätzen, dass du anrufst, und ja, vielleicht könntest du noch zwei Auffüllöffel mitbringen. Danke, dass du gefragt hast." Plötzlich wird Ihnen klar, dass dies der erste Austausch dieser Art in der Beziehung zu Ihrem Bruder ist. Sie haben sich jahrelang bemüht, in dieser Beziehung den Samen aufrichtiger Kommunikation zu säen und sie mit empathischer Konfrontation zu nähren, und jetzt sehen Sie endlich die ersten Früchte dieser Arbeit. Sie reden weiter: „Weißt du, Rick, ich bin dir sehr dankbar für die Mühe, die du dir damit gibst, etwas mehr Rücksicht auf mich zu nehmen. Dadurch kommen wir uns näher. Vielen Dank noch mal."

Er antwortet: „Tja, man tut, was man kann. Früher hätten wir uns bei dieser Gelegenheit wohl ziemlich gestritten. Aber danke jedenfalls, dass es dir aufgefallen ist."

In Ihrer Beziehung zu dem Narzissten (oder auch zu beliebigen anderen Menschen) ist positives Feedback bei passenden Gelegenheiten ebenso wichtig wie das Kritisieren schlechten Benehmens. Ja, Rick verspätet sich wieder einmal. Vielleicht hat er nach wie vor Probleme mit seinem Zeitmanagement, um die er sich kümmern sollte. Aber er gibt sich erkennbar Mühe, sich verantwortungsbewusst und rücksichtsvoll zu verhalten. Lange haben Sie dieses Feld bei ihm beackert, unter Einsatz sämtlicher Ihnen zur Verfügung stehenden Werkzeuge. Das Positive zu loben – sein Bemühen, Rücksicht zu nehmen und zu helfen – ist genau das, was Sie tun sollten, um ihn an das Gefühl heranzuführen, auf ganz normale menschliche Weise liebenswert zu sein.

In der gegebenen Situation haben Sie sich nicht überschwänglich bedankt oder Worte wie „wunderbar", „großartig" oder „perfekt" benutzt. Sie haben darauf verzichtet, seinen außergewöhnlichen Job, sein tolles Auto oder seine Beredsamkeit zu erwähnen, wie Sie es früher vielleicht getan hätten, um seine Aufmerksamkeit zu fesseln oder ihn bei Laune zu halten. Sie haben einfach nur Ihre Anerkennung und Dankbarkeit dafür geäußert, dass er sich gewissenhaft und einigermaßen rücksichtsvoll verhalten hat. Man muss bedenken, dass der Narzisst, um sich in einer Beziehung wohl- und verbunden fühlen zu können, etwas lernen muss, was er als Kind nie gelernt hat: dass er auch als der einfache Mensch, der hinter seiner dicken und glänzenden Fassade steckt, völlig in Ordnung ist. Wenn vergängliches Glorifizieren durch Zärtlichkeit, Liebe und Angenommenwerden ersetzt wird, dann muss er nicht mehr das Bedürfnis haben, irgendetwas beweisen zu müssen. Er wird nicht mehr den Platz des „Top Acts" auf dem glänzenden, grandiosen Programmzettel für sich beanspruchen müssen.

Ihre optimalen Werkzeuge einsetzen: Mitgefühl und die schlichte Wahrheit

Es ist Donnerstagabend, und Sie kommen nach einem weiteren, mit Präsentationen und Meetings vollgepackten Arbeitstag nach Hause. Sie haben eine der schwierigsten Wochen in Ihrem Berufsleben hinter sich. Nachdem Sie Ihren Mann Ed zur Begrüßung umarmt haben, sagen Sie, dass Sie gern ein bisschen Zeit für sich haben möchten, um vor dem Abendessen noch ein paar Fitnessübungen zu machen und so den Stress des langen Arbeitstages hinter sich zu lassen. Er sagt nur: „Ja klar, mach nur." Aber während er das sagt, fällt Ihnen auf, dass sein Gesichtsausdruck sich verändert und Ihnen zeigt, dass er gerade dabei ist, wütend zu werden. Bevor Sie ihn daraufhin ansprechen können, platzt es aus ihm heraus: „Weißt du, Karen, ich habe wirklich die Nase voll von deinem Egoismus, und ich habe außerdem die Nase voll von deinem blöden Job. Warum kündigst du nicht einfach und suchst dir was anderes, was du mit dir anstellen kannst. Ich habe genug von den späten Abendessen und deinem Fitnesswahn. Ich will diesen ganzen Mist nicht mehr. Meine Zeit ist mir zu wichtig, um sie damit zu verbringen, blöde hier rumzusitzen und auf dich zu warten. Es gibt eine Menge Leute, die alles dafür geben würden, um ihre Zeit mit mir zu verbringen. Sehe ich aus wie ein Idiot, oder was?“ Er starrt Sie böse an.

Sie sind völlig konsterniert und denken: *Jetzt geht das schon wieder los!* Sie spüren, wie in altvertrauter Weise ein Gefühl der Hitze in Ihrer Brust aufwallt und über den Hals ins Gesicht aufsteigt. Sie erröten. Sie haben das Gefühl, Sie müssten sich laut schreiend verteidigen, ins Schlafzimmer laufen, um zu weinen – oder sich entschuldigen und Ed sagen, dass er recht hat. Ja, da ist sie wieder, die alte *Fight-Flight-or-Freeze*-Reaktion. Aber stattdessen sammeln Sie sich, atmen einmal tief durch und horchen in sich hinein, um festzustellen, ob Sie Ihre Gefühle mit fester und ernster Stimme äußern können, ohne einem dieser bei einer Bedrohung typischen drei Impulse nachzugeben. Falls Sie zu aufgewühlt sind, um Ed empathisch zu konfrontieren, nehmen Sie sich eine Auszeit, um sich zu beruhigen und sich wieder im Hier und Jetzt zu verankern, bevor Sie an den Ort des Geschehens zurückkehren. (Ich werde später in diesem Kapitel ausführlicher auf Auszeiten eingehen.) Sie stellen aber fest, dass Sie ausreichend beherrscht sind, und sehen Ed in die Augen – im vollen Bewusstsein des kleinen Jungen in seinem Innern, der ständig mit Gefühlen von Einsamkeit und Unwürdigkeit zu kämpfen hatte. Sie rufen die Erinnerungen an das kleine Mädchen ab, das Sie einmal waren und das solche Schwierigkeiten hatte, sich zu behaupten und seinen Gefühlen zu trauen.

Dann antworten Sie, gestärkt durch Ihr verbessertes Selbstbewusstsein und mit ruhiger Stimme: „Weißt du, Ed, ich glaube dir kein Wort. Ich glaube nicht etwa, dass du lügst, aber ich kenne dich – ich weiß, wie sehr es dir schwerfallen kann, mir zu sagen, dass du mich vermisst. Wenn ich sehr beschäftigt bin, wie zum Beispiel diese Woche, hast du oft das Gefühl, als wärst du mir nicht wichtig. Ich kann verstehen, wie sehr dich das kränken muss. Aber das ist noch lange kein Grund, mich niederzumachen oder die Schuld auf meinen Job zu schieben. Wenn du wütend wirst und anfängst, mir zu drohen, erreichst du damit nur, dass ich mich verletzt fühle und dann auch wütend werde. Deine Gefühle sind mir sehr wichtig. Aber wenn du deine eigenen Gefühle verdrängst, nimmst du uns die Chance, die Dinge auf die Reihe zu kriegen. Ich würde gern dieses Gespräch noch einmal von vorn anfangen – was hältst du davon?“

Ed sieht Sie ganz verblüfft an. Sie sind nicht weggelaufen, Sie haben sich nicht durch einen Gegenangriff verteidigt und Sie haben nicht nachgegeben. Das bringt ihn vorübergehend aus dem Konzept. Dann, als sein Misstrauen und sein Unbehagen wieder die Oberhand gewinnen, sagt er: „Untersteh dich, mir zu sagen, wie ich mich fühle. Das habe ich dir ja bereits gesagt. Und ja, ich bin wütend. Ja! Ich bin wütend!“

Sie können den kleinen Jungen in Ed sehen, der mit dem Fuß aufstampft, trotzig die Arme vor der Brust kreuzt und sich insgeheim wünscht, dass Mami oder Papi kommen mögen, um ihn in den Arm zu nehmen und sein Leid zum Verschwinden zu bringen. Sie spüren, wie er sich hinter seiner schützenden Rüstung verschanzt. Der Tonfall seiner Stimme hat sich verändert. Obwohl das, was er sagt, seiner Wut Nachdruck verleiht, scheint er sich etwas mehr auf Sie einzulassen – als wolle er Sie auffordern, Ihre Botschaft zu bekräftigen. Sie gehen einen Schritt auf ihn zu und erwidern: „Hör zu, Ed, ich verstehe ja, dass du wütend bist. Aber durch deine Art, mir das zu zeigen, stößt du mich nur von dir fort. Ich wünsche mir ja nur von dir, dass du hinter deine Wut schaust und mir von dem Schmerz erzählst, den ich ja spüren kann, während ich hier bei dir stehe." Sie ergreifen seine Hand.

Betreten lässt er es zu, dass Sie seine Hand nehmen, und sagt in einem etwas weinerlichen, aber sanfteren Ton: „Also, Karen, ich weiß ja, dass du eine schwierige Woche hinter dir hast. Aber für mich ist es auch schwierig. Was soll ich noch sagen. Sorry. Geh und mach deine Fitnessübungen, ich komm schon klar."

Sie sind froh über diesen Wandel. Sie haben ihn erreicht. Sie haben den kleinen Jungen hinter der Maske des wütenden, feuerspeienden Drachen hervorgezerrt. Sie haben seine Verletzlichkeit – und Ihre eigene – ganz und gar verstanden. Es erfordert enormen Mut, sich einem Drachen mit nur einer einzigen Waffe zu stellen, noch dazu einer so unkonventionellen: Mitgefühl. Sie bedanken sich bei Ed, dass er Sie angehört hat, und nehmen seine Gefühle an. Sie versprechen ihm, nicht so lange wie sonst zu trainieren und schlagen vor, dass Sie beide an diesem Abend etwas mehr Zeit zusammen verbringen. Dieses Angebot nimmt er gerne an.

Vielleicht werden Sie nun denken, dies sei nur eine andere Art, schlechtes Benehmen durchgehen zu lassen, weil Sie Ed nicht auf die eine oder andere Art und Weise bestraft oder dafür gesorgt hätten, dass er mit dessen Folgen fertigwerden muss. Vielleicht haben Sie auch das Gefühl, dass Sie so etwas nie sagen könnten und es nicht dulden dürfen, wenn sich der Narzisst so unsensibel verhält. Und Sie könnten vielleicht denken: *Wer will sich so etwas schon antun. Es wird am besten sein, ihn einfach zu verlassen.* Tatsächlich könnte ein jeder dieser Standpunkte – oder sie alle zusammen – berechtigt sein. In manchen Fällen ist die Beziehung zu einem Narzissten so strapaziert, dass es für Sie am besten ist, wenn Sie ihm Grenzen setzen oder ihn einfach verlassen. Es kann sein, dass Sie ihm großzügige Portionen an empathischer Konfrontation und sogar Mitgefühl serviert haben, ohne dass sich irgendwelche Erfolge eingestellt hätten. Oder Sie könnten so verletzt sein, dass Sie einfach nicht mehr die Kraft oder den Wunsch haben, diesen Prozess in Gang zu setzen. Falls es sich so verhält, ist das völlig in Ordnung. Es gibt keine einzelne richtige oder falsche Entscheidung; es gibt nur eine begrenzte Anzahl von Möglichkeiten, mitsamt den dazugehörigen Konsequenzen. Da Sie allerdings dieses Buch lesen, besteht eine gewisse Wahrscheinlichkeit, dass Sie sich entschieden haben, dem Narzissten in Ihrem

Leben verbunden zu bleiben. Wenn Sie erst einmal die Fähigkeit entwickelt haben, Achtsamkeit mit dem Eintreten für Ihre Interessen zu verbinden, um Ihre eigenen angemessenen Rechte und Bedürfnisse zu vertreten, werden Sie feststellen, dass empathische Konfrontation in vielen Fällen zu befriedigenderen Ergebnissen führt.

Veränderungseinfluss schaffen, um Veränderungen zu bewirken

Weiter oben habe ich erwähnt, dass es ausgesprochen schwierig ist, Veränderungen in Ihrer Beziehung zu einem Narzissten zu bewirken, wenn kein Einfluss vorhanden ist. In den vorstehenden Beispielszenarien hat die implizit angedeutete Konsequenz, dass die Beziehung scheitern könnte, den notwendigen Einfluss aufgebaut. Hier geht es um wichtige Beziehungen: eine Ehe oder Lebenspartnerschaft, das Verhältnis zu den Schwiegereltern oder Geschwistern. In solchen Beziehungen haben beide Seiten sich entschieden, einander verbunden zu bleiben. Einfluss entsteht, wenn die Beziehung wichtig ist und der Narzisst Sie nicht verlieren will. In solchen Fällen ist es ungünstig, Einfluss schaffen zu wollen, indem man dem Narzissten gedankenlos oder quälerisch droht – das würde nur zu sehr hässlichen Auseinandersetzungen führen. Stattdessen empfiehlt es sich, Einfluss aufzubauen, indem Sie betonen, wie viel Ihnen an der Beziehung liegt und Ihre Sorge erkennen lassen, dass sie scheitern könnte, wenn Sie nicht zusammen darauf hinarbeiten, sie zu verbessern. Ich möchte Ihnen drei wichtige Techniken vorstellen, die Sie nutzen können, um in Ihrer Beziehung das Potenzial für die nötige Einflussnahme zu verbessern: die „Regel der impliziten Annahme“, den „Ansatz vom Kleinen zum großen Ganzen“ und „Auszeiten“.

Die Regel der impliziten Annahme

Die Regel der impliziten Annahme ist besser bekannt als der Grundsatz: „Im Zweifel für den Angeklagten“. Sie legen dem Narzissten nahe, dass er wahrscheinlich nicht weiß, wie verletzend seine Äußerungen sind, und dass Sie davon ausgehen, dass er Sie nicht kränken wollte, sein Verhalten Sie aber getroffen hat. Denken Sie daran, dass die meisten Narzissten anderen Menschen gegenüber nicht wirklich verletzend sein wollen; vielmehr versuchen sie, sich durch ihr Verhalten selbst zu schützen. Dennoch tut es weh, und sie müssen für ihr Verhalten zur Verantwortung gezogen werden. Sie können sich Ihren Einfluss bewahren und zerstörerische und defensive Auseinandersetzungen vermeiden, wenn Sie Ihren Aussagen vorwegschicken, dass Sie auf den guten Willen des Narzissten vertrauen.

Der Ansatz vom Kleinen zum großen Ganzen

Der Ansatz vom Kleinen zum großen Ganzen ist auch als „Kostümprobe" bekannt. Ungeachtet der Beteuerungen des Narzissten, dass er nichts darauf gebe, was andere von ihm halten, wissen Sie, dass wir alle – auch und gerade der Narzisst – uns danach sehnen, gemocht und akzeptiert zu werden. Ihre privaten Erfahrungen mit seinem unvorteilhaften Verhalten stellen einen Mikrokosmos seiner Beziehungen zu anderen und der Welt insgesamt dar.

Bei diesem Ansatz weisen Sie ihn empathisch darauf hin, dass Sie seine Anspruchshaltung und sein selbstherrliches Verhalten verstehen können, weil Ihnen bewusst ist, welche widersprüchlichen Botschaften er als Kind empfangen hat: Erst wurde er vielleicht verwöhnt, um schon einen kleinen Augenblick später vernachlässigt und ignoriert zu werden. Sie sagen ihm, dass Sie wissen, dass er nach Status strebt, indem er die Regeln ignoriert und von anderen erwartet, bevorzugt behandelt zu werden. Dann erklären Sie ihm, dass Sie zwar hart daran gearbeitet haben, sein Wesen zu verstehen und ihn genug schätzen, um offen und sogar nachsichtig mit ihm zu sein, dass jedoch andere Menschen, die ihn nicht so gut kennen, ihn für arrogant halten mögen, wenig Lust haben könnten, in seiner Gesellschaft zu sein und womöglich nicht genug von ihm halten, um ihm ehrlich ihre Meinung zu sagen. So verstärken Sie Ihren Einfluss, weil er sich vor Ihrem Mitgefühl und Ihrer beruhigenden Klugheit nicht verstecken kann und weil er außerdem den Schmerz nicht ertragen kann, für immer ausgeschlossen zu sein.

Auszeiten

Um gegenüber dem Narzissten in Ihrem Leben den nötigen Veränderungseinfluss aufrechterhalten zu können, muss er Sie anhören. Wenn Sie wütend und kurz davor sind, verbal ausfallend zu werden oder sich zurückzuziehen, brauchen Sie vielleicht etwas Zeit, um sich zu beruhigen und die auslösenden Ereignisse, bei denen er virtuos Ihre Knöpfe gedrückt hat, zu analysieren. So optimieren Sie Ihre Chancen, von ihm angehört zu werden. Selbsthilfebücher für Paare und über Anti-Aggressivitäts-Training sind voller guter Ratschläge, eine Auszeit zu nehmen, wenn man von seinen Gefühlen oder seiner eskalierenden Wut überwältigt wird. Solche Empfehlungen sollten Sie sich zu Herzen nehmen. Auszeiten können sehr nützlich sein, um Deeskalation und Selbstreflexion zu ermöglichen – und auch, um die physiologischen Wirkungen der *Fight-Flight-or-Freeze*-Reaktion abklingen zu lassen.

John Gottman, ein international renommierter Experte für Beziehungen und das Vorhersagen von Scheidungen, hat darüber geschrieben, wie schwierig und wichtig es ist, sich zu beruhigen, bevor man nach einer destruktiven Episode wieder beginnt, konstruktiv miteinander zu kommunizieren (Gottman & Silver, 2004). Er führt aus, dass zwar viele gut angepasste und nach eigenen Angaben glückliche Paare ohne bleibende Schäden für ihre Beziehung miteinander streiten können, dass jedoch Paare, die eine instabile Bindung zueinander haben, in vielen Fällen auf schädliche Weise aneinandergeraten und dann häufig eine gewisse Zeit brauchen, um ihre turbulenten emotionalen und physiologischen Zustände zu stabilisieren, bevor sie den Schaden reparieren können.

Eine Auszeit wird häufig so definiert, dass jede der beiden beteiligten Personen versucht, vorübergehend etwas Abstand zum anderen zu gewinnen, zum Beispiel, indem sie in ein anderes Zimmer geht oder für eine vorher vereinbarte Zeit einen Spaziergang macht. Dahinter steckt die Absicht, sich eine Zeit lang beruhigen zu können, bevor man wieder auf das infrage stehende Problem zu sprechen kommt – oder sich auch nur begegnet. Im Rahmen einer Schematherapie empfehlen wir außerdem Folgendes: Wenn ein Schema ausgelöst wurde und Sie körperlich und seelisch von intensiven Gefühlen oder Wut überwältigt werden, ist es am besten, wenn Sie sich vorübergehend an einen ruhigen Zufluchtsort zurückziehen, um tief durchzuatmen und Ihr emotionales Gleichgewicht wiederherzustellen. Was können Sie aber in einer solchen Auszeit tun, um zu erreichen, dass Sie sich wieder wohlfühlen in Ihrer Haut?

Atmen

Das sanfte, beruhigende Atmen, das Sie im Rahmen Ihrer (in Kapitel 5 beschriebenen) Achtsamkeitsübungen praktizieren, kann hilfreich sein. Versuchen Sie, während der Auszeit zur Ruhe zu kommen, und nehmen Sie sich ein paar Minuten Zeit, um zu spüren, wie Ihre Bauchdecke sich hebt und wieder senkt, die Lungen sich ausdehnen und wieder zusammenziehen, wie kühl die eingeatmete Luft ist und wie warm sie geworden ist, wenn Sie wieder ausatmen. Tauchen Sie Geist und Körper mit jedem Atemzug in besänftigende Ruhe und kraftvolle Klarheit.

Nutzen Sie eine Schema-Memokarte

Fertigen Sie sich eine oder zwei Memokarten an, die Ihnen als Erinnerungshilfe dienen können, um das Schema zu identifizieren, dem Sie zum Opfer gefallen sind, und Sie wieder ins Hier und Jetzt zurückholen können. Eine solche Memokarte kann Ihnen als Wegweiser dienen, der Sie wieder auf den Weg zu gesünderen Reaktionen führt. Notieren Sie auf der Memokarte die vier Schritte, die in Kapitel 4 beschrieben wurden (Beobachten, Einschätzen, Identifizieren, Differenzieren), und ergänzen Sie die Karte um einen letzten Schritt auf dem Weg, sich in gesunder Weise zu beruhigen:

1. **Beobachten:** Achten Sie auf die Gefühle, die Sie empfinden.
2. **Einschätzen:** Verknüpfen Sie die entsprechenden Schemata mit diesen Gefühlen und den damit einhergehenden Reaktionen.
3. **Identifizieren:** Benennen Sie die Gefühle und Reaktionen, die von einem Schema verursacht sein könnten.
4. **Differenzieren:** Lösen Sie sich von den Dämonen der Vergangenheit und betrachten Sie sich aus einer im Hier und Jetzt verankerten Perspektive.
5. **Selbstberuhigung:** Suchen Sie nach gesunden Wegen, um sich selbst im aktuellen Moment zu beruhigen.

Das könnte zum Beispiel so aussehen:

1. *Es ist mir bewusst, dass ich extrem wütend auf den Narzissten bin.*
2. *Meine Schemata „emotionale Entbehrung“ und „Selbstaufopferung“ werden aktiviert, weil ich mich missverstanden fühle und etwas dagegen habe, als selbstverständlich hingenommen zu werden.*
3. *Ich will laut schreien und ihn bestrafen. Und mir fällt auf, dass ich Heißhunger auf bestimmte Sachen bekomme.*
4. *Dies sind die Gefühle des machtlosen kleinen Mädchens, das große Opfer bringen musste, um sich geschätzt und wahrgenommen zu fühlen. Aber jetzt muss ich nichts mehr beweisen. Ich kann mich frei entscheiden. Ich bin nicht machtlos, und auch ich habe Rechte in dieser Beziehung. Es bringt nichts, meine Wut an dem Narzissten auszulassen. Es mag vielleicht vorübergehend beruhigend sein, mich bei Fressattacken mit ungesunden Sachen vollzustopfen, aber das kann meinen Schmerz nur überdecken, nicht heilen. Ich habe ein Recht darauf, wütend zu sein, aber ich muss es nicht zulassen, dass meine Wut mich total beherrscht. Ich bin eine kompetente, erwachsene Person, die die Probleme und Macken des Narzissten – und ihre eigenen – versteht. Ich kann meine Gefühle durchaus wirkungsvoll vertreten und ein guter Anwalt für mein verletzliches Selbst sein. Ich muss meine Interessen vertreten, ohne meine Wut auszuleben.*
5. *Anstatt einen Wutausbruch zu bekommen oder meine Gefühle durch Fressattacken zu unterdrücken, könnte ich auch etwas anderes machen, um mich zu beruhigen:*
   - *fünf Minuten in mein Tagebuch schreiben;*
   - *meine Freundin anrufen, die immer weiß, wie sie mich beruhigen und aufbauen kann, wenn ich mich so fühle;*
   - *aufschreiben und üben, was ich dem Narzissten sagen will und wie ich es am besten sagen kann, wenn wir wieder auf das Thema zu sprechen kommen.*

Lenken Sie sich ab

In einer Auszeit können auch gesunde Ablenkungen helfen, um Ihre Stimmung zu stabilisieren und Ihre Gefühle zu beruhigen. Hier sind ein paar Anregungen:

- Lesen oder schreiben Sie Gedichte.
- Hören Sie Musik.
- Lösen Sie ein Kreuzworträtsel.
- Räumen Sie auf.
- Machen Sie eine To-do-Liste.
- Tanzen oder singen Sie.
- Machen Sie Fitnessübungen.
- Meditieren Sie.
- Nehmen Sie ein heißes Bad.
- Gönnen Sie sich eine Massage.

Die Rolle von Empathie in der therapeutischen Beziehung

Viele Partner und Familienangehörige von Narzissten fragen mich: „Wie läuft eigentlich eine Therapie mit einem Narzissten oder einem Paar mit solchen Problemen ab? Wie finde ich den richtigen Therapeuten? Worauf sollte ich bei der Suche nach einem Therapeuten achten, und was ist der erfolgversprechendste Ansatz, um Narzissmus zu behandeln?"

Die Therapeutin sollte nicht nur eine nette Zuhörerin sein, die reflektiv die Klagen und rigide Vermeidung des Narzissten validiert. Die Therapeutin muss außerdem eine feste Linie vertreten und in der Lage sein, den wütenden Ausfällen und der Kritik des Narzissten standzuhalten. Wenn die Therapeutin zu passiv ist, wird der Narzisst wahrscheinlich sehr viel Zeit verschwenden, indem er prahlt, Schuldzuweisungen macht, Zustimmung sucht und möglicherweise die Therapeutin verhöhnt. Falls sich die Therapeutin davon einschüchtern lässt, wird der Narzisst das spüren und versuchen, das Therapiegespräch zu dominieren und die Therapie in seinem Sinne zu steuern – oder sie abzubrechen. Darüber hinaus muss die Therapeutin sich zwar mit Narzissmus auskennen, aber es genügt nicht, dass sie theoretisches Fachwissen vorweisen kann; sie muss auch authentisch sein. Wenn die Therapeutin zu intellektuell ist, besteht das Risiko, dass dadurch die konkurrenzorientierten *(competitive)* und distanzierten *(detached)* Bewältigungsmodi des Narzissten verstärkt werden.

Die Therapeutin sollte außerdem über eine authentische Wissbegier verfügen und Empathie einsetzen; sie sollte es verstehen und in der Lage sein, sich in einen so schwierigen Klienten einzufühlen. Das bedeutet, dass Sie versuchen muss, die Innenwelt des Klienten nachzuempfinden, ohne jedoch unbedingt mit ihm übereinstimmen zu müssen oder ihm Mitgefühl oder Mitleid entgegenzubringen. Tatsächlich ist empathische Konfrontation eine der wichtigsten Fertigkeiten, wenn man solche Klienten erfolgreich behandeln will. Bei meiner Arbeit mit narzisstischen Klienten nutze ich häufig diesen Ansatz und sage zum Beispiel Dinge wie: „Ja, ich habe verstanden, dass Ihr Vater Ihnen vermittelt hat, dass Sie ein Anrecht auf bevorzugte Behandlung haben. Aber die Welt funktioniert nun mal nicht so, und er hat Sie nicht adäquat darauf vorbereitet, in dieser Welt zu leben – vor allem, wenn es darum geht, Verantwortung für die Wirkung Ihres Verhaltens auf andere Menschen zu übernehmen und es zuzulassen, wirklich und wahrhaftig geliebt zu werden. Ich glaube, dass es ziemlich schwierig für andere Menschen sein muss, Sie anzuhören, wenn Sie von diesem impertinenten Ton abgelenkt werden."

In einer solchen Therapie ist empathische Bewusstheit der Ausgangspunkt, um Grenzen zu setzen und den Klienten für ungehobelte Aktionen und fehlendes Schuldbewusstsein zur Rechenschaft zu ziehen; manchmal eröffnet sie auch die Möglichkeit für tiefer gehende Explorationen. Indem man konsequent gegen die trotzige Vermeidung und emotionale Distanziertheit des Narzissten angeht, kann man unter Umständen dazu beitragen, selbstschädigende Verhaltensmuster und unerträgliche Emotionen, die ihn gefangen halten, zu verändern.

Und schließlich muss die Therapeutin sich authentisch verhalten, offen die Wahrheit sagen und achtsam sein; sie muss in der therapeutischen Beziehung aus dem Geschehen des aktuellen Augenblicks heraus agieren und es entsprechend reflektieren. Ein Narzisst ist sehr misstrauisch, vor allem gegenüber Menschen, denen etwas an ihm liegt. Letztlich muss die Therapeutin es schaffen, einem narzisstischen Klienten offen die Wahrheit zu sagen und Grenzen zu setzen, ohne ihn von oben herab zu behandeln. So kann die Therapeutin dazu beitragen, den Klienten „neu zu beeltern" und dadurch sein gesundes, erwachsenes Selbst zu stärken, indem sie die zentralen Bedürfnisse des verletzlichen, tief in seinem Innern vergrabenen Anteils seiner Persönlichkeit erfüllt.

Schlussbemerkungen

Veränderungen herbeizuführen ist ein beschwerliches Unterfangen, das einen hin und wieder zur Verzweiflung treiben kann. Nicht jeder Mensch ist willens und in der Lage, sich zu verändern – oder auch nur daran interessiert, es zu versuchen. Dabei kann Angst eines der größten Hindernisse sein, zum Beispiel die Angst, die unerträglichen Gefühle zu entfesseln, die in Schemata eingebettet sind – selbst wenn eines der Therapieziele darin besteht, genau diese Gefühle zu besänftigen. Aber in Anbetracht dessen, was Sie inzwischen über das Gehirn erfahren haben, wissen Sie, dass Veränderungen möglich sind. Vielleicht haben Sie daraus wieder etwas Hoffnung geschöpft. In diesem Kapitel hatten Sie die Chance, diese Möglichkeit in Aktion zu sehen. Sie haben einige der wichtigsten Zutaten erprobt, die notwendig sind, um Veränderungen zu bewirken: empathische Konfrontation, Mitgefühl, das Eintreten für die eigenen Interessen, Grenzen setzen und Einfluss auf den Narzissten schaffen und aufrechterhalten.

Auch im abschließenden Kapitel dieses Buches werde ich Sie durch Strategien führen, die Ihr neues Repertoire nochmals erweitern werden. Dabei werde ich die bereits vorgestellten Konzepte wieder aufgreifen, vertiefen und zeigen, wie sie auf Ihre persönlichen Bedürfnisse angepasst werden können.

8. So machen Sie das Beste aus einer schwierigen Situation: sieben Gaben für die Kommunikation mit einem Narzissten

Der Künstler ist nichts ohne seine Begabung, doch die Begabung ist nichts ohne Arbeit.

(Émile Zola)

Jeder Mensch hat seinen persönlichen Kommunikationsstil, der auf dem Zusammenwirken von Temperament sowie übernommenen und geübten Fertigkeiten beruht. Dieser Kommunikationsstil dient über das gesprochene und geschriebene Wort, die Gestik und Mimik, das Verhalten und die Körpersprache dazu, Beziehungen und Verbundenheit zu anderen aufzubauen. Die Gaben für die Kommunikation, um die es in diesem Kapitel geht, sind in keiner Weise mit der Begabung einer Quasselstrippe zu vergleichen, die sich auf das Talent bezieht, endlos über ein beliebiges Thema reden zu können, ohne eigentlich etwas zu sagen. Vielmehr ist damit der Nutzen gemeint, den Sie – sowohl in menschlicher als auch zwischenmenschlicher Hinsicht – daraus ziehen können, authentisch und integer im jeweiligen Kontext zu kommunizieren. Und damit sind auch die Gaben gemeint, die Sie anderen zuteilwerden lassen, wenn Sie nachdenklich und sorgsam kommunizieren und dabei nicht nur darauf achten, was Sie sagen, sondern auch, wie Sie es sagen.

Ganz so, wie das Wort „Gabe" mehrere verschiedene Bedeutungen hat, existieren die Gaben für die Kommunikation mit einem Narzissten auf verschiedenen Ebenen. Eine Gabe kann entweder etwas sein, was man einem anderen Menschen schenkt, oder der Akt des Schenkens an sich. Der Begriff „Gabe" kann sich auch auf eine naturgegebene Eigenschaft oder Fähigkeit – eine Begabung – beziehen, und wenn er in diesem Sinne verwendet wird, ist damit normalerweise ein angeborenes Talent gemeint. Im Hinblick auf Kommunikation könnte damit ein Mensch gemeint sein, der die angeborene Begabung hat, die Herzen und Seelen anderer Menschen zu berühren. Freilich kann ein solches Talent auch durch gezieltes Üben entwickelt werden. Aus meiner Sicht sind begabte Kommunikatoren Menschen, die aktiv die Fähigkeit kultiviert haben, auf ihre innere Weisheit zu hören und ihr Leben zu verstehen – gerade so, wie Sie es beim Lesen dieses Buches getan haben. Ein begabter Kommunikator weiß, wie wichtig es ist, zu beobachten, anderen zuzuhören und die Welt jenseits des eigenen Egos zu erkunden. Ein solcher Mensch äußert sich eloquent, taktvoll und überlegt. Die gute Nachricht ist, dass ein jeder von uns diese Fähigkeit entwickeln kann.

Inzwischen haben Sie eine Menge über sich selbst lernen können, vor allem im Hinblick auf Ihre Beziehung zu dem Narzissten in Ihrem Leben. Sie haben eine neue Ebene innerer Weisheit erlangt und die Fertigkeiten erlernt und vervollkommnet, die Sie brauchen, um sich im Hier und Jetzt zu verankern und zwischen Wahrheit und Fiktion zu unterscheiden. Sie haben eine neue Achtsamkeit entwickelt und vielleicht auch eine aus Herz und Verstand kommende Empathie, die Sie in die Lage versetzt, die Schutzschichten des Narzissten abzutragen, um so die verletzliche, einsame Seele im Kern seines Wesens aufzudecken. Sie können für sich selbst einstehen, ohne defensiv werden zu müssen, da Sie nicht mehr das Bedürfnis haben, sich zu verteidigen. Sie können eine überlegte Forderung stellen, ohne darauf angewiesen zu sein, einen Gegenangriff zu starten. Sie werden von unvollkommenen oder gar unschönen Begegnungen nicht mehr aus der Bahn geworfen und akzeptieren die Möglichkeit, dass so etwas vorkommen könnte, mit weniger Angst, da Sie sich ein neues Repertoire an Fertigkeiten erarbeitet haben, um solche Interaktionen zu reparieren und zu verbessern. Sie fühlen sich befreit von der neu gewonnenen Einsicht, dass keiner von uns die Autorität oder auch nur die Fähigkeit besitzt, einen anderen Menschen zu verändern. Gleichwohl haben Sie Fertigkeiten entwickelt, mit deren Hilfe Sie Ihre Bedürfnisse und Wünsche besser mitteilen und sensibel zuhören können, Fertigkeiten, die positiv wirken und neuen Raum für Veränderungen schaffen können. Sie besitzen das Potenzial, Ihre Gaben mithilfe Ihrer individuell maßgeschneiderten Kunst der Kommunikation zu bündeln und weiterzugeben.

FORCE: Nutzen Sie Ihre Gaben

Vielleicht kennen Sie den Ausspruch „*May the Force be with you*" („Möge die Macht mit dir sein") aus dem Science-Fiction-Film *Star Wars*. Nach der Philosophie der Jedi-Ritter wird ein jeder von uns durchströmt von einer empfindungsfähigen, interplanetarischen Energie, die uns alle miteinander verbindet und uns die Macht verleiht, Gegnern standzuhalten und in Augenblicken der Dunkelheit Licht werden zu lassen. Ich möchte einen ähnlichen Ansatz vorschlagen, der sich in dem Akronym FORCE („Kraft") bündeln lässt: Diese Abkürzung bildet sich aus den Anfangsbuchstaben von *Flexibility, Openness, Receptivity, Competence* und *Enlightenment* („Flexibilität, Offenheit, Empfänglichkeit, Kompetenz und Aufgeklärtheit").

Wenn Ihr Bewusstsein sich aktiv in diesem Zustand der FORCE befindet, werden Ihre Interaktionen authentischer und erfüllender sein und Sie in die Lage versetzen, Ihre Weisheit auf eine Art und Weise weiterzugeben, die ein warmes und glänzendes Licht auf die dunkleren Momente im Leben scheinen lässt. Beim Umgang mit schwierigen Menschen können Sie Ihre verstärkte Empathie und Ihr geschärftes Bewusstsein einsetzen, um alle Elemente der FORCE zu manifestieren:

- **Flexibilität:** Passen Sie Ihre Äußerungen, Fragen und Reaktionen an die jeweilige Situation an. Widerstehen und verwerfen Sie Neigungen und Ideen, die zu rigide und unflexibel sind.
- **Offenheit:** Hören Sie unvoreingenommen und ohne vorgefasste Erwartungen zu. Bewahren Sie sich die Möglichkeit, Neues zu lernen, indem Sie keine voreiligen Schlüsse ziehen.
- **Empfänglichkeit:** Nutzen Sie Augenkontakt, Ihre Mimik und Körpersprache sowie Ausdrucksweise und Tonfall, um zu signalisieren, dass Sie bereit sind, auf andere Menschen einzugehen, und ermutigen Sie Ihre Gesprächspartner, Ideen und Gefühle zu äußern, ohne gedrängt, unterbrochen oder zensiert zu werden.
- **Kompetenz:** Zeigen Sie sich als glaubwürdiger und empathischer Zuhörer. Bemühen Sie sich darum, klar und sensibel zu kommunizieren und interessiert und mitfühlend zuzuhören. Seien Sie in vorbildlicher Weise authentisch und lassen Sie sich nicht durch das Streben nach Anerkennung antreiben.
- **Aufgeklärtheit:** Seien Sie wissbegierig. Ermutigen Sie und zeigen Sie sich interessiert am wechselseitigen Erfahrungsaustausch. Schaffen Sie durch Ihre verbalen und nonverbalen Äußerungen eine Atmosphäre von Bewusstheit und gegenseitigem Verständnis. Lassen Sie das Licht des Wissens auf die Dunkelheit der Ignoranz scheinen und ermutigen Sie andere, das Gleiche für Sie zu tun.

Durch Selbstbeherrschung können Sie sich Ihre persönliche FORCE erschließen. Aber die Sache hat einen Haken: Die Kunst effektiver Kommunikation, die alle Elemente der FORCE in sich birgt, kann nicht wirken, wenn sie *erzwungen* wird. Sie muss sich so natürlich und unbeschwert entfalten wie eine Blüte im Frühling. Obwohl Ihre inneren Ressourcen Ihnen als schwer zugänglich erscheinen mögen, so schlummern Sie doch in Ihnen. Und falls Sie zum Opfer der Fallstricke eines Schemas „Selbstaufopferung" oder „Unterwerfung" geworden sind, ist es wichtig zu erkennen, dass es keineswegs bedeutet, selbstsüchtig zu werden, wenn man lernt, sich selbst zu beherrschen. Es bedeutet vielmehr ganz einfach, das Verhältnis von Geben und Nehmen ins Gleichgewicht zu bringen und die ermüdende Einbahnstraße zu verlassen, die unweigerlich zu dem Narzissten führt. Selbstbeherrschung bedeutet, sich durch sein aufgeklärtes Bewusstsein und gelassenes Selbstvertrauen leiten zu lassen. Es bedeutet, die eigene Persönlichkeit zu definieren. Alles, was Sie aus diesem Buch – und anderen Wissens- und Beistandsquellen – erfahren haben, wird Ihnen den richtigen Weg zeigen.

Wenn Ihre neu erworbenen Fertigkeiten Sie in die Lage versetzen, eine erfreuliche und zweiseitige Beziehung zu dem Narzissten aufzubauen, werden Sie sich zweifellos von einer riesigen Last befreit fühlen. Eine befriedigende Beziehung zählt zweifellos zu den größten Geschenken, die das Leben zu bieten hat. Darüber hinaus kann Ihr neu errungenes Können der effektiven Kommunikation mit dem Narzissten sich zu einer effektiveren Kommunikation auch bei anderen schwierigen Interaktionen entwickeln, denn immerhin: Wenn Sie mit einem der geschicktesten Knöpfchendrücker der Welt fertigwerden können, dann werden Sie es auch schaffen, mit praktisch jedem anderen Menschen zurechtzukommen.

So präsentieren Sie Ihre Gaben

Beim Lesen dieses Buches haben Sie sich zahlreiche Werkzeuge erarbeitet, die Ihnen helfen können, in der Beziehung zu einem Narzissten zu wachsen. Es wird keine leichte Reise sein, aber nach und nach werden Sie lernen, diese Werkzeuge geschickter und im Zusammenspiel einzusetzen. Ihre Werkzeuge – Schemata erkennen, schwierige Begegnungen antizipieren, Achtsamkeit, Selbstreflexion, beruhigendes Konzentrieren aufs Atmen, empathische Konfrontation, Mitgefühl und all die anderen – sind darauf ausgelegt, zusammenzuwirken und so Ihre innere FORCE freizusetzen, Ihrer Stimme Kraft zu geben und Sie in Ihrer Haltung zu unterstützen, wenn Sie schwierige zwischenmenschliche Begegnungen zu bewältigen haben.

Die Abläufe, die sich dabei vollziehen, sind so ähnlich wie beim Tennisspielen: Sie müssen die Aktionen des Gegenspielers antizipieren, sich rechtzeitig in die geeignete Position bringen, um souverän darauf reagieren zu können, den Ball im Auge behalten, Ihre Reaktion je nach Spielverlauf anpassen, den Ball kraftvoll und konsequent schlagen und den Gegenschlag des anderen im Auge behalten – und dann darauf vorbereitet sein, dies alles zu wiederholen. Es braucht Übung, um all diese Bewegungen und Fertigkeiten zu jenem eleganten und synchronen Ablauf zu integrieren, der schließlich zu einem befriedigenden Schlag führt.

Bisher habe ich mich auf Kommunikationsfertigkeiten konzentriert, die beim schwierigen Umgang mit einem Narzissten hauptsächlich zum Tragen kommen. Hier sind einige andere, allgemeinere Kommunikationsfertigkeiten, die Sie einsetzen können, um die Effektivität Ihrer bislang erarbeiteten Fertigkeiten zu verbessern:

- **Stimmen Sie die Wirkung Ihrer Äußerungen auf Ihre zugrunde liegende Absicht ab:** Formulieren Sie sorgfältig, was Sie sagen, und achten Sie darauf, wie Sie es sagen, damit es bei Ihrem Zuhörer so ankommt, wie Sie es beabsichtigen. Denken Sie daran, was Sie mitteilen wollen, und wählen Sie Ihre Worte und die Art und Weise, wie Sie sich mitteilen, derart, dass bei Ihrem Gegenüber die Botschaft ankommt, die Sie vermitteln wollen. Wenn Ihnen zum Beispiel bewusst wird, dass Sie sehr wütend sind, aber vor allem kommunizieren wollen, dass Sie sich alleingelassen fühlen, sollten Sie sich ganz gezielt so äußern, dass Sie eher Ihr Gefühl der Einsamkeit mitteilen als Ihre Wut.

- **Verhalten Sie sich als Vorbild:** Zeigen Sie Ihrem Gegenüber, was Sie von ihm als Reaktion erwarten. Wenn Sie sich zum Beispiel ruhig und respektvoll äußern, können Sie eher mit einer ebensolchen Reaktion rechnen.
- **Stellen Sie realistische Erwartungen:** Gehen Sie auf Ihren Gesprächspartner ein und überfordern Sie ihn nicht. Beachten Sie auch Ihre eigenen Grenzen und machen Sie sich bewusst, wozu Sie in der jeweiligen Situation in der Lage sind. Manche Tage sind besser als andere, um sich den Herausforderungen der Kommunikation über schwierige Probleme zu stellen. Horchen Sie in sich hinein, achten Sie darauf, was Verstand und Körper Ihnen sagen, und wägen Sie sorgfältig ab, auf welche Kämpfe Sie sich einlassen wollen.

Ergänzend zu all den Fertigkeiten und Einsichten, die Sie sich erarbeitet haben, um in Ihrer Beziehung zu einem Narzissten wachsen und gedeihen zu können, werden die im Folgenden beschriebenen sieben Gaben der Kommunikation Ihnen helfen können, Ihre Fertigkeiten zu verbessern und alle Ihre Beziehungen zu bereichern – also keineswegs nur die schwierigen! Jede dieser Gaben wird anhand eines kleinen Fallbeispiels veranschaulicht, und obwohl die meisten dieser Geschichten Interaktionen zwischen Paaren beschreiben, sind sie auch relevant für Beziehungen zu Menschen, mit denen Sie nicht in einer Partnerschaft leben: Vater oder Mutter, Freund oder Freundin, Bruder oder Schwester, Chef oder Nachbar – wer auch immer. Denken Sie auch daran, dass Sie, um Ihre Kommunikationsfertigkeiten souverän und wirkungsvoll einsetzen zu können, entsprechend vorbereitet sein müssen: Bemühen Sie sich um anhaltenden Augenkontakt, eine ruhige, selbstbewusste und klare Sprechweise, geduldiges Zuhören und natürlich die FORCE – eine flexible, offene, empfängliche, kompetente und aufgeklärte Geisteshaltung.

Die sieben Gaben

Wenn Sie integer und offen kommunizieren, präsentieren Sie den Menschen, mit denen Sie interagieren, wertvolle Gaben. Wenn Sie sich so einbringen und andere an Ihrer inneren Kraft und Weisheit teilhaben lassen, stärken Sie dadurch auch Ihr Selbstwertgefühl – und Sie helfen dem Narzissten in Ihrem Leben, das Gleiche zu tun, wodurch das unsichere und geschädigte Kind in seinem Inneren geheilt wird. Durch diesen Prozess wird die Tür zu positiven Veränderungen in Ihrer Beziehung noch weiter geöffnet. Jede der sieben Gaben ist mit einer bestimmten Form von kunstvoller Kommunikation verbunden. Wenn Sie dem Narzissten in Ihrem Leben diese sieben Künste vorleben, kann er potenziell zu einem effektiveren Kommunikator werden, wodurch der Kreis sich schließt und Sie wiederum selbst in den Genuss ebendieser Gaben kommen. Natürlich existieren unzählige Formen kunstvoller Kommunikation, in die jeweils ergänzende Gaben eingebettet sind, aber für unsere Zwecke sind die folgenden sieben am wichtigsten:

1. Die Kunst, einander zu respektieren, ist ein Ausdruck der Gabe der Großzügigkeit.
2. Die Kunst der Selbstoffenbarung ist ein Ausdruck der Gabe des Mutes.
3. Die Kunst des Unterscheidungsvermögens ist ein Ausdruck der Gabe der Wahrheit.
4. Die Kunst der Zusammenarbeit ist ein Ausdruck der Gabe gemeinsamer Anstrengung.
5. Die Kunst, Streitigkeiten vorherzusehen, ist ein Ausdruck der Gabe der Voraussicht.
6. Die Kunst, sich zu entschuldigen, ist ein Ausdruck der Gabe der Verantwortlichkeit.
7. Die Kunst des reflektierenden Zuhörens ist ein Ausdruck der Gabe der Ausgeglichenheit.

1. Die Kunst, einander zu respektieren

Gegenseitiger Respekt erfordert, dass Sie die Unterschiede zwischen sich und anderen akzeptieren, ohne sie negativ zu werten. Dies ist die Gabe der Großzügigkeit. Sie akzeptieren die andere Perspektive oder Präferenz des Narzissten, ohne ihn zu kritisieren, Ihren eigenen Standpunkt zu verteidigen oder Ihre Meinung aufzugeben. Sie wissen, dass es kaum Probleme gibt, solange Sie sich einig sind, dass aber jeder Meinungsunterschied sich zu einem langwierigen Drama auswachsen kann. Es ist Ihnen klar, dass es nicht unbedingt Zustimmung bedeuten muss, wenn Sie etwas verstehen. Sie haben sich vorgenommen, den anderen zu verstehen, kompromissbereit zu sein und die Vorstellungen, Überzeugungen und Wünsche des anderen zu respektieren – und das erwarten Sie auch umgekehrt.

Nehmen wir an, Ihr Mann würde Ihnen sagen: „Ich habe mich entschieden, wen ich beauftragen will, sich diesen Sommer um unseren Rasen und Garten zu kümmern", aber Sie sind in dieser Frage anderer Meinung. In Ihrer Antwort bringen Sie gegenseitigen Respekt zum Ausdruck: „Ich kann verstehen, wie wichtig es dir ist, diesen Mann als Gärtner zu engagieren, und ich würde ja gern auf deinen Wunsch Rücksicht nehmen. Ich weiß es wirklich zu schätzen, dass du immer alle Optionen so gründlich recherchierst. Ich weiß, dass du großen Wert darauf legst, dass unser Grundstück gepflegt aussieht. Im Prinzip bin ich ja mit dir einverstanden, aber es gibt da noch einen anderen Aspekt, den ich gern berücksichtigen würde. Ich fühle mich ein bisschen in der Zwickmühle, weil der Sohn meiner Freundin Jude dringend Arbeit sucht, und ich fühle mich gewissermaßen verpflichtet, ihm den Job zu geben. Ich weiß, dass man Freundschaft und Geschäft auseinanderhalten sollte, aber ich möchte ihm eine Chance geben. Ich habe gehört, dass er ordentlich und zuverlässig arbeitet. Was hältst du davon? Vielleicht können wir zusammen überlegen, ob das die beste Option ist oder vielleicht etwas anderes." Falls der Narzisst anmaßend, ungeduldig oder herablassend reagiert, können Sie die Regel der impliziten Annahme aus Kapitel 7 anwenden („Im Zweifel für den Angeklagten") und Reziprozität herbeiführen.

2. *Die Kunst der Selbstoffenbarung*

Indem Sie sich öffnen, können Sie sich von der Last befreien, mit der Wahrheit hinter dem Berg halten zu müssen. Dies ist die Gabe des Mutes. Im festen Bewusstsein Ihrer inneren Kraft unterlassen Sie Ihr gewohntes Murren und offenbaren dem Narzissten nachdrücklich Ihre viel umfassendere Meinung – ohne jedoch unnötig beleidigend zu werden. Obwohl es Ihnen in vielen Fällen abwegig erscheinen mag, ihm ihre verletzlichen Seiten zu zeigen – als wollten Sie einen zähnefletschenden, böse knurrenden Hund umarmen –, wissen Sie aus Erfahrung, dass sein Bellen nur ein Schutzmechanismus ist und dass er womöglich eher einem Schaf im Wolfspelz gleicht. Sie offenbaren sich nicht, um ihm das Gefühl zu vermitteln, er sei ein schrecklicher Mensch, sondern um ihm zu helfen, die negative Wirkung seines Verhaltens auf Sie besser zu erkennen. Wenn Sie nicht länger bereit sind, still leidend zu allem Ja und Amen zu sagen, persönliche Angriffe hinzunehmen und sich resigniert in Ihr Schicksal zu fügen, wird diese Gabe die Möglichkeit zu echter Kommunikation eröffnen.

Nehmen wir an, Ihr Mann käme aus dem Büro nach Hause und würde Ihnen in missbilligendem, übel gelaunten Ton sagen: „Also weißt du, ich habe es wirklich satt, nach Hause zu kommen und dich am Telefon hängen zu sehen. Sieh dir doch das Chaos hier mal an. Wo ist die Post von heute? Wäre es zu viel verlangt, dass du auch mal mit mir redest? Ach, vergiss es."

Sie nehmen einen tiefen, beruhigenden Atemzug und antworten: „Ich weiß, dass du es nicht magst, wenn du nach Hause kommst und ich telefoniere, als wärst du mir egal. Ich verstehe das, und es tut mir leid, dass du das so empfindest. Ich freue mich immer darauf, dass du nach Hause kommst, aber manchmal weiß ich einfach nicht, wann das sein wird, weil du jeden Tag zu einer anderen Uhrzeit kommst. Außerdem möchte ich, dass du dir klarmachst, dass es mich verletzt, wenn du so zu mir sprichst. Ich weiß, dass du mich mit solchen Äußerungen nicht verletzen willst, aber du tust es. Und wenn ich verletzt bin, fällt es mir schwer, liebevolle Gefühle für dich zu empfinden und zu zeigen – obwohl ich mir das in unserer Beziehung sehr wünsche. Meistens gebe ich einfach nach oder ziehe mich zurück, aber das will ich nicht mehr. Ich möchte, dass wir zusammen daran arbeiten, dieses Problem zu lösen, und ich hoffe dabei auf deine Unterstützung."

3. Die Kunst des Unterscheidungsvermögens

Wenn man es mit Schemata zu tun hat, die im Kern des Narzissmus und des Umgangs mit einem Narzissten liegen, bedeutet Unterscheidungsvermögen, zwischen dem Hier und Jetzt und dem „Dort und Damals" unterscheiden zu können. Dies ist die Gabe der Wahrheit. Wenn Sie zwischen Vergangenheit und Gegenwart unterscheiden können, kommunizieren Sie mit einer im gegenwärtigen Moment verankerten Klarheit. Sie beseitigen die eingestaubten Hindernisse der Vergangenheit und treten in das Reich des Hier und Jetzt ein. Sie sind sich der Vergangenheit bewusst, ohne sich ihr jedoch zu unterwerfen. Wie die meisten Menschen ist auch der Narzisst in Ihrem Leben dafür anfällig, seine Wahrheit durch die Automatik seines Gedächtnisses bestimmen zu lassen. Sie können ihm helfen, die Realität im Hier und Jetzt von seinen automatischen Überzeugungen und Gewohnheiten zu unterscheiden. Da Sie erkannt haben, wie wichtig es ist, aufmerksam zu sein und daran gearbeitet haben, diese Fertigkeit zu verbessern, sind Sie bestens auf Ihre Rolle als Weckrufer vorbereitet.

Nehmen wir an, Sie hätten Ihren Mann gefragt, wann er aufbrechen will, um seinen Vater zum Abendessen zu besuchen. Daraufhin antwortet er: „Meine Güte, wie oft haben wir ihn denn schon besucht? Mindestens hundertmal, oder? Du weißt ganz genau, wie lange wir brauchen, um zu ihm zu fahren. Warum stellst du mir so alberne Fragen? Ich versuche, irgendwie noch diese Präsentation fertigzukriegen, die ich für ein sehr wichtiges Meeting am Montag brauche. Irgendwie scheinst du nicht zu begreifen, wie wichtig das für mich ist, oder? Schließlich bin ich es, der dafür sorgt, dass der Schornstein qualmt, und deswegen muss ich bei diesem Projekt erstklassige Arbeit abliefern. Ich stehe tierisch unter Druck im Büro."

Sie konzentrieren sich auf das Bild des kleinen Jungen, der unablässig versucht hat, es seinem Vater recht zu machen, welcher aber immer nur mit ungeduldigen Blicken, schroffer Kritik oder eiskaltem Schweigen reagierte – und Sie erkennen, dass die Reaktion Ihres Mannes nichts mit Ihnen oder der Frage, die Sie ihm gestellt haben, zu tun hat. Es liegt ein gewisser Widerspruch in seiner Tirade: Zwar fühlen Sie sich durch seine Gemeinheiten verletzt, aber Sie erkennen die Macht seiner alles dominierenden Schemata. Sie fixieren sich auf Gegenwart und Wahrheit. Sie blicken zurück in den langen, dunklen Tunnel Ihrer eigenen emotionalen Herkunft und sehen das kleine Mädchen, das stets bereit war, die Schuld für alles und jedes auf sich zu nehmen, wenn es dadurch nur den häuslichen Frieden bewahren konnte. Ihre Verbindung zu dieser längst vergangenen Realität hat in der Gegenwart Empfindungen hervorgerufen, die durch Ihr Bewusstsein stampfen wie ein Schnellzug, der auf einem abschüssigen Gleis immer schneller wird – aber Sie erkennen, dass es sich dabei um alte, schemagetriebene Reaktionen handelt.

Also atmen Sie einmal tief durch, beruhigen sich, und sehen Ihren Mann an, der gefesselt ist von den vielen Ängsten, die er mit sich herumträgt. Dann sagen Sie zu ihm: „Ich weiß, dass du sehr beschäftigt bist, aber ich brauche manchmal ein kleines bisschen von deiner Zeit. Du hast völlig recht: Wir haben deinen Vater schon ziemlich oft besucht und ich weiß ganz genau, wie lange wir zu ihm fahren. Ich verstehe ja, dass du unter Druck stehst, im Job und um unseren Lebensstandard zu halten. Du arbeitest sehr viel, und ich weiß es zu schätzen, was du alles für uns tust. Vielleicht hätte ich meine Frage etwas genauer formulieren sollen, zum Beispiel so: ‚Wollen wir vielleicht etwas früher aufbrechen, damit wir vor dem Abendessen noch ein bisschen Zeit mit deinem Vater verbringen können?' Oder du hättest einfach meine Frage beantworten können. Sieh mal her, mein Schatz, ich bin es – die Frau, die dich kennt und findet, dass du einen großartigen Job machst; die Frau, die dich wirklich versteht. Ich bin es – und nicht dein Vater. Ich kann sehr gut nachvollziehen, dass diese Treffen mit deinem Vater alle möglichen unerfreulichen Erinnerungen für dich heraufbeschwören können, obwohl du dir darüber vielleicht gar nicht im Klaren bist. Der Umgang mit ihm in all den Jahren muss sehr schwierig für dich gewesen sein. Ich weiß, dass du versuchst, ihm etwas näherzukommen, jetzt, da er etwas milder geworden ist. Ich würde mir wünschen, dass diese Dinge nicht zwischen uns stehen. Ich bin immer für dich da, wenn du einfach nur jemanden brauchst, der dir zuhört."

Falls die Lage sich auch dann noch nicht entspannt, können Sie überlegen, eine Auszeit zu nehmen, damit Sie sich beide beruhigen und über sich selbst nachdenken können, bevor Sie die Diskussion fortsetzen.

4. *Die Kunst der Zusammenarbeit*

Der Begriff „Zusammenarbeit" erweckt die Vorstellung von Gemeinschaft und der Macht des „Wir". Dies ist die Gabe gemeinsamer Anstrengung. Obwohl keiner von uns davor gefeit ist, Fehler zu machen, können wir einander doch etwas geben, indem wir zusammenarbeiten. Im „Wir"-Zustand der Kommunikation entsteht der Dialog aus dem sorgfältig geformten philosophischen Ton gemeinsamer Verantwortung. Sie sind sich der extremen Anfälligkeit des Narzissten für Gefühle von Unzulänglichkeit und Scham bewusst, seiner Angst, dominiert und ausgenutzt zu werden, und seiner Unfähigkeit, Verbundenheit zu suchen. Sie wissen, dass er im Handumdrehen in einen Zustand der Anmaßung, Überheblichkeit, Tyrannei oder Vermeidung verfallen kann, wenn seine Schemata solche Gefühle auslösen. Da das Gefühl, zusammenzuarbeiten, den Impuls, mit dem Finger auf andere zu zeigen, im Zaum hält, trägt es dazu bei, den Narzissten zu entspannen.

Kognitive Therapeuten und Schematherapeuten sprechen im Gespräch mit Klienten häufig von „wir“, um Hierarchiekämpfe im Rahmen der Therapie zu entschärfen. Das bedeutet, dass wir dem Klienten unser Fachwissen und unsere Lebenserfahrung zur Verfügung stellen, um Gefühle und Zusammenhänge zwischen früheren und aktuellen Problemen zu erkennen. Wir helfen ihm, Strategien auf eine Art und Weise zu entwickeln, die es ihm ermöglicht, Input zu erhalten, zu verstehen und infrage zu stellen. An Machtkämpfen sind wir nicht interessiert. Das Ziel der Zusammenarbeit besteht darin, die Probleme besser zu verstehen und für beide Seiten akzeptable Strategien zu finden, um Veränderungen herbeizuführen.

Wenn im Therapiegespräch mit einem narzisstischen Klienten schwierige Gefühle zutage treten, sage ich häufig so etwas wie: „Ist das Gehirn nicht erstaunlich? Gerade eben noch waren Sie und ich mit Wissbegier und Mitgefühl in eine wichtige Erkundung der Entstehungsgeschichte Ihrer aktuellen Probleme vertieft, und schon einen Moment später fühlen wir uns plötzlich nicht mehr wohl miteinander. Hmmm … lassen Sie uns versuchen herauszufinden, warum das so ist.“ Wenn man bei einer solchen Gelegenheit, wenn die Gefühle sich verändert haben, von „wir“ und „uns“ spricht, macht man keine Schuldzuweisungen, wodurch der Narzisst die Möglichkeit bekommt, das auslösende Ereignis zu ergründen, anstatt sich in selbstschädigende Bewältigungsmodi gedrängt zu fühlen.

Dieser kollaborative Ansatz ist bei solchen Narzissten besonders wichtig, die dazu neigen, ihre Verletzlichkeit hinter unüberwindlichen inneren Mauern des Selbstschutzes zu verschanzen. Wenn Sie auch nicht immer vorhersehen können, wodurch bei Ihnen und dem Narzissten in Ihrem Leben ein Schema ausgelöst wird, so können Sie ihm doch die Gabe des kollaborativen „Wir“ anbieten, während Sie versuchen, darüber zu kommunizieren, wie Sie Ihre Beziehung zueinander verbessern können.

Nehmen wir an, Sie würden – sei es aus Schuldgefühlen oder aus Sehnsucht – beschließen, Ihre narzisstische Mutter anzurufen und sie einzuladen, den Tag mit Ihnen zu verbringen. Sie antwortet: „Das würde ich ja liebend gerne tun, aber bitte lass uns nicht wieder in das Restaurant gehen, in das du mich letztes Mal eingeladen hast. Das war unerträglich. Eigentlich solltest du durch meine Erziehung einen etwas besseren Geschmack haben. Und wenn du shoppen gehen willst, dann solltest du dich auf ein frühes Mittagessen oder spätes Abendessen einstellen. Du weißt, wie schwer es dir fällt, dich zu entscheiden und Klamotten zu finden, die dir gut passen. Ich hätte ja eigentlich nichts dagegen, den Tag in der Stadt zu verbringen, aber du scheinst bei solchen Gelegenheiten immer so unruhig zu werden. Na ja, ich überlasse es dir, mein Schatz. Ich bin sicher, dass wir einen wunderbaren Tag zusammen haben werden.“

Sie haben hart an dieser Beziehung gearbeitet und können weitgehend akzeptieren, dass Ihre Mutter nur sehr eingeschränkt in der Lage ist, Ihnen ihre Liebe und Wertschätzung zu zeigen. Sie haben gelernt, liebevolle, gesunde und heilsame Beziehungen zu anderen Menschen zu führen. Bevor Sie ihr antworten, erinnern Sie sich daran, dass Sie Ihre Mutter lieben – wenn Sie auch manchmal nicht ganz genau wissen, warum. Sie nehmen sich fest vor, keine zu hohen Erwartungen an sie zu stellen und sich Ihren Humor zu bewahren. Im Geiste nehmen Sie das arme kleine Mädchen, das in Ihnen wohnt, liebevoll in den Arm. Sie rufen sich in Erinnerung, dass Sie die Ursprünge für den Narzissmus Ihrer Mutter inzwischen sehr gut verstehen und dass sie Sie ja eigentlich liebt, obwohl sie sich das meistens nicht anmerken lässt. Dann können Sie sich wieder auf das Telefongespräch konzentrieren und ihr antworten: „Sieh nur, Mom, wie schwer es uns beiden fällt, offen zu sagen, was wir voneinander wollen. Mir ist es eigentlich ziemlich egal, was wir zusammen unternehmen – ich möchte einfach nur ein bisschen Zeit mit dir verbringen. Wenn es nicht so traurig wäre, müssten wir eigentlich beide darüber lachen, wir schwer es uns anscheinend fällt, die Vorlieben und den Lebensstil der anderen zu akzeptieren. Wir sollten versuchen, klarer auszudrücken, was wir eigentlich voneinander wollen, anstatt uns zu ärgern und an der anderen herumzunörgeln. Wenn wir dieses Gespräch noch einmal von vorne anfangen würden, dann würde ich dir sagen, dass es mir egal ist, was wir unternehmen, dass ich aber gerne ein bisschen Zeit mit dir verbringen möchte. Und falls es dir wichtig ist, was wir zusammen unternehmen – wogegen ich überhaupt nichts einzuwenden habe –, dann sollten wir vielleicht zusammen versuchen, uns etwas vorzunehmen, wozu wir beide Lust haben. So wäre es wahrscheinlich viel einfacher und ehrlicher, und zwar für uns beide. Was hältst du davon? Können wir noch einmal von vorne anfangen?"

5. Die Kunst, Streitigkeiten vorherzusehen

Wenn Sie Streitigkeiten vorhersehen, können Sie den absehbaren Fallstricken in Ihrer Beziehung aus dem Weg gehen. Dies ist die Gabe der Voraussicht. Diese Gabe beruht zum Teil auf der biologischen Ausstattung des Gehirns. Sie haben von Natur aus die Fähigkeit, auf Ihr Gedächtnis zurückzugreifen, um vorherzusagen, was auf Sie zukommt. So werden Sie zum Beispiel, wenn Sie einen Menschen lange und gut genug kennen, feststellen, dass Sie manchmal seine angefangenen Sätze vervollständigen und umgekehrt. Oder wie ist es zum Beispiel mit Ihrer Erinnerung an die scharfe Kurve auf der Strecke, die Sie jeden Morgen zur Arbeit fahren? Es ist diese Erinnerung, die Sie veranlasst, zunächst langsamer zu fahren und dann in der Kurve zu beschleunigen, um nicht die Kontrolle über den Wagen zu verlieren. Es sind die Weisheit des „Was-wäre-wenn" und die Erinnerung an das „Wie", die für Ihre Sicherheit sorgen. Wir verfügen über eine anscheinend endlose Zahl von Erinnerungen, die uns ermöglichen, schwierige Begegnungen vorherzusehen, ohne überhaupt darüber nachdenken zu müssen. Wenn Sie diese bereits vorhandene Gabe um Ihre verbesserten Fertigkeiten der Achtsamkeit ergänzen, steht Ihnen nicht nur die Weisheit Ihres Erfahrungsschatzes zur Verfügung, sondern auch ein belastbares Repertoire an spontanen Reflexen. Dadurch können Sie bei Ihren Interaktionen mit dem Narzissten in Ihrem Leben das eigentliche Fundament, auf dem Ihre Kommunikation ruht, neu aufbauen.

Nehmen wir an, Sie hätten Ihren Vater seit einigen Monaten nicht mehr gesehen. Er hat Sie heute zum Essen eingeladen, aber jetzt ruft er in letzter Minute an, um – schon zum dritten Mal – Ihre Verabredung abzusagen, weil er wie üblich zu viel zu tun hat. Er sagt: „Ich fürchte, ich muss unsere Verabredung zum Essen schon wieder absagen, mein Schatz. Ich habe zu viel um die Ohren – ich habe diesen Kunden, der unbedingt … bla, bla, bla. Ich hätte ihm natürlich sagen können, dass ich keine Zeit habe, ihn zu treffen, aber … bla, bla, na ja, du kennst ja deinen Alten [lacht]. Sei mir nicht böse, ich melde mich bald wieder. Okay, jetzt muss ich aber los."

Sie haben das schon seit seiner ersten Einladung zum Essen vor zwei Monaten kommen sehen. Seit vielen Jahren haben Sie immer wieder dieses Muster bei ihm erlebt. Ihr Vater war noch nie gut darin, ein Versprechen, etwas Zeit mit Ihnen zu verbringen, auch zu halten. Er scheint nur dann wirklich motiviert zu sein, Sie zu treffen, wenn Sie im Begriff stehen, ohne seinen gönnerhaften Rat eine Entscheidung zu treffen, etwa über ein Auto, das Sie kaufen wollen, einen neuen Job, eine Urlaubsreise oder eine größere Investition. Ein Treffen bei solchen Gelegenheiten erscheint ihm zweckgerichteter und gibt ihm das Gefühl, wichtig zu sein – oder „väterlich", wie er es nennen würde. Und während Sie seinen Rat durchaus zu schätzen wissen – immerhin ist er ein ausgesprochen intelligenter Mensch –, hätten Sie auch gern ab und zu das Gefühl, dass er sich auch für andere Seiten von Ihnen und Ihrem Leben interessiert. Eigentlich haben Sie alle Ihre Erwartungen an ihn längst aufgegeben – aber nicht Ihre Sehnsüchte. Sie wollen, dass er ein Teil Ihres Lebens bleibt, vielleicht für Ihre Kinder, vielleicht auch ein kleines bisschen für Sie selbst – aber das wollen Sie erreichen, ohne Ressentiments gegen ihn zu entwickeln.

Leider ist der Umgang mit ihm nicht so einfach zu bewältigen wie die scharfe Kurve auf Ihrem Weg zur Arbeit. Sie haben es nicht geschafft, den Verwicklungen in Ihrer Beziehung zu Ihrem Vater aus dem Weg zu gehen und sich dabei ein stabiles und intaktes Selbstgefühl zu bewahren – jedenfalls bis jetzt. Mithilfe Ihrer neu erweckten Gabe, Zusammenstöße vorherzusehen, in Verbindung mit etwas vorsorglichem Nachdenken über vorbeugende Maßnahmen können Sie Ihrem Vater mit fester Stimme antworten, ohne ihn zu beschuldigen, anzugreifen oder sich über ihn zu ärgern. Sie sind sich (jedenfalls in höherem Maße als er) im Klaren darüber, dass er sich zutiefst unzulänglich fühlt und dass er einen emotional gehemmten Kommunikationsstil hat. Sie wissen, dass er sein Gefühl der Unzulänglichkeit durch Arbeit und Ehrgeiz überkompensiert, und Sie wissen, dass er sich leicht in die Defensive gedrängt fühlt, wenn man ihm vorhält, wie achtlos er mit geliebten Menschen umgeht. Sie wissen außerdem, dass er Zeit braucht, um neue Informationen zu verarbeiten, und dass er nicht gut in der Lage ist, aus dem Augenblick heraus zu reagieren.

Mit diesem Wissen und reichlich Erfahrungen im Land der Enttäuschungen und gebrochenen Versprechen antworten Sie: „Dad, bevor du auflegst, möchte ich dich bitten, mir noch einen Moment zuzuhören. Ich weiß, dass es dich vielleicht verletzen wird, was ich jetzt sagen will. Ich weiß, dass dir meine Meinung über dich wichtig ist und dass ich dir sehr am Herzen liege. Und ich weiß, wie wichtig dir deine Arbeit ist und dass wir alle in der Familie von deinem Erfolg profitiert haben. Dafür bin ich dir sehr dankbar. Was ich mir aber wirklich wünsche, ist, einfach ein bisschen Zeit mit dir zu verbringen, einfach mal ohne einen besonderen Anlass zusammen zu sein. Vielleicht können wir uns einfach ein bisschen von uns erzählen und zusammen lachen. Ich weiß, dass du nichts von ‚sentimentalem Gerede' hältst, wie du es nennst, aber du fehlst mir, und ich bin enttäuscht, wenn du unsere Verabredungen immer wieder absagst. Außerdem wäre es wirklich nett, wenn du etwas rücksichtsvoller sein könntest, zum Beispiel, indem du mir etwas zeitiger Bescheid sagst. Ich musste für unsere Verabredung extra einen anderen Termin absagen, und das kann ich so kurzfristig nicht mehr rückgängig machen. Ich will dir keine Vorwürfe machen, Dad, aber ich möchte dich bitten, etwas mehr Rücksicht zu nehmen. Ich will nicht, dass du dich jetzt schuldig fühlst, aber es ist mir wichtig, dass du auch ein bisschen verstehst, wie ich mich fühle. Dazu brauchst du jetzt nichts zu sagen, ich weiß ja, dass du in Eile bist. Vielen Dank jedenfalls, dass du mir zugehört hast."

6. Die Kunst, sich zu entschuldigen

Eine aufrichtige Entschuldigung erwächst aus Mitgefühl für den Gekränkten, nicht aus dem Streben des Kränkenden, die Übertretung wiedergutzumachen. Dies ist die Gabe der Verantwortlichkeit. Diese Gabe bewirkt, dass Sie für die Auswirkungen Ihrer Worte, Empfindungen und Verhaltensweisen Verantwortung übernehmen – zumal, wenn sie durch Ihr Verhalten jemanden verletzt haben. Sie wissen, dass Ihr Verhalten dem Narzissten als Vorbild dafür dienen kann, wie Sie selbst behandelt werden möchten, und Sie hoffen, dass er Ihrem Beispiel folgen wird. Wenn Sie eine Entschuldigung formulieren, lassen Sie sich daher von Ihrem mitfühlenden Verständnis leiten, wie und warum eine bestimmte Äußerung ihn verletzt hat. Und Sie erhoffen sich, dass er wiederum daraus lernen wird, wie auch er sich so entschuldigen kann, dass er dabei erkennen lässt, dass er auf Ihre Empfindlichkeiten Rücksicht nimmt. Sie äußern authentisch Ihre Reue, die frei ist von Selbstverachtung und egozentrischen Schuldgefühlen. Sie gehen dabei vom Erleben der anderen Person aus, ohne Absolution für sich selbst zu suchen. Bei einer aufrichtigen Entschuldigung geht es weniger um Sie als vielmehr um Ihre Verantwortlichkeit.

Nehmen wir an, Ihr Partner hat ein Problem damit, wenn jemand sich verspätet; er hasst es, auf andere warten zu müssen. Er legt großen Wert auf Zuverlässigkeit und Pünktlichkeit, und zwar hauptsächlich, weil seine Schickimicki-Mutter, die unzuverlässig und chaotisch war, hin und wieder vergaß, ihn aus der Schule oder von einer Verabredung mit Freunden abzuholen, was ihm dann peinlich war und Angst machte. Manchmal reagiert er wirklich überempfindlich – zum Beispiel, wenn unvermeidliche Umstände dazu führen, dass Sie sich verspäten. Daher versuchen Sie, sein inneres Kind vor Erlebnissen zu bewahren, die solche quälenden Gefühle von Angst und Demütigung hervorrufen können. Auch Sie legen Wert auf Pünktlichkeit und mögen es nicht, andere warten zu lassen. Aber in letzter Zeit waren Sie häufig zerstreut, gestresst und manchmal zu spät dran, auch bei Verabredungen mit ihm. Sie wissen, dass Sie nicht genug darauf geachtet haben, Ihre Zeit vernünftig zu managen und für ihn da zu sein, aber Sie haben sich das nicht eingestanden. Ihr Freund ist sichtlich verärgert über Sie, aber er zieht sich dann eher zurück, anstatt zu sagen, wie er sich fühlt.

Also ergreifen Sie die Initiative und sagen: „Tut mir leid, dass ich in letzter Zeit nicht immer pünktlich war. Ich spüre, dass du deswegen sauer auf mich bist, und das kann ich gut verstehen. Da ich zum Glück deine persönliche Geschichte und deine Probleme mit deiner Mutter kenne, weiß ich, wie sehr es dich verletzt, wenn jemand sein Versprechen nicht hält – vor allem ich. Ich weiß, wie im Stich gelassen und dämlich du dich vor deinen Freunden gefühlt hast, wenn deine Mutter sich so verantwortungslos verhalten hat. Aber du bist nicht dämlich, und ich lasse dich nicht im Stich. Meine Unpünktlichkeit ist *mein* Problem, und ich habe mir vorgenommen, daran zu arbeiten. Ich verstehe, dass mein Verhalten und meine Entschuldigungen dir wehtun, und das tut mir leid. Ich will dir nicht wehtun. Ich kann dir zwar nicht versprechen, dass ich dich in unserer Beziehung nie wieder enttäuschen werde, aber auf jeden Fall werde ich mir Mühe geben, dir gegenüber aufmerksamer und rücksichtsvoller zu sein.“

Sie erwarten lediglich, dass Ihr Freund Sie anhört. Sie wollen erreichen, dass er sich umsorgt fühlt, geborgen in Ihrer Empathie und Ihrem Mitgefühl. Sie wissen bereits, dass Sie kein schlechter Mensch sind; weder brauchen Sie Trost noch müssen Sie sich selbst bestrafen. Sie können sich sowohl über die positiven als auch die negativen Beiträge, die Sie in Ihren zwischenmenschlichen Beziehungen leisten, Rechenschaft ablegen – und das erwarten Sie auch von anderen, soweit es angemessen ist. Dieser effektive Ansatz eröffnet den Weg, solche Momente der Verletzung zu heilen; darüber hinaus ist er dem Narzissten ein Beispiel, das ihm zeigt, was Sie von ihm erwarten, wenn er an der Reihe ist, den durch eine misslungene Begegnung angerichteten Schaden auf verantwortungsvolle und mitfühlende Weise zu reparieren.

7. Die Kunst des reflektierenden Zuhörens

Reflektierendes Zuhören bedeutet, die Äußerungen des Gegenübers zu spiegeln und die darin verborgenen Empfindungen zum Vorschein zu bringen. Dies ist die Gabe der Ausgeglichenheit. Sie wissen, wie Sie einen Sachverhalt ausdrücken, eigennützige Interessen zurückstellen und Ihren Zuhörer dazu anregen können, sich Ihnen mitzuteilen. Sie sind ein engagierter Kommunikationspartner, der sein Gegenüber durch respektvolles und geduldiges Zuhören ermutigt, sich vertrauensvoll zu öffnen, weil er weiß, dass Sie ihm begegnen werden, ohne Urteile zu fällen. Sie hören genau zu und reflektieren – ohne zu urteilen – ein unvoreingenommenes Nachempfinden dessen, was Sie hören, um es zu verstehen und Missverständnisse auszuschließen. Und auch, wenn Sie anderer Meinung sein sollten, warten Sie damit, bis Sie an der Reihe sind, sich mitzuteilen.

Da Ihnen bewusst ist, wie bedrohlich offenes Kommunizieren auf den Narzissten wirken kann, bringen Sie verborgene Bedeutungen und verdeckte Verletzlichkeiten zum Vorschein, indem Sie vorsichtig spiegeln, was Ihrer Überzeugung nach unausgesprochen bleibt. Sie wissen, dass Sie durch Zuhören und Reflektieren die Möglichkeit gemeinsamer Entdeckungen schaffen – ganz gleich, ob es dabei um Wissen zu einem bestimmten Thema geht, um den Umgang mit strittigen Punkten, ohne dass Schemata ausgelöst werden, um Gefühle über den jeweils anderen, die hinter einem Schutzwall aus Wut, Apathie oder Vermeidung verschanzt waren, um eine Stärke, die zu haben Ihnen nie bewusst war, oder um die Erkenntnis, dass der Narzisst empfänglich wird, wenn er sich verstanden fühlt.

Nehmen wir zum Beispiel an, Ihr Mann habe im Hinblick auf seine berufliche Arbeit unter einer totalen Kreativitätsblockade gelitten und denkt mit Schrecken an ein bald bevorstehendes Meeting, bei dem es um die Vision seines Teams für das kommende Jahr gehen soll. Zwar konnte er noch nie gut mit Frustrationen fertigwerden, doch in letzter Zeit ist er extrem gestresst und fahrig. In seiner Verzweiflung beschließt er, einen noch sehr unerfahrenen Juniorpartner damit zu beauftragen, die Daten für diesen Bericht zusammenzutragen. Er kommt nach dem gefürchteten Meeting nach Hause, setzt sich an den Tisch und fängt an, Ihnen von seinem furchtbaren Tag zu erzählen: „Was für ein Alptraum! Wie kann es dieser kleine Nichtsnutz von Partner wagen, mich heute auf der Abteilungskonferenz als unfähig hinzustellen. Er ist es, der unfähig ist! Sein Vortrag war völlig unverständlich. Meine Partner, meine Kollegen, ja, sogar meine Untergebenen waren völlig sprachlos, als er diesen fantasielosen Bericht ablieferte. Er hat versucht, mir die Schuld dafür in die Schuhe zu schieben. Na, ich hab ihn in seine Schranken verwiesen, das kannst du mir glauben. Er hat Glück, dass er seinen Job noch hat. Ist das nicht unglaublich? Nach allem, was ich für ihn getan habe, auf jeder Station seiner Karriere. Ohne mich hätte er nichts erreicht, absolut gar nichts. Ich wusste, dass ich ihm nicht vertrauen kann. Und jetzt erzähl mir bloß nicht, was ich alles hätte tun können oder sollen. Ich hab jetzt keine Lust, mir einen von deinen Vorträgen anzuhören, und ich hab die Schnauze gestrichen voll von deinem ‚Ich-hab-es-dir-ja-gleich-gesagt'-Gerede. Ich will nicht mehr darüber reden."

Nach einer kurzen Pause geht es weiter: „Habe ich dir nicht gesagt, dass ich mich nie von meinen Partnern hätte überreden lassen dürfen, ihn in meine Abteilung zu holen? War ich es nicht, der letztes Jahr im Alleingang dieses Marketingteam an die Spitze geführt hat? Jawohl, das war ich. Und das weiß auch jeder, auch wenn bei diesem Meeting keiner den Nerv oder den Takt hatte, das auch laut zu sagen."

Sie haben ihm schweigend zugehört, den Blick auf ihn gerichtet, obwohl er Sie nur hin und wieder direkt angesehen hat. Es hat Ihnen einen leichten Stich versetzt, wie er Sie beschrieben hat: als eine Frau, die ständig Vorträge hält und alles schon vorher gewusst haben will. Aber das stellen Sie erst einmal zurück und hören ihm weiterhin geduldig zu, ohne sich gegen diese Vorwürfe zu verteidigen. Sie können die narzisstische Kränkung klar erkennen, die darin liegt, dass Ihr Mann nicht in der Lage ist, die Verantwortung dafür zu übernehmen, dass es nicht gerade klug von ihm war, dieses Projekt in letzter Minute seinem unerfahrenen Juniorpartner aufzubürden. Auch das kommentieren Sie erst einmal nicht und hören ihm weiter zu, ohne sein Verhalten zu beurteilen.

Aber da er Ihnen jetzt die Gelegenheit zu einer reflektierenden, ermutigenden und unterstützenden Erwiderung gegeben hat, antworten Sie: „Man sieht, wie wütend du bist. Ich weiß, wie hart du gearbeitet hast und dass du immer wieder das Gefühl hast, dass man deine Leistungen in der Firma nicht zu schätzen weiß. Ich weiß, dass es ein Rückschlag für dich war, als du letzte Woche keinen richtigen Ansatz für deine kreative Arbeit gefunden hast, vor allem, weil du der Meinung bist, dass es niemanden gibt, der dich bei wichtigen Projekten und Terminen entlasten könnte. Das hört sich an, als ob du es ziemlich schwer hast, ohne Unterstützung oder Rückhalt von deinem Team, wenn du dich von einem Kollegen unfair beschrieben fühlst. Ich nehme an, dass es dir sehr schwerfallen würde, dir einzugestehen, dass du Hilfe durch Zusammenarbeit mit anderen brauchst – vor allem, da du ja so stolz auf deine Autonomie bist. Ich kann deine Anspannung sehr gut nachempfinden, wenn ich dich davon erzählen höre. Kann ich dir irgendwie helfen?"

Nachdem er noch eine Weile Dampf abgelassen hat, beruhigt er sich ein bisschen. Als sich für Sie wieder eine Gelegenheit bietet, auch etwas zu sagen, kommen Sie auf die Punkte zurück, die eher für Ihre Beziehung relevant waren: „Als du eben so wütend warst, hast du gesagt, dass du dir keine Vorträge von mir anhören willst und dass du erwartest, du würdest eine ‚Ich-hab-es-dir-ja-gleich-gesagt'-Tirade zu hören bekommen. Ich frage mich, ob du das ernst gemeint hast oder ob du es nur gesagt hast, weil du dich auf dem Meeting bloßgestellt fühltest und darüber wütend warst."

Er stellt klar, dass diese Aussagen tatsächlich in erster Linie auf seine Wut zurückzuführen waren, dass er aber manchmal auch das Gefühl hat, Sie würden ihn mit erhobenem Zeigefinger tadeln und ihm eine Gardinenpredigt halten. Sie akzeptieren diesen seinen Eindruck und bitten ihn, Sie darauf hinzuweisen, wann immer er sich so fühlt, weil Sie nicht möchten, dass er Sie als lieblos oder herabsetzend empfindet. (Es hat keinen Sinn, diesen Punkt ohne einen konkreten, aktuellen Anlass weiter zu vertiefen, weil die Diskussion dann einfach in einen Austausch von „Nein, habe ich nicht!" und „Doch, hast du!" abgleiten würde.)

Der nächste Punkt ist ein bisschen heikler: Sie spiegeln, dass möglicherweise sein Ärger über seinen Juniorpartner zumindest teilweise ein verschobener Ärger über sich selbst sein könnte, und zwar darüber, dass er seinen eigenen hohen Ansprüchen nicht gerecht geworden ist. Sie weisen sanft darauf hin, dass er sehr hohe Maßstäbe an sich anlegt und dass es ihm deswegen schwerfallen mag, anderen ihre Unvollkommenheiten nachzusehen. Sie schaffen es, seinem unersättlichen Hunger nach Bewunderung keine Nahrung zu geben; stattdessen loben Sie ihn, indem Sie seine Offenheit würdigen, seine Begeisterung für seine Arbeit und seinen unermüdlichen Einsatz für seine Ziele, wodurch Sie ihm erlauben, hin und wieder aus der Deckung zu kommen und sich an Ihre Schulter anzulehnen. Indem Sie ihm diese Gabe der Kommunikation präsentieren, bieten Sie ihm auch ein Beispiel für Ihre Erwartung, dass er sich ebenso verhalten möge. Vielleicht versteht er diese Anregung und lernt daraus, umgekehrt auch Ihnen zuzuhören.

Schlussbemerkung

In diesem Kapitel wurden die sieben Gaben vorgestellt, die effektives Kommunizieren mit dem Narzissten in Ihrem Leben ermöglichen, in Verbindung mit den zwischenmenschlichen Künsten, auf denen sie beruhen. Wenn Sie diese Künste einsetzen, um sich integer und aus einer flexiblen, offenen, empfänglichen, kompetenten und aufgeklärten Geisteshaltung heraus mitzuteilen, dann ist in der Tat Ihre persönliche FORCE mit Ihnen.

Wenn Sie die sieben Gaben der Kommunikation geschickt einsetzen, fördern Sie Interaktionen, die gesünder, befriedigender und inniger sind. Indem Sie Ihre Äußerungen kunstvoll gestalten – durch wohlgesetzte Worte und Tonfall, Sprechtempo, Mimik und Körpersprache –, leben Sie vor, was Sie sich auch umgekehrt bei solchen schwierigen Interaktionen erhoffen. Wenn Sie mit einer Stimme sprechen, die Ihre Persönlichkeit und Ihre Absichten richtig darstellt, ist das in jedem Falle positiv und wird sich zu Ihren Gunsten auswirken. Manchmal muss das genügen – es gibt keine Garantien und keinen sicheren Weg zum Erfolg, wenn es darum geht, einen anderen Menschen zu ändern. Narzissten zählen typischerweise nicht zu den Menschen, die freiwillig Hilfe, Coaching oder irgendeine Form von Beistand suchen, um die unüberwindlichen Mauern, hinter denen ihre Emotionen verschanzt sind, niederzureißen. In der Regel vermeiden sie vielmehr solche Interaktionen um fast jeden Preis, sei es in Form von eiserner Ablehnung, Hohn, Schuldzuweisungen an andere oder diverse Spielarten von Ablenkungsmanövern und Versteckspielen.

Andererseits haben Sie jedoch gelernt, wie Sie einen entscheidenden Beitrag dazu leisten können, Veränderungen möglich zu machen, sei es durch den beschriebenen Ansatzpunkt, wenn es nicht anders geht, oder einfach durch Zuwendung und Mitgefühl. Ganz gleich, welcher Erfolg sich einstellen mag, sei es im Hinblick auf Veränderungen bei dem Narzissten in Ihrem Leben oder in Ihrem Umgang mit ihm, können Sie eine wichtige Rolle bei Ihrer eigenen Befreiung von Angst, Einschüchterung, Unterwerfung, Selbstaufopferung und sogar Misshandlung spielen, indem Sie die Lebensthemen und Schemata Ihrer frühen Erfahrungen erkennen und verstehen, auf Auslösereize und innere Hinweise achten, Grenzen setzen und Ihre Reaktionen sowohl an den Narzissten als auch an Ihren eigenen automatischen inneren Dialog anpassen. Aber die womöglich größte Leistung besteht darin, dieses gesunde, weise und erweckte Alter Ego in Ihrem Inneren zu befreien.

Sämtliche in diesem Buch beschriebenen Strategien haben das Potenzial, als sehr effektive Selbsthilfetechniken auf dem Weg zu befriedigenderen Erfahrungen im Umgang mit einem Narzissten zu wirken. Gleichwohl kann der Weg zur erfolgreichen Selbsthilfe einsam und beschwerlich sein; manchmal ist dabei die Hilfe eines qualifizierten Therapeuten von unschätzbarem Wert. Schemata können sehr fest verwurzelt und in manchen Fällen unüberwindbar sein, ungeachtet Ihrer intensiven Anstrengungen. Falls Sie sich entscheiden sollten, professionelle Hilfe zu suchen, empfehle ich Ihnen, nach jemandem Ausschau zu halten, der mit den Grundlagen der kognitiven Verhaltenstherapie vertraut ist und in der Schematherapie geschult. Im Abschnitt „Ressourcen" sind die Anschriften einiger Organisationen aufgeführt, die Ihnen helfen können, einen geeigneten Therapeuten zu finden.

Ressourcen

Um eine für Einzelpersonen, Paare, Familien oder Gruppen passende **Beratung oder psychotherapeutische Behandlung** zu finden, empfiehlt es sich, Ihren Hausarzt um Adressen zu bitten, bei Ihrer Krankenversicherung nachzufragen oder im Internet beim Psychotherapieinformationsdienst (PID) zu recherchieren, einem Service der Deutschen Psychologen Akademie, den Sie im Netz unter ↗ http://www.psychotherapiesuche.de/ finden.

Weitere nützliche Websites, die Informationen und Hilfe bei der Therapeutensuche bieten, sind

- Aktionsbündnis Seelische Gesundheit: ↗ http://www.seelischegesundheit.net/
- Berufsverband Deutscher Psychologinnen und Psychologen (BDP): www.bdp-verband.org
- Berufsverband Deutscher Psychiater: ↗ http://www.bv-psychiater.de

Bei **häuslicher Gewalt** hilft in Deutschland die Zentrale Informationsstelle Autonomer Frauenhäuser:

Markt 4 in 53111 Bonn
Tel.: 0228/68469504/-05
Fax: 0228/ 68469506
E-Mail: zif-frauen@gmx.de

Sie können sich auch an das Hilfetelefon „Gewalt gegen Frauen" wenden. Die Telefonnummer 08000-116-016 ist rund um die Uhr besetzt, kostenlos, mehrsprachig und weitgehend barrierefrei erreichbar.

Dr. Dan Siegel betreibt eine (englischsprachige) Website mit Informationen über interpersonale Neurobiologie und hilfreichen Links: ↗ http://www.drdansiegel.com.

Literatur

Brown, N. W. (2001): *Children of the Self-Absorbed: A Grown-Up's Guide to Getting Over Narcissistic Parents.* Oakland, CA: New Harbinger Publications. [Deutsche Ausgabe: *Kinder egozentrischer Eltern: Eine Kindheit mit narzisstischen Eltern bewältigen,* Paderborn: Junfermann, 2010.]

Giesen-Bloo, J., van Dyck, R., Spinhoven, P., Tilburg, W., Dirksen, C., van Asselt, T., Kremers, I., Nadort, M. & Arntz, A. (2006): „Outpatient Psychotherapy for Borderline Personality Disorder: Randomized Trial of Schema-Focused Therapy vs. Transference-Focused Therapy." *Archives of General Psychiatry* 63(6), S. 649-658.

Goleman, D. (2006): *Social Intelligence: The New Science of Human Relationships.* New York: Bantam. [Deutsche Ausgabe: *Soziale Intelligenz,* München: Knaur Taschenbuch-Verlag, 2008.

Gottman, J. & Silver, N. (2004): *The Seven Principles for Making Marriage Work.* New York: Orion. [Frühere deutsche Ausgabe: *Die 7 Geheimnisse der glücklichen Ehe,* Berlin: Ullstein Taschenbuch Verlag, 2002.]

Hotchkiss, S. (2003): *Why Is It Always About You? The Seven Deadly Sins of Narcissism.* New York: Free Press.

Iacoboni, M. (2009): *Mirroring People: The New Science of How We Connect with Others.* New York: Farrar, Straus, and Giroux. [Deutsche Ausgabe: *Woher wir wissen, was andere denken und fühlen: Das Geheimnis der Spiegelneuronen,* München: Goldmann Verlag, 2011.]

O'Donohue, J. (2000): *Eternal Echoes: Celtic Reflections on Our Yearning to Belong.* New York: Harper Perennial.

Scruton, R. (2010): „The Abuse of Sex." In: *The Social Costs of Pornography: A Collection of Papers.* Princeton, NJ: Witherspoon Institute.

Siegel, D. J. (2001): *The Developing Mind: How Relationships and the Brain Interact to Shape Who We Are.* New York: Guilford Press. [Deutsche Ausgabe: *Wie wir werden, die wir sind. Neurobiologische Grundlagen subjektiven Erlebens und die Entwicklung des Menschen in Beziehungen,* Paderborn: Junfermann, 2006.]

Siegel, D. J. (2007): *The Mindful Brain: Reflection and Attunement in the Cultivation of Well Being.* New York: W. W. Norton. [Deutsche Ausgabe: *Das achtsame Gehirn,* Freiburg: Arbor-Verlag, 2007.]

Siegel, D. J. & Hartzell, M. (2004): *Parenting from the Inside Out.* New York: Jeremy P. Tarcher. [Deutsche Ausgabe: *Gemeinsam leben, gemeinsam wachsen: Wie wir uns selbst besser verstehen und unsere Kinder einfühlsam ins Leben begleiten können,* Freiburg: Arbor-Verlag, 2004.]

Solomon, M. (1992): *Narcissism and Intimacy: Love and Marriage in an Age of Confusion.* New York: W. W. Norton.

Walsh, S. (2010): „20 Identifiable Traits of a Female Narcissist." Eintrag vom 28.06.2010 in dem Blog *Hooking Up Smart,* siehe ↗ http://www.hookingupsmart.com/2010/06/28/relationshipstrategies/20-identifiable-traits-of-a-female-narcissist. Abgerufen am 30.11.2012.

Wordsworth, W. (1892): *The Complete Poetical Works of William Wordsworth.* New York: Thomas Y. Crowell.

Young, J. E. & Klosko, J. S. (1994): *Reinventing Your Life: The Breakthrough Program to End Negative Behavior … and Feel Great Again.* New York: Plume. [Deutsche Ausgabe: *Sein Leben neu erfinden: Wie Sie Lebensfallen meistern,* Paderborn: Junfermann, 2006.]

Young, J. E., Klosko, J. S. & Weishaar, M. E. (2006): *Schema Therapy: A Practitioner's Guide.* New York: Guilford Press. [Deutsche Ausgabe: *Schematherapie. Ein praxisorientiertes Handbuch,* Paderborn: Junfermann, 2008.]

Weiterführende Literatur

BECK, A. T. (1991): *Cognitive Therapy and the Emotional Disorders.* London: Penguin Books. [Deutsche Ausgabe: *Wahrnehmung der Wirklichkeit und Neurose. Kognitive Psychotherapie emotionaler Störungen,* München: J. Pfeiffer, 1991.]

BECK, A. T., FREEMAN, A. & DAVIS, D. D. (2006): *Cognitive Therapy of Personality Disorders.* New York: Guilford Press. [Frühere deutsche Ausgabe: *Kognitive Therapie der Persönlichkeitsstörungen,* 4. Aufl., Weinheim: Beltz, 1999.]

BECK, J. S. (2005): *Cognitive Therapy for Challenging Problems: What to Do When the Basics Don't Work.* New York: Guilford Press.

BEHARY, W. T. (2006): „The art of empathic confrontation: Working with the narcissistic client." *Psychotherapy Networker,* March-April, S. 75-81.

BENNETT-GOLEMAN, T. (2001): *Emotional Alchemy: How the Mind Can Heal the Heart.* New York: Three Rivers Press. [Deutsche Ausgabe: *Emotionale Alchemie. Der Schlüssel zu Glück und innerem Frieden,* Frankfurt a. M.: Fischer Taschenbuch, 2004.]

CAMPBELL, W. K. & MILLER, J. D. (Hrsg.) (2011): *The Handbook of Narcissism and Narcissistic Personality Disorder: Theoretical Approaches, Empirical Findings, and Treatments.* Hoboken, NJ: John Wiley and Sons. (Enthält ein von Wendy T. Behary und Eva Dieckmann verfasstes Kapitel über Schematherapie bei Narzissmus.)

FORTGANG, L. B. (2002): *Living Your Best Life: Ten Strategies for Getting from Where You Are to Where You're Meant to Be.* New York: Jeremy P. Tarcher.

FORTGANG, L. B. (2004): *Now What? 90 Days to a New Life Direction.* New York: Jeremy P. Tarcher. [Deutsche Ausgabe: *Wer nicht losgeht, wird nie ankommen: Schritt für Schritt Ihre Lebensträume verwirklichen,* Frankfurt a. M.: Campus Verlag, 2005.]

GOLEMAN, D. (1997): *Emotional Intelligence: Why It Can Matter More Than IQ.* New York: Bantam Books. [Deutsche Ausgabe: *EQ. Emotionale Intelligenz,* 2. Aufl., München: Deutscher Taschenbuch Verlag, 1997.]

GOTTMAN, J. M. (2001): *The Relationship Cure: A 5 Step Guide to Strengthening Your Marriage, Family, and Friendships.* New York: Three Rivers Press.

LAYDEN, M. A. (2010): „Pornography and Violence: A New Look at the Research." In: *The Social Costs of Pornography: A Collection of Papers.* Princeton, NJ: Witherspoon Institute.

OGRODNICZUK, J. S. (Hrsg.) (2012): *Understanding and Treating Pathological Narcissism.* Arlington, VA: American Psychiatric Publishing. (Enthält ein von Wendy T. Behary verfasstes Kapitel über Schemafokussierte Therapie.)

SIEGEL, D. J. (2001): *The Developing Mind: How Relationships and the Brain Interact to Shape Who We Are.* New York: Guilford Press. [Deutsche Ausgabe: *Wie wir werden, die wir sind. Neurobiologische Grundlagen subjektiven Erlebens und die Entwicklung des Menschen in Beziehungen,* Paderborn: Junfermann, 2006.]

SIEGEL, D. J. (2007): *The Mindful Brain: Reflection and Attunement in the Cultivation of Well-Being.* New York: W. W. Norton. [Deutsche Ausgabe: *Das achtsame Gehirn,* Freiburg: Arbor-Verlag, 2007.]

SIEGEL, D. J. (2010): *Mindsight: The New Science of Personal Transformation.* New York: Bantam Books. [Deutsche Ausgabe: *Mindsight. Die neue Wissenschaft der persönlichen Transformation,* München: Goldmann, 2012.]

Siegel, D. J. (2012): *The Whole-Brain Child: 12 Revolutionary Strategies to Nurture Your Child's Developing Mind.* New York: Bantam Books.

Siegel, D. J. & Hartzell, M. (2004): *Parenting from the Inside Out.* New York: Jeremy P. Tarcher. [Deutsche Ausgabe: *Gemeinsam leben, gemeinsam wachsen: Wie wir uns selbst besser verstehen und unsere Kinder einfühlsam ins Leben begleiten können,* Freiburg: Arbor-Verlag, 2004.]

Skeen, M. (2011): *The Critical Partner: How to End the Cycle of Criticism and Get the Love You Want.* Oakland, CA: New Harbinger Publications. [Deutsche Ausgabe: *Lebensfallen in der Partnerschaft: Schematherapie in Beziehungen,* Lichtenau: G. P. Probst-Verlag, 2012.]

Twenge, J. M. & Campbell, W. K. (2009): *The Narcissism Epidemic: Living in the Age of Entitlement.* New York: Free Press.

van Vreeswijk, M., Broersen, J. & Nadort, M. (Hrsg.) (2012): *The Wiley-Blackwell Handbook of Schema Therapy: Theory, Research, and Practice.* West Sussex, Großbritannien: John Wiley and Sons. (Enthält ein von Wendy T. Behary verfasstes Kapitel über Schematherapie bei Narzissmus.)

Young, J. E. (1999): *Cognitive Therapy for Personality Disorders: A Schema-Focused Approach.* Sarasota, FL: Professional Resource Press. [Deutsche Ausgabe: *Kognitive Therapie für Persönlichkeitsstörungen: ein schemafokussierter Ansatz,* Tübingen: dgvt-Verlag, 2012.]

Young, J. E. & Klosko, J. S. (1994): *Reinventing Your Life: The Breakthrough Program to End Negative Behavior … and Feel Great Again.* New York: Plume. [Deutsche Ausgabe: *Sein Leben neu erfinden: Wie Sie Lebensfallen meistern,* Paderborn: Junfermann, 2006.]

Young, J. E., Klosko, J. S. & Weishaar, M. E. (2006): *Schema Therapy: A Practitioner's Guide.* New York: Guilford Press. [Deutsche Ausgabe: *Schematherapie. Ein praxisorientiertes Handbuch,* Paderborn: Junfermann, 2008.]

Index

Über die Autorin und die Verfasser der Vorworte

Wendy T. Behary (LCSW) ist Gründerin und klinische Leiterin des *Cognitive Therapy Center of New Jersey,* Dozentin am *Cognitive Therapy Center and Schema Therapy Institute of New York* und Gründungsmitglied der *Academy of Cognitive Therapy.* In ihrer Privatpraxis hat sie sich auf die Behandlung von Narzissmus und auf Paartherapie spezialisiert.

Jeffrey Young (PhD, Verfasser des ersten Vorworts) ist Autor des Titels *Schematherapie. Ein praxisorientiertes Handbuch* sowie Gründer und Leiter des *Schema Therapy Institute of New York.*

Daniel J. Siegel (MD, Verfasser des zweiten Vorworts) ist Autor des Titels *Das achtsame Gehirn* und außerordentlicher Professor an der *School of Medicine Center for Human Development, University of California,* Los Angeles (UCLA).